学术近知丛书·城市经济系列

《运河与苏北城市发展研究》
江苏省哲学社会科学基金项目（11LSB004）结项成果
国家哲学社会科学基金项目（14BZS040）前期成果

运河与苏北城市发展研究

Study on canal and urban development in Northern Jiangsu

李巨澜　李德楠　著

人民出版社

清《乾隆漕运图》（苏北段）现藏天津市博物馆

京杭运河苏北段航道图

前　言

　　中国的大运河是世界上历史最为悠久的运河之一,它不仅是中国古代最伟大的水利交通工程,而且因承担漕粮运送、百货转输和人员流动等重要社会功能,极大地促进了运河流域的社会发展与经济繁荣,可以说运河流域内"运河兴则城市兴,运河衰则城市衰"。因此,关于运河与城市的历史研究,一直是学界研究的核心领域①。但同时我们也注意到,以往研究还存在进一步推进的空间,一是关于典型区域运河城市地域特色的发掘还有待加强,区域差异以及每个区域内各自的分布结构及层次还有待进一步揭示;二是实现由"线"到"面"的跨越,突破运河城市串联式的线性结构,将城镇放在运河网络结构中加以认识,揭示城市格局演变与交通网络发展的互动过程。

　　在运河流经的各个区域中,"苏北"②是其中最具特殊性的一个区域。一是自然水道纵横密布,历史上即为黄淮运三大水系交汇处,运河治理特别复杂。二是形成了以运河为主干的四通八达的水上交通网,苏北运河由京杭运河、通榆运河、通扬运河、盐河等人工水道组成了网络结构。三是苏北水系不仅是水运交通的重要通道,也是水利建设的重要环节,区域性特点突出。四是苏北城市多由运河孕育发展而来,以扬州、淮安等为代表的苏北运河沿线城市,因其与运河的密切关系和相互作用而成为中国古代城市体系中的一个独

---

　　① 傅崇兰:《中国运河城市发展史》,四川人民出版社 1985 年版;韩大成:《明代城市研究》(修订本),中华书局 2009 年版;杨正泰:《明清时期长江以北运河城镇的特点与变迁》,复旦大学硕士学位论文,1981 年;顾朝林等:《中国城市地理》,商务印书馆 1999 年版;何一民:《中国传统工商业城市在近代的衰落——以苏州、杭州、扬州为例》,《西南民族大学学报(人文社科版)》2007 年第 4 期。

　　② "苏北"的划分,学界有两分法三分法之说。关于"苏北"概念的内涵及其历史演变过程,参见李巨澜:《失范与重构:一九二七年至一九三七年苏北地方政权秩序化研究》,中国社会科学出版社 2009 年版。

特谱系。五是苏北运河城市曾因战争的破坏和黄河的决口而衰落不堪,成为天灾人祸的代名词,使其以特殊风貌丰富了中国城市发展史,并对中国古代社会发展产生了不可忽视的重要影响。

今天的江苏是全国经济发达地区,但南北差异很大,尤其苏北的崛起与城市发展面临巨大的机遇与挑战。而从历史中寻找答案,无疑是寻求苏北崛起的途径之一。但以往有关苏北运河城市的研究,较少将苏北运河城市研究放在苏北特殊的地域社会中加以认识。本书希望通过对这一地区的深层次研究,分析苏北运河城市在京杭运河城市中的地位和作用,从历史的源头上揭示城市发展的动力,为今后运河城镇的发展和开发提供历史借鉴。

一、苏北运河的特殊性

纵论运河与苏北区域城市发展,必须首先探讨运河与苏北区域之间的特殊关系,即运河在苏北区域形成过程中的重要作用,以及苏北段运河在中国运河发展史上的特殊地位。

1. 苏北区域的历史形成过程

鲁西奇在关于《区域历史研究的路径与方法》的研究中指出:"要全面、正确地理解所研究区域的历史进程,必须把研究区域的历史进程,置入中国各地区社会经济发展的总体进程中加以考察,这就既要把研究区域放在全国范围内各地区的宏观空间格局之中,又要把区域历史进程放在中国历史发展的长时段背景下,才能加以把握。"就苏北运河区域而言,我们可以通过简单梳理苏北区域的历史形成过程,来理解运河之于苏北区域的形成所具有的重要意义和历史作用。

"苏北"是今天江苏省北部区域的简称,是一个兼具历史、地理、经济和文化等多重含义的复合概念,具有一定的相对性。由于淮河贯穿苏北地区,从自然地理角度上说,苏北原本不是一个自然地域,而是互不相连的两个自然地理区域,之所以在中国历史发展进程中逐渐形成一个统一体,运河起到了重要的连接纽带作用。

苏北因江苏而得名,作为一个具有特定意义的区域,是经过长期而复杂的历史过程得以形成的。这一过程与江苏省成为中国的一个行省建制有着密不可分的关系，就政治因素而言是中国大历史变动的直接后果，若从经济角度看，则与运河作用下经济往来日益频繁、成为共同体有着密切关系。

两汉时期全国设置十三个刺史部，现江苏境以长江为界，淮北属徐州，淮南和江南属扬州。三国魏晋南北朝时期，更是分属于南北方不同的政权。隋唐天下一统，唐太宗按照天下自然地理形势，将全国分为十道，作为中央遣使巡察的监察区，玄宗开元年间又调整增加为十五道，其后"道"逐渐嬗变为地方最高行政单位。今江苏省域的淮北属河南道，江淮之间属淮南道，江南则属江南道。北宋建国后，以"路"为地方高级行政单位，当时的江苏，从北向南分别隶属于京东东路、京东西路、淮南东路、江南东路、两浙路等五路。

通过以上对两汉至宋代的相关地方行政建制之梳理，可以发现这样一个历史现象，即在中国古代社会相当长的历史阶段中，行政区设置多按照山脉、江河等自然地理分界线区隔出来的地域来设定。而按照山川等自然地理分界线角度看，现今的江苏省境横跨长江南北两岸和淮河南北两岸，拥有长江、淮河两大天然水系，自北向南被区分为淮北、淮南和江南三大自然区域。所以很长时间内，淮北、淮南和江南三个区域分属于若干个相同层级的行政单位，互不统属，相互之间也缺乏足够的经济联系，从来都不是一个整体。这种情况直到隋唐时期才出现变化。隋炀帝打造出全国性的运河交通体系后，在唐代形成了囊括淮南、江南和淮北等在内的江淮经济区，三地之间开始借助于山阳渎、通济渠等运河而产生了日益密切的经济联系，但仅仅是经济联系。元代以前，江南、淮南、淮北三地仍旧分属于平行的行政单位，此后则逐渐被纳入同一个行政区划，进而形成了今天的江苏省域。

直到元代行省制度建立后，淮北、淮南和江南三个区域逐渐被纳入一个共同的政区，江苏才向着一个独立的行政辖区演进。元朝的行省兼具两重性质，既为地方最高官府，又长期代表中央分驭各地，拥有军事、财赋和行政等方面的权力，是传统意义上的中央与地方之间的枢纽。现今江苏全境首次被完整纳入的第一个行政单位是元代设置的江淮行省，后来又分属河南江北与江浙两行省管辖治理。元灭南宋后，最早设立江淮行省管辖两淮、两浙和江东地方，江苏全境均在江淮行省辖境之内。而江淮行省的省治则在扬州和杭州之间数次变动，最后固定在杭州。1291年，元政府设河南江北行省，将江淮行省的江北州郡调整给河南江北行省，北控黄河，南扼长江，兼有中原，包括徐州、淮安、扬州、安庆、襄阳等兵家必争之地。同时朝廷以江淮行省失去了两淮之地后，名不符实，遂改名为江浙行省。江苏全境大致以江南为江浙行省所管，江北诸州郡为河南江北行省所辖。

明清时期，江苏全境再次归于同一行政设置。明朝建立后，以南京和凤阳为中心，设置了包括苏州、松江、常州、镇江、扬州、淮安、庐州、太平、宁国、安庆、徽州等府以及和、滁、广德三州在内的中央辖区，简称"直隶"。永乐十九年(1421年)迁都北京后，改称"南直隶"，相当于今天的江苏、安徽和上海。1644年，清军入关后，将南京改名为"江宁"，"南直隶"更名为江南省。康熙六年(1667年)，将江南省分拆为江苏、安徽两省。

清代时期，人们在习惯上将江苏省境内的长江以北地区称为江北，包括徐州、淮安、扬州三府，通州、海州二直隶州及海门厅；长江以南称为江南，包括苏州、松江、常州、镇江四府和太仓直隶州。明清两代的大半时期中，江苏都是全国的繁盛地区，江南为鱼米之乡、财赋重地，是全国最大田赋之区；江北则为黄、淮、运三流交汇之所，运河沿线城镇密布，且有两淮盐场，是全国最大盐税区。但到了清末民初，由于运河淤塞，江北日渐衰败，社会动荡，大量乡村人口迁徙江南，由于这些移民多为江北人，因之遭受歧视。"江北"一词从而成为带有落后、贫穷、愚昧等特定含义的贬称。到20世纪30年代，陈果夫出任江苏省主席，提倡去除地域成见，主张将"江北"、"江南"改称为"苏北"、"苏南"。此后，"苏北"遂成为江北的同义语，并逐渐取而代之。所以说"苏北"和"江北"只是一种简单的替换，都是对江苏省境内长江以北区域的指称，两个概念的内涵、外延均保持一样，并无二致。

概言之，苏北即江北，淮河居中，长江在南，加之南宋以后黄河夺淮入海，众流汇聚，运河沟通连接南北，淮北和淮南两大自然地域经历了从经济到政治的叠加、融合，后逐渐演化成为一个区域社会。苏北的形成，并非以山脉、河流等自然地理要素构成，而是长期以来各种政治、经济等社会历史因素综合作用的结果。在诸多的社会历史因素中，运河居于最核心地位，作用最大，亦最恒久，它推动淮河两岸由经济联系走向政治融合，进而形成了区域共同体。

2. 苏北运河的特殊性

苏北地区水道纵横，黄河、淮河、长江、盐河、通扬运河横贯东西，京杭运河、通榆运河沟通南北，分别交汇于徐州、淮安、扬州等城市，以这几条河为经纬，又有许多其他的河流湖泊，其中泗水、沂水、沭河、睢河、盐河、骆马湖、洪泽湖、高邮湖、宝应湖、邵伯湖等，共同构成了这一地区的主要水体。明清时期里下河地区水网密布，是苏北地势最低洼的地带。在中国的运河发展历程中，与分布在其他区域的运河段相比，位于苏北区域内的运河具有特殊性，其性质和地位都非同一般。这种特殊性表现在历史悠久、战略地位重要、区域网络体系等三个方面。

其一，苏北区域内淮安—扬州运河是中国运河历史上最早开凿的运河，是运河之首，具有里程碑式意义。最初淮河以北主要利用淮河下游最大的支流泗水作为天然通道，所谓"沿于江海，达于淮泗"，"浮于淮泗，达于河"，都是指以泗水为沟通中原与江淮地区的桥梁和纽带。春秋时位于长江下游的吴国在打败越、楚之后，兴师伐齐，欲与晋国争霸中原，遂于吴王夫差十年（前 486 年）"城邗，沟通江、淮"①，因其凿于邗城之下，故称邗沟，此即苏北地区第一条运河，后来京杭大运河的前身，又称淮扬运河、里运河。

自吴王夫差开邗沟，连通长江和淮水，苏北大地便和运河结下了不解之缘，此后历代沿袭和改造，至今已经长达 2500 多年。苏北境内的运河是中国运河的开端，时至今日，仍然在发挥着重要作用。从 2014 年参与中国大运河联合申遗的城市分布看，即可证明。参与申遗的运河城市共来自北京、天津、河北、山东、河南、江苏、浙江等 7 省市的 27 座城市，其中只有江苏、浙江和山东南部的运河还在发挥着航运功能，其他地区的运河已经大都淤塞。

其二，苏北运河是全国性运河体系中最重要的组成部分，最关键的是居于运河的枢纽地位，战略地位非常重要。苏北地处平原，东临大海，北带黄河，南络长江，泗水流其地，淮河贯其中，湖泊众多，水道纵横，水路交通素称发达，人工运河开掘亦甚早。苏北运河的开发与变迁，大体经历了隋代以前的初步开发阶段、隋唐及宋代的进一步开发阶段以及元明清时期苏北运河基本定型背景下的局部改变。其中，明清苏北地区的水系变迁相当频繁，时间上明代多于清代，呈逐渐减少的趋势；空间上南部多于北部，呈逐渐南移的趋势；具体到河

---

① 《左传》卷 12《哀公九年》，《十三经注疏》本。

流上,运河迁徙多于黄河,呈黄、运逐渐分离的趋势。

苏北运河的主体就是江淮之间淮安—扬州段的运河,历史上曾经先后被冠以邗沟、山阳渎、里运河等不同的称谓,而实质如一。无论是元代以前以洛阳为中心,包括永济渠、通济渠、山阳渎、江南河,北到北京、南至杭州的隋唐大运河;还是元代以后经过裁弯取直,沟通钱塘江、长江、淮河、黄河、海河五大水系的京杭大运河,苏北运河都在其中居于关键地位。苏北运河以时间最久远、战略地位最重要,被历代给予高度重视。

其三,苏北境内的运河还具有网络化特点,这是其他地区运河所无可企及的。苏北地区的运河是网状结构、互相连通的,非单纯的线性结构,这在所有运河地区是非常突出的。在这样一个背景下,苏北运河城市的兴衰变迁有其自身的特色,明显区别于其他运河城市。

在农业文明时期,开挖运河只能依靠人工,浩大的工程量使得运河的规制受到限制,基本上是以直线的方式来沟通连接起南北间各个区域,而独有苏北境内的运河不然,除淮安—扬州段运河外,还有盐河、通扬运河、串场河等,共同形成了一个不规则的四边形运河网络,除运输漕粮外,还将淮北、淮南盐场盛产的淮盐等特产运送至全国各地。新中国成立后串场河多次裁弯拓浚,此河对沟通南北水上交通和调节沿河地区排灌用水起到了重要作用。1958 年,又开挖了一条与串场河平行且通航能力更强大的通榆运河,南抵长江,北与灌河相连,能够通行千吨船舶,目前已成为继京杭运河之后贯穿江苏省的第二条南北走向的千吨级水运大通道。这样,淮扬段运河和盐河、通扬运河、串场河等一同形成了一个苏北区域的运河网络体系,基本上流经了苏北境内的大部分地区,对区域的社会经济发展起到了很大的推动作用。

二、运河与苏北城市的特殊关系

城市是社会发展的指向标和旗帜,其兴起是社会生产力、人口和物质资源等在一定空间范围内聚集的结果。城市的形成有诸多因素,其中交通运输是十分必要的条件。沟通南北的大运河堪称是中国古代规模最大、历史最久的交通大动脉,不仅促进了中国南北物资的交流,也直接催生了众多沿线城市的兴起,"大运河带动了人口的大流动、大聚居。每年数万艘漕船及商船、数百万石漕粮与商品给运河沿岸带来了大量人气与无限商机,在为传统封建政治中心注入了时尚韵味的同时,催生出一批新兴城市"①。运河城市也因此在中国古代城市发展史上占有重要的一页。

为了更好地说明苏北城市体系的形成与演变过程及其特点,有必要吸收和借鉴现代地理学的一些理论、方法和观念,其中最重要的就是关于城市群的理论。城市群是一个当代的概念,也被叫作城市带、城市圈、都市群、都市圈或都市连绵区。1961 年,曾任牛津大学地理学学院主任的地理学家戈特曼(Jean Gottmann),发表了他的里程碑式著作《都市群:美国城市化的东北部海岸》,在书中第一次提出了"都市群"的概念。都市群的英文为"megalopolis",来自希腊语的"巨大城市"。城市群在今天成为学术界乃至社会上都耳熟能详的概念,具体来说,就是指在特定的区域范围内云集相当数量的不同性质、类型和等级规模的城市,以一个或两个(有极个别城市群是多核心的)特大城市(小型的城市群为大城市)为中心,依托一定的自然环境和交通条件,城市之间的内在联系不断加强,共同构成一个相对完整的城市集合体②。城市群不是一些城市的简单集合,作为城市群,无论其规模大小,都有核心城市,一般为一个核心城市,有的为两个,极少数的为三四个,城市之间有紧密的经济联系,城市交通与社会生活、城市基础设施、城市文化及城市规划相互影响、相互渗透。

城市群虽然是一个现代的概念,为当代城市学及城市地理学研究者所习用,但对中国古代城市发展的研究,尤其是在运河城市史研究中,完全可以借用过来,这不仅能够在城市史研究方法和视角上带来新鲜思路,而且能在许多城市史的重大问题上获得更为深刻的认识,提出新颖的见解。从宏观角度来看,以漕运为纽带,历史上京杭大运河沿线形成了典型的城市群带,被誉为"四大都市"的杭州、苏州、扬州、淮安实际上就是大运河城市群的核心城市。核心城市之中,苏北地区就占据了两个,这是特别值得关注和研究的现象。从中观角度来看,历史上以运河及漕运为纽带,苏北地区的扬州、淮安、徐州等城市形成了既有整体运河文化共性,又有各自地域特色的运河城市群。

① 董文虎等:《京杭大运河的历史与未来》,社会科学文献出版社 2008 年版,第 155 页。
② 姚士谋、朱英明等:《中国城市群》,中国科学技术大学出版社 2006 年版,第 4—25 页。

苏北运河城市体系的形成与发展大体可分为三个阶段:先秦至隋代苏北运河城市兴起、运河城市群初具雏形;隋唐宋元时期苏北运河城市群初步形成;明清时期苏北运河城市群最后形成与繁荣。不仅出现了淮安、扬州两个运河核心城市,而且沿运河还兴起了一大批商业城镇,作为"水路交通要道型城市",在很大程度上,苏北运河历史的悠久、地位之关键和发达的运河网络架构决定着苏北区域城市之发生、发展和风貌,对其进行研究和阐释,可以帮助世人更加深刻地理解与把握运河与苏北区域城市的关系,以服务于当今社会。

1. 运河孕育下的苏北城市

人类文明的发展离不开水,城市作为人类文明最集中的体现,古代城市的兴起一般都与自然界的大江大河有关。运河虽属于人工开挖,但也不例外,在服务国家政治的同时,也带动了运河沿线地区经济、社会的发展,直接结果之一就是促进了沿线一批城镇的兴起。以苏北城市的兴起历程为视角来观察,可以发现苏北城市的孕育、滋生、发展,几乎和中国运河的各个重要历史阶段相同步。运河不仅是苏北城市的哺育者,而且还是众多的苏北城市的孕育者。

与运河关系最为久远的当为扬州城和淮安城。春秋时,吴王夫差为北上中原争霸,筑邗城,并于城下开沟连通江淮。邗沟是中国最早的运河之一,而邗城则是扬州城的前身。邗沟的另一端自末口入淮,后来淮安城在此兴起。中国历史上,隋唐是运河发展的第二个重要阶段,与之同步,正是在隋唐时期扬州、淮安迎来自身的首次大发展。隋朝开挖通济渠以后,江淮之间"公家运漕,私行商旅,舳舻相继",以泗州、楚州(淮安)、扬州等为代表的江淮城市相继兴起,其中,扬州地处运河与长江交汇处,淮安位于运河与淮河交汇处,历史上曾经相当繁盛的泗州则居于通济渠入淮之口,这些城市都是在运河开通以后才成为繁盛之所的。故《元和郡县图志》评价运河开凿是"隋氏作之虽劳,后代实受其利焉"。

运河的运输功能主要服务于国家政治,但并没有被朝廷所垄断,属于一个开放的水上公共交通运输网络。在苏北运河中往来的不仅有官府漕船,还有无数的民间商船。它们带来了货物的流通、客商的往返、人烟的会聚,自然而然产生了庞大的餐饮、住宿、仓储、搬运、商贸、娱乐、脚力服务各方面的需求,于是在运河沿线,除有扬州、淮安、泗州这些地区性中心城市的兴起外,还直接孕育催生了许多运河小城镇的诞生,如邳州的运河镇、窑湾镇,扬州的邵伯镇、淮安的王营镇、河下镇,等等。另外,在苏北的几条运盐河边,也有一批因盐运而兴起的市镇,有如皋的白蒲镇、东台的安丰镇、赣榆的青口镇、海州的板浦镇等。其中发展最为迅速者当为现今淮安市主城区的前身——清江浦,清江浦原本是淮河下游一块普普通通的土地,后来在明永乐十三年(1415年)因漕运总兵官陈瑄为避淮河之险而开清江浦河,建清江闸,沿河置漕船修造厂,设常盈仓,"舟车鳞集,冠盖喧阗,两河市肆栉比,数十里不绝",遂成为千里运河之上的又一繁华之处,号称"南船北马,九省通衢"。清乾隆二十六年(1761年)因持续不断的水患导致原清河县治被迫迁徙至清江浦,而清江浦经过三个多世纪的发展,成为新县治选址的最佳选择。此后又经过一百五十年的发展,清江浦取代淮安府城,成为淮安地区乃至苏北区域中心。

　　2. 运河塑造下的苏北城市风貌

　　运河不仅孕育了苏北城市的生命,还是苏北城市风貌的塑造者。

　　何谓城市风貌？城市风貌是城市风格与城市面貌的结合,风格是抽象的,以习俗、风土人情、城市精神等非物质形态存在,形而上;面貌是具象的,以城市的整体轮廓和房屋建筑等物质形态体现,形而下。它们都是自然因素和人类活动综合作用的结果,是城市历史与城市文化的呈现。运河是中国古代社会中人类和自然结合持续时间最长、规模最大的综合体,她必然给沿线的城市带来深深的"运河"印记。从公元前486年开始流淌在苏北大地上的运河对苏北城市的影响无比巨大,不仅赋予其生命,而且通过人口结构、社会习俗、宗教信仰、城市构造、园林宫观等城市生活的方方面面发挥着作用,是苏北运河城市风貌的塑造者。

　　在苏北运河城市的兴起与发展过程中,政治和经济两大动力机制始终在发挥着作用,而在政治、经济表象的背后,则是运河,运河的无上地位以及国家对运河超乎寻常的重视如同"上帝之手",决定着苏北运河城市的兴盛与衰败、喧嚣与落寞。

　　政治与经济是塑造城市形象的两大动力因素,运河的力量通过此二者发挥作用,使得苏北运河城市形成了自身的独特风貌,扬州和淮安是其中的代表者,世人多以"淮扬"并称,原因就在于此。扬州在隋唐时期即已天下闻名,明清时期的淮安则更加显要。当然,淮扬二城又各有所擅,淮以政显,扬以商炫。

　　扬州因运河开凿的缘故,在隋炀帝时期,实际上拥有陪都地位。唐代时期,唐最重要的两道之一的淮南道首府便设在扬州,扬州大都督、盐铁转运使、扬子巡院都驻于此。特别是中唐以后,黄河流域残破,全国经济重心南移,江淮成为国家赋税收入的主要来源,"国命所系"。同时又因运河,扬州成为全国的水陆交通枢纽,漕运、盐运及百货的转输中心和对外贸易港口,雄富冠于天下。扬州的城市地位亦无可比拟。及至明清时期,虽政治地位稍有下降,但是商业的繁盛程度并未因此而减弱,以两淮盐运使司为中心,明清时期的两淮盐商大都聚居在扬州,同时还有漕艘经行,百货转输,玉器加工、雕版印刷等行业居于全国之首,使得扬州成为苏北的经济中心。

与隋唐相比,明清时期的苏北运河形势发生了较大变化,黄淮运三流交汇于清口,治黄保运成为漕运的关键,所以淮安的城市地位因之有了明显上升,淮安及清江浦先后驻扎有漕运总兵官、漕运总督、河道总督、江淮巡抚、江北提督等高级官员,其政治地位开始跃居扬州之上。此外还有淮北盐场的盐课与淮安権关的税收,"国家大政,若河,若漕,若盐课关税,毕萃于此"①,淮安不仅是苏北的政治中心,还是全国的运河与漕运之中心枢纽。故明清两代均高度重视进行相关的管理与控制,设置有大批官员,使得淮安成为当时除北京以外官员设置最多的地区。明清时期,淮安除常规的知府、县令行政官员外,还有漕运、河务、盐务、権关以及军队等官员,"漕督居城,仓司屯卫,星罗棋布,俨然省会"。

中国古代的城市一般用夯筑或砖砌的高大城墙环绕着四周,城墙的四方开着数个城门,城墙外通常有护城河,城郭的形状通常呈不规则的正方形或长方形。衙署和居民居住在城市内,钟鼓楼通常位于正中央。城市的格局受制于其行政级别的约束,不能超越。这是中国城市典型的样式。但在运河的持续作用之下,扬州、淮安等城市空间结构早已经突破了中国传统城市的一般性规律,不仅城市的轮廓改变,而且城市的中心或重心也向运河岸边迁移,最有意义的变化是城市的空间规模在不断地扩大,甚至超越了城市已有的规模和局限,城市扩大至城墙内和城墙外两个部分,使城市在空间、人口等方面发展到一个更高的水平。

淮扬等苏北运河城市都有相当规模的城外街区,这种附郭街区的发展远

---

① 咸丰《清河县志》序3。

超一般城市之上。因为地靠运河，拥有舟楫之便，以舟船为主要交通工具的苏北运河城市中，码头、渡口等理所当然地成为漕粮、食盐、竹木、麦豆等大宗商品的贸易地点，难以想象将这些笨重的货物从船上卸下搬入城中，交易成功后再从城中搬出到船里。因此苏北运河城市的商业活动大都沿运河两岸展开，随后商人为了经营便利起见，多宅居于沿运河一带的空隙场地，于是城市空间便自然逐渐延伸开来，不断扩大，并且出现了功能分区。由于商民大都居住在城外运河两岸，所以说，苏北的城实际上不是用来盛民，主要被用来盛官——诸色官署公廨、营房及官员、士绅等的住宅不仅占据了城内最佳位置，而且构成了城内街区的主体。城内主要是行政、文教与官员、士绅住宅区，而城外则是商业、手工业与普通民众聚居区。其后从保障安全角度出发，又往往在商业区外环筑以城墙，就成了新城。

　　扬州城在运河的作用下，不仅城市内部的空间结构有变化，而且城址也经历了从西部的丘陵—蜀冈向东南运河附近空间转移的过程。隋唐以前，从军事防御角度出发，扬州城主要建在蜀冈一带；中唐以后，随着城市的繁荣，扬州城区开始朝蜀冈下的平原地带扩展，扬州城遂由蜀冈上的子城和蜀冈下运河沿岸的罗城共同组成。到了宋代，蜀冈上的城池已经被废弃，扬州城池完全移至蜀冈下。明清时期，开挖新河，城市持续发展，人口增加迅速，以致"城小不能容众"，人们纷纷向城外东南的运河沿岸移居，两淮盐运使司、钞关也设在此区域。同时还有大批盐商为行盐方便也在河下街一带宅居，形成了城墙以外的新城区。乾隆南巡时，就曾经垂询扬州新、旧城有何区别，对以"新城盐商居住，旧城读书人居住"。其实，除盐商外，扬州的其他各种商业市肆也大都集中于此，人口稠密，相当繁华。

　　明代淮安城的规模更是远超扬州城之上，其空间结构因为运河的缘故而出现了旧城、新城和夹城三城相连的雄伟景象。由于旧城不能适应城市发展需求，遂在运河边建设新城，后来出于城防的需求，又以城墙将旧城和新城相连，因其夹于新旧城之间，故名夹城。淮安三城规制宏大，到明末城内有七十二坊之多，堪称东南巨镇。明代中叶，淮北食盐改由城外的河下镇抽验，于是吸引大批商人前来，"盐策富商挟资而来，家于河下，河下乃称极盛"①。盐商

---

①　（清）王觐宸：《淮安河下志》卷1。

在河下一带修建的园林名胜鳞次栉比,绵延十数里,"皆淮之胜景地"。盐商还尽力与文人交结往来,营造风雅之士的形象,促进了苏北运河城市的发展。

当然,扬州仍然是天下最具有吸引力的城市。运河造就下的扬州城,盐务之盛甲于东南,声色嗜好辐辏麇集,凡风景建筑、起居饮食、技艺宴乐,皆穷原竟委,尽态极妍,上至帝王贵胄,下至贩夫走卒,无不视之为繁华所在,向往之地。唐人高唱"腰缠十万贯,骑鹤下扬州";清人低吟"千家养女先教曲,十里栽花算种田"。阎守诚在《隋唐小说中的运河》中向我们透露出当时扬州城的气象是:"那里商贾云集,店铺栉比,各种货物,从高档的珠宝绫罗到日常生活用品,精美华丽,应有尽有。那里不仅山水风光明媚秀丽,而且有数不清的娼楼、酒馆、茶店,有风姿绰约的妓女、身怀绝技的艺人、手艺高明的厨师和充满浓郁地方色彩的美味佳肴,可以供人们尽情地吃喝玩乐,尽情地享受挥霍。无论是白天,还是夜晚,扬州的生活总是沉浸在一派热闹、繁华、喧腾的气氛之中。"运河对苏北城市的影响之大由此可见。

3. 运河造就下的苏北城市特质

运河不仅塑造了苏北城市的外在形象,还赋予其与中国古代其他城市异样之社会特质。

从先秦开始,中国古代城市就逐渐形成了一套与大一统政治统治和官僚制度相匹配的城市体系,城市成为各级政权所在地,规模随着行政级别的高低而增减,城市的政治和军事等功能居于首位,统治者以城市为原点,对全国实行统治。但中国又是以个体小农为主构成的社会,以农为本,城乡之间没有明显区别,中国的城市也不像欧洲那样是文化的独占区和宗教的中心,所以中国古代的城市具有较高的城乡一致性特征。

优越的地理位置,便利的交通运输条件,再加上明清时期在两淮盐场推行的纲盐制度,使得苏北运河在漕粮运送、百货转输的同时,还以淮盐运销为主要业务,苏北渐成盐商聚集之地,由此带来了淮扬等城市空前繁荣,无论是在人口结构、商业繁荣度、城市组织、商人社会地位、城乡差异等各方面,都超越了一般中国古代城市的发展水平,亦形成了有别于一般城市的社会特质。

苏北运河城市的社会特质,涉及人口、政治、经济、文化等方面,这些是城市发展的表现,也是城市发展的动力,表现在如下五个方面。

第一,人口城市化水平较高,城市人口构成中,移民多,流动人口多,与运输业相关的从业者多，商人多。例如，淮安，由于运河的畅通，在漕运、盐运及商品经济的刺激下，"五方之民杂居淮上"，外来人口主要由六个方面的人士组成：一是中央派出机构的官僚。二是清江督造船厂、淮安榷关与常盈仓的管理人员。三是驻淮漕军。四是各类治黄、治河民工。五是安徽、陕西、山西等省的大量盐商或其他商人。六是南来北往的士子客旅。

第二，城市功能商贸化程度高。苏北运河城市虽然仍旧是各级政治统治的中心，但商贸已经俨然成为最主要的功能，商业气息浓郁，商业活动兴旺，商业成为最主要的产业，城市经济呈现出显著的奢侈消费性质，特别是钱庄业、饮食、娱乐、烟赌娼行业发达，而农业只能居于次位。由于盐商的财力雄厚以及盐课在国家岁入中所占的地位，汇兑业务很大，扬州成为全国最大的金融中心城市，钱庄、典当都很发达。"淮南淮北生涯好，侨寄新添会票人"。

第三，社会组织多元化趋势明显，适应商人、游民等流动人口需要的各种组织众多，有宗族、会馆、行会、公所以及帮会。其中，宗族是亲缘组织，会馆是地缘组织，而行会、公所则为业缘组织，由亲缘、地缘到业缘，体现着商品经济发展带来的社会进步。帮会主要是适应底层游民需要的社会组织。

第四，城市与乡村呈现疏离状态，运河滋养下的城镇畸形繁荣，而乡村则因水患灾害等原因，极其凋敝萧条。

第五，城市出现了与传统礼教相叛离的商人文化，将乖侈奢靡、勤俭自奉、商业道德等杂糅熔铸，提出贾儒相通的新观念，明末以王艮为代表的泰州学派就是商人文化的重要组成部分。在其影响之下，盐商大都风雅好客，形成了比较高雅的文化氛围，淮扬成为全国的文化中心，"文人寄迹，半于海内"，扬州学派就是在这样的背景下产生的。"扬州八怪"，书画家众多，癖好收藏古董也风靡一时。戏曲、园林艺术发达。

苏北运河城市呈现出前所未有的古典式繁荣，反映出工商业文化在苏北地域的深厚积淀。运河影响下的苏北城市发展与众多中国古代城市不同，我们如何看待？应当说，尽管有这些变化出现，但并非异数，只是运河本身所具有的交流沟通功能在特定区域内作用于社会经济文化等方面的自然反映，既不能认为是对大一统封建政治统治的冲击，更没有挣脱束缚的主观动机，而是对自给自足型小农经济的补充。运河是由国家负责开挖、维护管理的，其首要任务就是运送漕粮，是封建王朝的生命线，这一事实本身就充分地证明了这一点。

　　总之,城市发展是一个复杂的过程,运河之于苏北城市的意义非同一般,农业文明时代,她不仅给予苏北城市生命,并塑造了它们的独特风貌,打造出了与众不同的特质。工业文明时代,运河仍然是苏北运河城市发展的灵魂,具有难以替代的功能与价值。苏北运河城市多是因商业、交通发展起来的消费城市,城市发展呈现沿运河走向、因水而兴的独特地域性特征,城市发展均受到内部、外部发展动力的双重作用。优越的水环境、便捷的运河交通、国家层面的漕运政策、政府支持下的盐业以及政区治所的设置与迁移,均是推动苏北运河区域城市发展的重要动因。苏北运河城市的兴衰历史,有许多地方值得认真反思,这对于今后制定城市发展战略具有重大的现实意义。

　　时代变迁,运河的功能也随之发生转换。在体现农业文明最高水平的中国传统社会中,大运河具有政治、经济、军事等方面的功效,并以漕运方式集中加以体现,它代表了工业革命前土木工程的杰出成就,历史悠久,影响力无比巨大。步入近代社会以后,工业文明兴起,轮船、铁路、公路等新式交通方式出现,中国的运河又受到太平天国农民战争和黄河改道两种特定因素的影响,运河华北段淤塞严重,难以为继,致使功能逐渐丧失,遭取代废弃,甚至被遗忘。尽管苏北的运河还在流淌,发挥着航运、灌溉、生态等功能,但不复往日繁华,只能默默地为国家社会作贡献,地位已经大不如前。苏北运河城市的命运也随之沉沦,甚至一度被视为中国衰败城市的代表。进入 21 世纪,当人们全面理解现代化的理念以后,才逐渐正视运河的价值,特别是在世界文化遗产热的驱动下,运河就像一块蒙尘的宝玉,被擦拭后重放异彩,再度关注到它曾经辉煌的历史与充满生机的未来。

　　运河既是人类生存不可缺少的水资源的体现,同时因其与城市之密切关系,是城市的组成部分,而成为重要的环境载体,不仅关系到城市的生存,而且也是影响城市风格内涵和美化城市环境所不可忽视的重要因素。徐、宿、淮、扬等因运河而兴衰的城市,在现代化建设大潮中,经历了西方现代化进程中共有的现象,如环境污染、生态失衡、人口现代文明素质低下等问题。通过运河沿线生产生活方式的转变,开发科教资源、完善生态网络、提升市民素质,实现人水和谐共生的生态理念。这一理念也是水体城市文化的重要组成部分。在当前苏北城市现代化的发展进程中,其所发挥的功能更加多元化,不仅成为城市的水源地、交通水道、旅游景区、历史文化遗产,而且在城市生态环境改善、拓展城市发展空间等方面也显示出其不可替代的作用。我们应当永远尊重和珍视运河,因为它具有上述的各种实用价值功能,于 2014 年被联合国教科文组织和世界遗产委员会确定为世界文化遗产,更因为它经历千年的世事变迁,其本身蕴含着厚重的文化和历史!

目　录

第一章　苏北运河开发与交通网络的形成

运河作为沟通自然河流的人工水道,其本质功能就是水运交通,承担粮食、建筑材料、日用品等物资的运输以及人员往来的水上通道。因以粮食运输为主,故古代运河又称"漕河",民间有"运粮河"之称。《说文》云:"漕,水转谷也。"一云:"车运曰转,水运曰漕"。早期的运河最先出现于水系较为发达的地区,河道大都较为短小,且充分利用自然河道,是通过人力部分地连接自然河道。后来随着生产力的提高和水工技术的进步,人力开挖和利用运河的能力不断增强,隋代以后有了全国性南北大运河的开通。

运河连接了政治中心与江南财赋之区,成为封建王朝的生命线。位于北方政治中心与江南财赋区之间的苏北地区,地处平原,东临大海,北带黄河,南络长江,泗水流其地,淮河贯其中,湖泊众多,水道纵横,自古水运发达,故苏北地区人工运河的开掘亦甚早。"吴始开邗沟,隋人广之,而江淮舟楫始通也"。① 苏北运河的形成,以隋代为界可分为前后两个阶段。前一阶段为地区性运河的发展阶段,运河主要服务于军事上的需要;后一阶段则为全国性运河发展的阶段,充分利用了汴、泗、淮水道发展运河交通,进一步开挖了通济渠、盐河、通扬运河、中运河等运河,逐步形成了网络型的全国运河交通体系。

第一节　隋代以前的苏北运河

中国的运河始于春秋时期,最早开凿运河的是水网密布的楚国,公元前613 年,楚国开挖了沟通长江与汉水的荆汉运河以及连接长江与淮河的巢肥运河。此后,连接江、淮、河、济的人工运河不断涌现,在苏北地区则有吴国开

---

① （清）顾炎武:《天下郡国利病书》,上海古籍出版社 2012 年版,第 555 页。

挖的以邗沟为主的运河,利用了丰富的湖河水源条件,将长江水系与黄河水系连接起来,用来运粮调兵。

一、春秋战国时期的苏北运河

春秋战国时期的人工运河集中在湖泊水系发达的淮河以南地区,淮河以北主要利用淮河以及淮河下游最大的支流泗水作为天然通道。据成书于战国时代的《尚书·禹贡》所载,九州贡道之中,扬州贡道是"沿于江海,达于淮泗",徐州贡道是"浮于淮泗,达于河"。所谓"沿于江海,达于淮泗","浮于淮泗,达于河",都是指以淮河、泗水为沟通中原与江淮地区的桥梁和纽带。可见古代淮河和泗水是十分重要的天然航运通道,南方的物资必须经由此途运抵中原,而地处淮泗之交的淮安地区,"已是淮河下游,乃至江淮间与河淮间之水运交通要津"[①],其枢纽地位与交通优势开始初步呈现,泗水入淮的泗口成为控扼南北的咽喉。徐州位于汴泗交汇之处,汴水自西北而来,泗水自东北而来,汴泗交汇于郡城东北角,主要服务于军事上的运粮运兵的需要,使得城市的发展带有浓厚的军事色彩。

春秋战国以前,淮河与长江并不能直接相通。春秋时位于长江下游的吴国,利用开凿的胥溪河从水上进军打败越、楚之后,兴师伐齐,欲与晋国争霸中原,遂利用了扬州至淮安间的河湖条件,因势利导,于吴王夫差十年(鲁哀公九年,前486年)"城邗,沟通江、淮"[②],因其凿于邗城之下,故称邗沟,此即苏北地区第一条运河,为后来京杭大运河的前身,相当于今里运河。最初淮扬间地势南高北低,邗沟引长江水北流,自南而北经武广湖、樊良湖、博支湖、射阳湖至淮安府城东北入淮河,末口即邗沟最末端,故名。又因邗沟入淮口高于淮河,为防水流尽泄入淮,在末口筑北辰堰与淮河相隔,往来船只需要盘坝通过。邗沟运河开通后,今扬州邗城与淮安末口的地位大大提升,二者分别为长江与运河、淮河与运河的交汇处,一南一北遥相呼应,成为当时军事运输线上的重要据点。

在治理与开凿邗沟的同时,兴筑了淮安北辰堰。北辰堰又名北神堰,位于楚州城北五里处的淮河堤末口。吴王开邗沟沟通江淮,至末口入淮,因淮河水

---

① 朱士光:《论历史时期淮安在运河水运中的地位与作用》,《淮阴师范学院学报(哲学社会科学版)》2009年第3期。

② 《左传》卷12《哀公九年》,《十三经注疏》本。

位低于邗沟,为防止水流泄入淮河,后人于此立堰,名北辰堰。从此舟船至此渡堰,始能入淮,故又称"平水堰"。

中国地势西高东低,天然河流多为东西走向,之间大多不相通,需要绕道大海。《行水金鉴》卷八八引《尚书全解》曰:

> 禹之时,江未有入淮之道,自扬州入帝都,则必由江而入海,然后入于淮泗。至吴王夫差掘沟通水,与晋会于黄池,然后江、淮始通。若禹之时,则未有此道也。

相比较而言,淮河与黄河之间的沟通更加频繁,可通过开挖与济水、泗水、菏水、汴水、睢水相连接的运河使之相通。前484—前483年间,徐州以北的今河南、山东地区开凿了沟通济水与泗水的菏水运河,战国魏惠王时(前361—前340年)又建成鸿沟系统[1]。

鸿沟是最早沟通黄淮的人工运河,鸿沟系统的建成,使得黄河与济水、汝河、淮河、泗水之间的广大区域水运交通格外通畅,并通过邗沟将长江紧密联系在一起,沟通了历史上的"四渎",即江、淮、河、济,这实际上是把黄河流域、淮河流域与长江流域有机地联结起来了,形成了以鸿沟为主干,以自然河流为分支的完整的水道交通网,意义重大。司马迁高度评价鸿沟的历史作用,他说:

> 自是之后,荥阳下引河东南为鸿沟,以通宋、郑、陈、蔡、曹、卫,与济、汝、淮、泗会。于楚,西方则通渠汉水、云梦之野,东方则通沟江淮之间。于吴,则通渠三江、五湖……此渠皆可行舟,有余则用溉浸,百姓飨其利。至于所过,往往引其水益用溉田畴之渠,以万亿计,然莫足数也。[2]

而苏北地区则在沟通江、河、淮、济四渎之运河水运中居于枢要转捩地位,这一地区也因水利灌溉发达而成为重要的产粮区,因此鸿沟运道的开通对苏北交通以及经济社会发展有促进作用。

二、秦汉魏晋南北朝时期的苏北运河

邗沟汉代时称渠水,六朝称中渎水,亦称韩江、韩水、邗溟沟。因邗沟运道自邗城东北行,再往西北达末口,运道弯曲绕远,东汉以后多次改线。广陵太

---

① 史念海:《论济水和鸿沟》(上、中、下),《陕西师大学报(哲学社会科学版)》1982年第1—3期。

② 《史记》卷29《河渠书第七》。

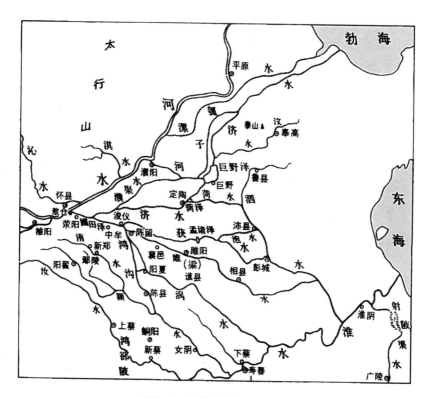

图 1-1　汉代鸿沟水系分布图

守陈登开挖形成更加顺直的邗沟西道，沟通了樊良、白马诸湖，运道大为缩短。《水经注》卷三十《淮水》对东汉建安之前的邗沟流路有详细记载：

> 中渎水自广陵北出武广湖东，陆阳湖西。二湖东西相直五里，水出其间，下注樊梁湖。旧道东北出，至博芝、射阳二湖。西北出夹邪，乃至山阳矣。至永和中，患湖道多风，陈敏因穿樊梁湖北口，下注津湖迳渡，渡十二里方达北口，直至夹邪。兴宁中，复以津湖多风，又自湖之南口沿东岸二十里穿渠入北口，自后行者不复由湖。

可见，邗沟引长江水从今扬州市北出发，经过武广、陆阳两湖之间，下注樊梁（良）湖，转向东北入博芝、射阳二湖，又西北流至末口入于淮河。由于战国时期的邗沟多曲折，又浪大风疾，故建安五年（200 年）又改道经由白马湖东北而入淮。广陵太守陈登将邗沟运道开挖取直，直接自茱萸湾北上，沟通了武广、樊良、津湖、白马诸湖，达于淮安末口，然后入淮河，不再往东北绕道射阳湖。故《扬州水道记》卷三载曰："夫白马未凿之先，中渎水由东道出博芝至射阳，陈登既凿之后，乃改由西道出津湖至白马。"

除南北向的邗沟运道外，西汉文景年间，吴王刘濞为了方便运盐通商，主持开凿了运盐河。该河西起扬州茱萸湾（今湾头）、东通海陵仓（今泰州），堪称中国最早的运盐河，此即后来通扬运河西段的雏形。在其基础上向东延伸至通州（今南通），从此以扬州为中心，出现了东西向、南北向交叉的运河格局。

鸿沟系统在秦代以后依然发挥作用，秦始皇统一过程中，充分利用了鸿沟运河调集南方粮食，在鸿沟与黄河交汇处兴建规模庞大的转运仓敖。但由于战国以后黄河决口泛滥增加，鸿沟系统和淮河水系深受影响。汉元光三年（前 132 年）黄河决口，夺淮入海，鸿沟、菏水受到黄河侵袭淤废。于是东汉王景治理黄河，修建汴渠，取代了鸿沟水系。鸿沟系统废弃并为汳水（汳水即汴渠，其下游又名获水）所取代后，东南漕运可由淮、泗至彭城入汴，然后转入黄河，达于洛阳。

一度受黄河影响的睢水故道，经曹操修浚后已得到恢复，于徐州东南睢宁入泗水。建安三年（198 年），曹操利用了泗水、沂水淹灌下邳城，消灭吕布，占领徐州。此时还修筑了徐州吕梁洪埭、扬州邵伯埭。西晋永和年间，因江都段水流不畅，自欧阳埭引长江水至广陵城，运河出江口遂延伸至仪征境内，此即仪征运河的前身。又因广陵地势较高，引江水不易，西晋太元十年（385 年），

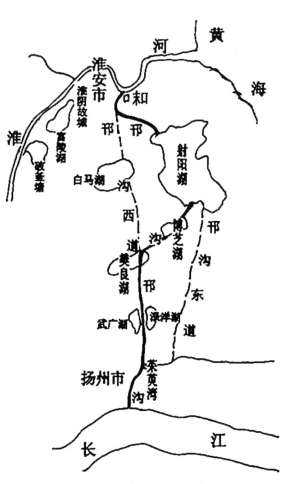

图 1-2　邗沟三次改线示意图

负责镇守广陵的太傅谢安筑堰积水,此即后来的邵伯埭。

魏晋南北朝长时期南北纷争,当时的淮、泗、邗沟水道均被用来运粮运兵,"可通舟师",故借助运河的军事活动繁多,当时的淮阴、下邳、彭城(徐州)均为屯戍转输要地①。徐州为汴、泗交流之区,泗水河道流经徐州丘陵山地,因受两侧山地限制,急流冲击水中怪石,形成了秦梁洪、徐州洪、吕梁洪三处险滩,尤以泗水运道上徐州洪、吕梁洪最为险恶。黄河夺泗以前,郦道元《水经注》卷二十五《泗水》有载:

> 泗水之上有石梁焉,故曰吕梁也。昔宋景公以弓工之弓弯弧东射,矢集彭城之东,饮羽于石梁,即斯梁也。悬涛漰渀,实为泗险。孔子所谓鱼鳖不能游,又云悬水三十仞,流沫九十里。今则不能也。

相传春秋时期孔子目睹了吕梁洪"悬水三十仞,流沫九十里"的壮观景象,发出了"逝者如斯夫,不舍昼夜"的感慨。但至北魏郦道元时代,这种景观已经见不到了。吕梁洪因吕国而得名,《路史·周世国名记》有吕国之记载,泗水即经吕国之南。郦道元《水经注》载:"吕,宋邑也。春秋襄公元年晋师伐郑及陈,楚子辛救郑侵宋,吕留是也。县对泗水。"《九域志》:彭城县有吕梁洪镇。《隋志》:彭城有吕梁城。相传吕城乃吕布为对抗曹操而筑,位于吕梁洪附近,因地势险要,军事地位突出。《读史方舆纪要》记载:"吕城在徐州城东五十里。春秋时为宋邑。汉为吕县,属楚国。后汉及晋皆属彭城国。宋属彭城郡,后魏因之。隋代时废。"②古吕国都城早已深埋黄沙,近年在城头村地下曾挖出古城墙遗址,疑是吕国故城废墟。

三国时,大将邓艾开广漕渠,引黄河入汴水,此后每"东南有事,大军兴众,泛舟而下,达于江、淮,资食有储而无水害,艾所建也"③。东晋太和四年(369年),桓温率兵北伐,沿泗水经彭城北上。东晋太元九年(384年),谢玄采纳了闻人奭的策略,"堰吕梁水。树栅立七埭为派,拥二岸之流以利运漕"④。北周时,陈宣帝命吴明彻沿泗水运道进攻彭城,吴明彻筑堰蓄积泗水灌淹彭城。

---

① 武同举编纂:《江苏水利全书》卷12《江北运河一》。
② 顾祖禹:《读史方舆纪要》卷29《南直十一》,中华书局2005年版。
③ 《三国志》卷28《邓艾传》。
④ 《晋书》卷79《谢安传附奕子玄传》。

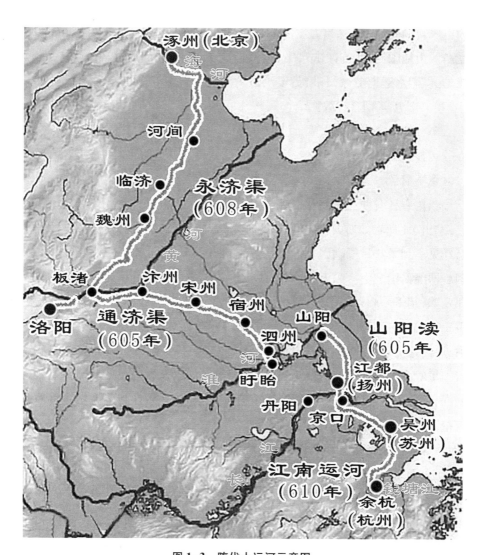

图 1-3　隋代大运河示意图

可见隋代以前，苏北运河充分利用天然湖泊和地势，运河主要为淮、泗、邗沟运道，且因风浪、水源等自然原因，运河流经走向有所改动，并有堤防堰坝的修筑，如邗沟、仪征运河、邵伯埭。

第二节　隋唐宋时期的苏北运河

隋唐北宋时期都是大一统时代，由于漕运的需求，国家对运河的开凿和疏浚十分重视，出现了全国性的南北大运河，苏北运河的开发也进入了一个快速发展的时期。

一、隋代苏北运河

隋统一后，开凿了永济渠、通济渠、邗沟、江南河，构筑起了以洛阳为中心、南至余杭、北达涿郡的四通八达的运河体系，沟通了黄河、海河、淮河、长江、钱塘江五大水系，形成了全国性的交通大动脉，一条沟通东西南北的大运河在中华大地上正式诞生。隋代大运河在中国运河开发史上具有里程碑式意义，其中的通济渠和山阳渎，构成了苏北运河的重要组成部分。大业元年（605年），隋炀帝"发河南诸郡男女百余万，开通济渠，自西苑引谷、洛水达于河，自板渚引河通于淮"[1]。通济渠被称为御河，"河畔筑御道，树以柳"[2]，造就了隋堤烟柳的华奢壮观景象。

通济渠利用了古代的汴水河道，自黄河引水东流入汴，经开封后折而东南行，经今河南杞县、睢县、宁陵、商丘、夏邑、永城，安徽宿州、灵璧、泗县，于今江苏盱眙之北入淮。通济渠自杞县与汴水分流，干流经商丘往南至盱眙入淮河，虽然仅与苏北接壤，但其沟通了淮河与黄河，将苏北和北方联系起来，因而完全可以看作是苏北运河的延伸。其中，通济渠沿线的重要码头埇桥属徐州管辖，《元和郡县图志》称，"自隋氏凿汴以来，彭城南控埇桥，以扼汴路，故其镇尤重"。

隋代在苏北境内修治疏通的最重要运河是山阳渎，山阳渎的前身是古老的邗沟运河，史称炀帝"又发淮南民十余万开邗沟，自山阳至杨子入江。渠广

---

① 《隋书》卷3《炀帝纪上》。
② 《隋书》卷24《食货志》。

四十步,渠旁皆筑御道,树以柳。自长安至江都,置离宫四十余所"①。重修后的山阳渎长达三百余里,水面开阔,河道较前更为径直。如此一来,自洛阳入通济渠,顺流而下达泗州(在盱眙对岸)入淮,浮淮至山阳,经由山阳渎南下,由扬子入江,山阳渎因此而成为沟通江淮南北交通的重要枢纽。

二、唐代苏北运河

唐代在隋代的基础上,对苏北运河进一步修理整治。唐代漕运数量不断增加,但邗沟以沿途的小型湖泊为水源,受水面积不大,枯水季节往往断航,而其时又是漕运旺季,故而经常影响漕运,史称"每州所送租及庸调等,本州正二月上道,至扬州入斗门,即逢水浅,已有阻碍,须留一月已上"②。为此,唐初曾在邗沟以西建筑水柜,以补枯水期水源的不足。《新唐书·食货志》云:

> 扬州疏太子港、陈登塘,凡三十四陂,以益漕河,辄复堙塞。淮南节度使杜亚乃浚渠蜀冈,疏句城湖、爱敬陂,起堤贯城,以通大舟。河益庳,水下走淮,夏则舟不得前。节度使李吉甫筑平津堰,以泄有余,防不足,漕流遂通。

除通济渠、邗沟以外,此时苏北地区还有直河、广济渠、伊娄河、扬州官河、七里港河、汴河等运河的开凿,并有埭堰、斗门、陂塘等配套工程的建设。

1. 扬子津和伊娄河

唐代扬州附近运河多有变化,这和六朝以来江岸的不断南徙有密切关系。六朝时邗沟的南运口一直在欧阳埭,至隋及唐前期,曲江北岸的扬子津(今邗江区南扬子桥)因其临近广陵、位置优越,一跃而为邗沟的另一南运口,且较欧阳埭更为重要。唐中叶后,由于瓜洲逐渐北扩,由京口(今镇江)渡江需绕行六十里,颇多不便,玄宗开元二十五年(737年)润州刺史齐浣遂于瓜洲开伊娄河二十五里,直达扬子津,南通长江,此即邗沟由瓜洲入江之始。据《旧唐书》记载:

> (开元)二十五年,(齐浣)迁润州刺史,充江南东道采访处置使。润州北界隔吴江,至瓜步沙尾,纡汇六十里,船绕瓜步,多为风涛之所漂损。浣乃移其漕路,于京口塘下直渡江二十里,又开伊娄河二十五里,即达扬

---

① 《资治通鉴》卷180。
② 《旧唐书》卷49《食货志下》。

子县。自是免漂损之灾，岁减脚钱数十万。又立伊娄埭，官收其课，迄今利济焉。①

伊娄河也叫新河，即后来的瓜洲运河，唐后期出入广陵多经由此河，扬子津仍为重要的港口。

2. 直河、广济渠

唐代还曾动工开凿了自泗州盱眙达于扬州的捷径——直河。隋唐时山阳至盱眙之间的运道是借助淮河自然河道的，其间长达百余里，水阔浪大溜急，尤其是有山阳湾之险，经常危及漕舟，唐政府遂于太极元年(712 年)派魏景清开直河，"引淮水至黄土冈，以通扬州"②。据郭黎安研究，这条直河是试图想开通圣人山(在今盱眙与洪泽县蒋坝之间)和黄土岗(在今三河闸)二处高地，将淮水引入衡阳河(在今宝应西)以通邗沟。直河工程量太大，可能没有完全凿通，或凿通后不宜通航，故文献对其鲜有记述。今圣人山南的古河(又称枯河、禹王河)当是直河之遗迹。③宋代曾再次开凿，但终因"地阻山回绕，役大难就。事下都水，调工数百万，卒以不可成，罢之"④。此直河，当为今三河闸以下淮河入江水道之前身。

3. 广济新渠

唐代对汴河的治理可谓不遗余力，其中与苏北段有关的是开凿广济新渠，《旧唐书·齐浣传》载曰：

> 淮、汴水运路，自虹县至临淮一百五十里，水流迅急，旧用牛曳竹索上下，流急难制。浣乃奏自虹县下开河三十余里，入于清河，百余里出清水，又开河至淮阴县北岸入淮，免淮流湍险之害。久之，新河水复迅急，又多僵石，漕运难涩，行旅弊之。浣因高力士中助，连为两道采访使。遂兴开漕之利。

据苟德麟先生研究，广济新渠的流路是：自枯河头向东北开河三十余里，衔接白洋河，出白洋河口入泗水，经百余里出泗水，又开河十八里至淮阴北岸

---

① 《旧唐书》卷 190《齐浣传》。
② 《新唐书》卷 38《地理志二》。
③ 郭黎安：《里运河变迁的历史过程》，载《历史地理》第 5 辑，上海人民出版社 1987 年版。
④ 《宋史》卷 331《孙长卿传》。

入淮。① 可见广济新渠主要是利用自然河道,开渠总计长约 50 余里。但由于该线路水流湍急,行旅往来艰难,故使用不久便废弃,重新回归旧河。

4. 扬州官河、七里港河

唐兴元初年,扬州官河淤塞,漕挽往来不通。刑部侍郎杜亚兼任淮西节度使,上任后治理扬州官河,引湖水入运,修筑堤防,以通大舟。宝历二年(826年)正月,盐铁转运使王播因扬州城内漕河水浅,有碍行运,建议从罗城南閭门外七里港开河,向东至禅智寺桥,东通旧官河,全长约 19 里。《扬州水道记》卷一高度评价七里港河的开凿,称:

> 统观唐代扬州水利,惟有筑塘以潴水,开渠以行水,设堰以节水,其时止患水少,不患水多。杜亚所筑之堤,专为借塘济运而设,至高宝皆由湖运,无事堤防。

5. 汴河

唐开元二年(714 年),汴口梁公堰日久圮废,江、淮间漕运不通,河南尹李杰奏请疏浚整修,"发汴、郑丁夫以浚之,省功速就,公私深以为利"②。唐末汴水溃决,自埇桥东一片沼泽。后周显德二年(955 年)十一月,为军事需要,命武宁节度使征发民夫,沿故堤疏浚疏导,东至泗水。两年后,又进一步疏浚汴河,北入五丈河,东北达于济水。显德五年(958 年)正月,朝廷派舰船自淮河入长江,但阻于淮安北辰堰,无法南下。有人建议开挖楚州西北鹳水以通运道,于是分派楚州百姓疏浚,旬日而成,百余艘巨舰遂进入长江,南唐军队大为惊奇。同年三月,疏浚汴口,导河流达于淮,于是"江、淮舟楫始通"③。

6. 平津堰

唐兴元元年(784 年),李吉甫担任淮南节度使期间,对江都等处漕渠堤防大加修理,北自高邮、宝应,经仪征南至瓜洲,迂回 200 余里,称作平津堰,有效地保护了数万顷田地。刘宝楠《宝应图经》指出,平津堰乃是拦河蓄水,用以济运通漕,且李吉甫所筑平津堰是用来平漕河之水的,决非江都境内一处。

三、宋代苏北运河

隋唐以后,中国经济重心不断南移,长江下游地区成为粮食的主产区,有

---

① 荀德麟:《广济新渠和十八里河镇考》,载《洪泽湖志》,方志出版社 2003 年版。
② 《旧唐书》卷 49《食货志下》。
③ 《资治通鉴》卷 294《后周纪五》。

"苏湖熟、天下足"之说。北宋建都开封,为了转运东南地区的粮食等物资供应京师,对运道的修治极为重视,形成了以都城开封为中心的漕运四渠,即五丈河、金水河、汴河、惠民河,均直接或间接沟通苏北地区。另一方面对部分河道进行局部改造,宋代泗州至楚州200余里运道借淮河行运,风大浪急,当时海口大约在云梯关附近,海洋潮汐可通过淮河上溯至泗州、盱眙。为避开淮河风涛之险,开挖了避淮行运的新河道,宋代在今淮安市境内开凿了淮河运道的复线工程,先后开挖了沙河、洪泽新河、龟山运河。

1. 沙河

沙河运河从楚州到淮阴,因楚州北面的山阳湾水流尤为迅急,漕船多有沉溺之患。北宋雍熙中,转运使刘蟠建议开沙河,以避淮水之险,但未完成而调离。后来乔维岳继续开挖,自楚州至淮阴开河凡六十里,舟行往来更加方便。另外《宋史》中还有四十里的说法,"淮河西流三十里曰山阳湾,水势湍悍,运舟多罹覆溺。维岳规度,开故沙河,自末口至淮阴磨盘口,凡四十里"①。据荀德麟先生研究,此处"六十里"是指楚州至淮阴间的距离,"四十里"是开河的实际长度。② 这样沙河开后,舟船既可避山阳湾之险,又可缩短航程。

2. 洪泽新河

洪泽新河,又称洪泽渠,是从淮阴至洪泽镇。《宋史·河渠志》记载,发运使许元自淮阴开新河达于洪泽,避长淮之险一百四十九里。但不久又浅涩难行,于是熙宁四年(1071年),皮公弼奏请重新开挖浚治,工程于十一月壬寅起,至次年正月丁酉毕,开挖洪泽新河达于淮河。运河开通以后,往来船只通行方便,"人便之"。又《宋史·马仲甫传》载,北宋仁宗间担任发运使的马仲甫,亲见淮河之险,建议开洪泽渠六十里以避险。洪泽新河的开凿利用了沿途的一些小湖泊,渠成后,又开凿十余里,将淮阴与磨盘口沟通起来。

3. 龟山运河

龟山运河是从洪泽镇至龟山镇。《宋史·河渠志》记载:元丰六年(1083年)正月,发运使罗拯欲自洪泽而上凿龟山里河,以达于淮,得到了皇帝的支持。发运使蒋之奇也建言说:

---

① 《宋史》卷307《乔维岳传》。
② 荀德麟:《沙河、洪泽新河和龟山运河》,载《洪泽湖志》,方志出版社2003年版。

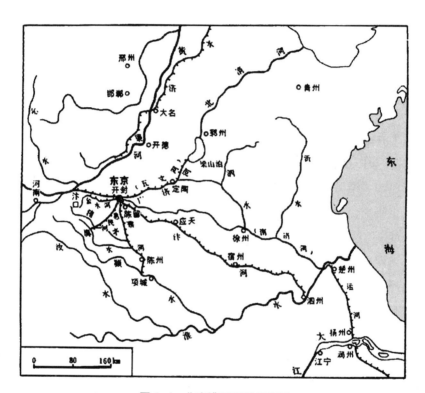

图 1-4　北宋漕运四渠示意图

上有清汴,下有洪泽,而风浪之险止百里。淮迩岁溺公私之载不可计。凡诸道转输,涉湖行江,已数千里,而覆败于此百里间,良为可惜。宜自龟山蛇浦下属洪泽,凿左肋为复河,取淮为源,不置堰闸,可免风涛覆溺之患。

皇帝派遣都水监丞陈祐甫前往查勘。祐甫上言称,往年田棐任淮南提刑时,曾建议开河之利。其后淮阴至洪泽间开挖了新河,但洪泽以上未能动工兴役。如今无须建闸蓄水,只需顺着地势高下,开深河底,即可引淮通流,工程非常方便,只不过工费浩大。皇帝认为工费虽然浩大,但获利更加丰厚。祐甫特别提到,往年淮河行船损失的船只每年多达 170 艘,若捐数年所损之费,足以抵此次工役之需。于是朝廷乃调夫 10 万开挖①。运河开成后,命人在龟山刻石纪念。龟山运河开通后,自楚州至盱眙的运河全线贯通,成为沿淮而设的复线运河,有效地避免了淮河行舟之风险。但其维持的时间并不长,大概到南宋时便基本淤浅。

北宋绍圣年间,同时将瓜洲堰、京口堰、奔牛堰改为闸,按照规定启闭,三日一开放,以节省水量。又在真州太子港、瓜洲河口分别建坝,引五塘水济运。作坝,使济运塘水不致自瓜洲、真州、泰州走泄。

宋室南迁以后,宋金以淮河为界,南北对立,汴河几乎淤废,"车马皆由其中,亦有作屋其上"。但南宋、金各政权内部对运河的整治仍未停止,仍作为朝廷的运输生命线。南宋建炎二年(1128 年),为阻止金兵南侵,东京留守杜充人为挖开黄河大堤,此后 700 多年间,黄河夺淮入海,给苏北地区带来深远影响,淮扬间水患增加,运道交通及城市发展深受影响。

实际上,黄河改道南移影响苏北地区,是宋代地理环境的变化的结果,早在北宋中期便开始显现。以徐州为例,北宋熙宁年间,河决曹村,泛于梁山泊,溢于南清河,汇于徐州城下,城内积水无法下泄,城有被冲毁的危险,"富民争出避水"。于是苏轼率众持畚锸上阵,在城东南修筑了护城长堤,"首起戏马台,尾属于城",当时大雨日夜不止,城外水面距离城墙顶部仅三版,苏轼"使官吏分堵以守,卒全其城。复请调来岁夫增筑故城,为木岸,以虞水之再至"②。苏轼修筑的九百多丈的护城堤,后世称为苏堤。民国《铜山县志》卷十四有详细记载:

---

① 《宋史》卷 96《河渠志六》。
② 《宋史》卷 338《苏轼传》。

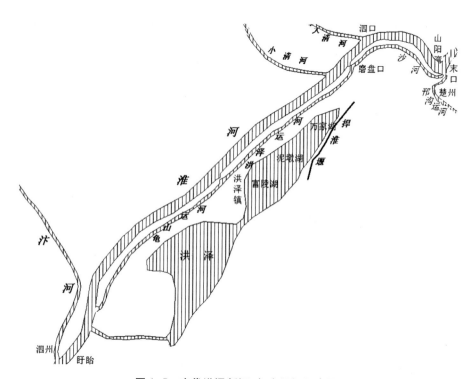

图1-5 宋代洪泽新河、龟山运河示意图

神宗熙宁十年(1077年)七月,河大决于河澶州曹村,北流断绝,河道南徙,东汇于梁山张泽泺。分二派,一合南清河入淮;一合北清河入海。元丰元年(1078年)决口塞。河以八月二十一日及徐州城下,时苏轼知徐州,筑东南长堤,城以全赖。

第三节　元明清时期的苏北运河

南宋黄河南侵,淮河下游入海段为黄河所夺,河床始高,河淮交汇的清口淤塞,下流不畅,运河已不能全线通漕。黄河虽已夺泗入淮,但黄河主流常自开封以上南行。元代初年,漕粮运输需要绕道河南,或直接海运漕粮。元代海运为主,在海运漕粮的同时,开挖贯通了南北向的京杭运河。明清时期,苏北运河在基本定型的背景下有局部改变。

一、元代的苏北运河

元代的漕粮运输以海运为主,不过初期淮扬间运道颇为重要,漕运过江至淮,西溯淮水通黄河北上,东出淮入海,北过淮入泗水。后来将隋代以来形成的大运河进行裁弯取直,先后开挖济州河、会通河和通惠河。至元十三年(1276年),从山东济州(今济宁)往西北到须城安山开凿一条150多里的济州河。至元二十六年(1289年),根据寿张县尹韩仲辉、太史院令史边源的建议,从安山西南起,分梁山泊水源北流,经寿张西北到东昌,又西北到临清入御河,全长250里,中间建闸31座,历时六个月完成,动用人员2510748人,皇帝赐名"会通河",至此南北航运已全线沟通。至元二十八年(1291年),郭守敬又疏导昌平县白浮村神山泉诸水,东南至通州高丽庄入白河,开成了全长164里的通惠河,这样漕船可一直开进大都城。元代运河大开凿,大大缩短了江南船舶北上的航程,奠定了今天京杭大运河的基本格局,这在运河发展史上具有重要的转折意义。

元代苏北地区运河的治理,大的工程不多,主要是利用了原有自然水道,针对楚扬运河、徐州至淮安黄运交汇的河段,进行了局部治理。例如,至元二十一年(1284年)二月,疏浚扬州漕河,修筑徐邳沿线纤道桥梁;至元二十三年(1286年),添立邳州水站,并在徐邳段河道的徐州洪、吕梁洪两处险段建闸,并监督来自江淮的纲运船只过洪出闸;大德四年(1300年)正月,恢复淮东漕渠;大德十年(1306年)春正月,疏浚淮扬等州县漕河,令盐商每引输钞二贯,作为佣工之费用;大德十一年(1307年),在徐州沛县建造沽头闸,后来多次维修;延祐元年(1314年)十二月,派官员疏浚扬州、淮安等处运河;延祐四年(1317年)十一月,再次疏浚扬州运河。《元史·河渠志》载曰:

> 运河在扬州之北。宋时尝设军疏涤,世祖取宋之后,河渐壅塞。至元末年,江淮行省尝以为言,虽有旨浚治,有司奉行,未见实效。仁宗延祐四年十一月,两淮运司言:"盐课甚重,运河浅涩无源,止仰天雨,请加修治。"明年二月,中书移文河南省,选官洎运司有司官相视,会计工程费用。于是河南行省委都事张奉政及淮东道宣慰司官、运司官,会州县仓场官,侣历巡视集议:河长二千三百五十里,有司差濒河有田之家,顾倩丁夫,开修一千八百六十九里。仓场盐司不妨办课,协济有司,开修四百八十二里①。

元代还在大运河沽头、金沟等处修建了隘船闸,以限制超规格的大船通过,以保护运道与船闸,加强了对苏北地区运河的管理。《元史·河渠志》有详细记载,称:

> 梭板等船乃御河、江、淮可行之物,宜遣出任其所之,于金沟、沽头两牐中置隘牐二,各阔一丈,以限大船。若欲于通惠、会通河行运者,止许一百五十料,违者罪之,仍没其船。其大都、江南权势红头花船,一体不许来往。准拟拆移沽头隘牐,置于金沟大牐之南,仍作运环牐,其间空地北作滚水石堰,水涨即开大小三牐,水落即锁闭大牐,止于隘牐通舟。果有小料船及官用巨物,许申侧上司,权开大牐,仍添金沟牐板积水,以便行舟。其沽头截河土隄,依例改修石隄,尽除旧有土隄三道。金沟牐月河内创建滚水石隄,长一百七十尺,高一丈,阔一丈。沽头牐自河内修截河隄,长一百八十尺,高一丈一尺,底阔二丈,上阔一丈②。

不过总体而言,运河航运虽然安全系数高,也存在诸多环境和技术方面的限制。元代的运河"岸狭水浅,不任重载",水源问题没有根本解决,与陆运、河运相比,海运虽有漂溺之患,但省却了牵挽之劳,且海运不存在水源问题,运量大、费用低,"河漕视陆运之费省什三四,海运视陆运之费省什七八"③,故终元一代以海运为主。

---

① 《元史》卷65《河渠志二》。
② 《元史》卷64《河渠志一》。
③ (明)丘浚:《大学衍义补》卷32《漕挽之宜》。

二、明代的苏北运河

元代海运为主,内河航运通行条件不好,运河未能充分发挥作用。明初因战争需要,临时在苏北地区开挖了一些运河。洪武元年(1368 年),为运送军需器材,开挖了湾头以北四塘运道。同年,疏浚了宝应县泾河,建造邵伯镇上下二闸,建末口仁字坝。洪武三年(1370 年)淮安知府于城东面开菊花沟,以通海运。洪武二十四年(1391 年),黄河决河南原武黑羊山,淤塞会通河,南北漕运阻绝。永乐二年(1404 年),平江伯陈瑄在末口一带建淮安义、礼、智、信四坝,加上以前的仁字坝,合称淮安五坝,用以车盘入淮。迁都北京以后,恢复京杭运河成为当务之急。永乐九年(1411 年),宋礼重新开挖了山东会通河,采用汶上老人白英的建议,在堈城坝下游另建戴村坝,拦截汶水至济宁以北的最高点南旺,两面分流,"七分朝天子,三分下江南"。并自最高点南旺向南北设置一系列的节制闸,修建了 30 多座船闸,以调节水量。从此由元代的漕粮海运为主变为运河航运为主,江南来的漕船自淮安过五坝,然后经淮河达于清河。

京杭运河各段名称不同,皆因地为号。明代运河自北而南分别称为大通河、白漕、卫漕、闸漕、河漕、湖漕、江漕、浙漕。其中问题最多的是闸漕、河漕、湖漕三段,"淮、扬诸水所汇,徐、兖河流所经,疏瀹决排,繁人力是系,故闸、河、湖于转漕尤急"①。以上三段中,位于苏北地区的就有河漕、湖漕两段,徐州至淮安段"河漕"黄运交汇,后者是淮安至扬州段"湖漕"为湖运交汇,可见苏北段运河的重要性,因此处理好运河与黄河、湖泊的关系,是苏北运河航路畅通的关键。

1. 淮扬间里运河

(1)淮阴至淮安间避黄行运

明初,漕舟抵达山阳后,必须在山阳新城盘坝过淮,然后由大清口入河北上。新城附近建有五坝,仁、义二坝在东门外东北,礼、智、信三坝在西门外西北。但是盘坝入淮不但挽输劳苦,而且船只和货物都容易损坏。潘季驯《河防一览》详细记载了盘坝的建造情况,足见盘坝之费时费力:

建车船坝,先筑基坚实,埋大木于下,以草土覆之,时灌水其上,令软

---

① 《明史》卷 85《河渠志三》。

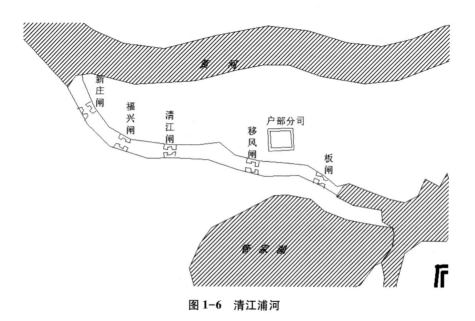

图 1-6　清江浦河

滑不伤船。坝东西用将军柱各四柱,上横施天盘木各二,下施石窝各二,中置转轴木各二根,每根为窍二,贯以绞关木,系莨缆于船,缚于轴,执绞关木环轴而推之。①

为了避免盘坝,总兵官陈瑄采纳土人建议,决定动用民工重新疏浚淤塞多年的沙河故道,于永乐十三年(1415年)开凿清江浦。根据嘉靖《山阳县志》记载,"凡境内之濒于淮湖者,多沟浦"。故新开挖的这条人工水道被称为清江浦。借助北宋所开的沙河故道,由山阳城西马家嘴引管家湖水,东北通至鸭陈口入淮,总长二十里,并缘管家湖筑堤十里以引舟。淮口置移风、清江、福兴、新庄四闸,以时启闭。②此后,淮南运河山阳段由城东移到城西,运口也由末口移到新庄闸。②明代严格规定五闸的启闭,或二三日,或四五日启闭一次。如开启板闸,则需闭新庄等闸;如开启新庄闸,则需闭板闸等闸;闭新庄等闸则板闸为平水,闭板闸等闸则新庄闸为平水,故启闭较易。③。

清江浦河的开通,使淮安里运河河道至此发生了局部变化,直接从管家湖引水向西至鸭陈口,避开了淮河水流以及盘坝之险,可以说是一条避黄行运河道。五闸配合启闭的做法便利了运河通航,从此五坝作用大减,末口枢纽地位下降。可见,清江浦河是最早的避黄行运工程,新河道的开挖将运口向西北推移至清口一带,清江浦河工程后的一百多年,才陆续出现了南阳新河、伽河、中运河等一系列的避黄工程,于清代将运口向南推移至清口,使清口成为黄淮运交汇之区。

(2)淮安至扬州间避湖行运

明代山阳至江都之间的淮南运河以湖为水源,利用高邮、宝应、白马、汜光、邵伯等湖泊行运,这些湖西受七十二河之水,为众水所归之处。每年苦于湖中水阔浪大以及湖水溢出东注,"又若中流西风大作,则数百里长风巨浪,拥舟激荡于石堤汹涌中,糜烂漂溺,民命葬鱼腹,靡孑遗矣"④。为避湖中行船的风涛之险,需在湖侧的重要地段建造月河。月河亦称越河,"制闸必旁疏一渠为坝,以待暴水,如月然,曰月河"⑤。早在洪武二十八年(1395年),因湖边

---

① (明):潘季驯《河防一览》卷4《修守事宜》。
② 郭黎安:《里运河变迁的历史过程》,载《历史地理》第5辑,上海人民出版社1987年版。
③ (明)胡应恩:《淮南水利考》卷下。
④ (明)万恭:《创设宝应月河疏》,载《明经世文编》卷351《万司马奏议一》。
⑤ (明)张元祯:《赵村月河坝记》,载(清)叶方恒:《山东全河备考》卷4《人文志》。

泥泞积水,难以施工筑堤,根据宝应老人柏丛桂的建议,派发淮扬丁夫 56000 人,自宝应县魁楼南开渠 40 里至界首,修筑重堤,两堤之中为月河,此后相继建有康济、弘济、邵伯、界首、永安等月河。

弘治二年(1489 年)秋,黄河在河南地区决口,冲击山东运河,运道受损。苏北淮扬段运河因舟行湖中,常遭风涛之险,故监察御史孙衍等建议沿湖边开凿河道,以避风涛。《高邮州志》卷二引明代大学士刘健《康济河记》详细记载了孙衍等提出的开凿原因:

> 时监察御史孙君衍,工部侍郎吴君瑞董河事,与巡抚右都御史李公昂,漕帅署都督佥事都公胜,署都指挥同知郭公鋐合议:高邮州运道九十里,而三十里入新开湖,湖东直南北为堤,舟行其下。自国初以来,董河官司障以桩木,固以砖石,决而复修者不知其几。其西北则与七里、张良、珠湖、甓社、石臼、平阿诸湖通,萦回数百里,每西风大作,波涛汹涌,舟与沿堤故桩石遇辄坏,多沉溺,人甚病焉。前此董河事者,尝议循湖东凿复河,以避风涛,便往来,不果行。

于是侍郎白昂相地兴工开凿,自高邮州北三里处的杭家嘴起,往南至张家沟止,长与湖相等,宽十余丈,深一丈多。两岸皆堆土为堤,固以桩木砖石,东岸设四座闸、一座涵洞,以减杀洪水,全部工程历时四个月完成,此后“舟经高邮者,出湖外无复风涛之虞”,取得了“易风涛为坦途”的良好效果,百姓获康济之利,故名“康济河”。

如前所述,弘治间白昂开康济河,避开了高邮甓社湖之险,而宝应氾光湖更加险恶,每次“西风暴起,则惊涛卷雪,怒浪如山,万斛巨舰,触石立碎,舟中之人,尽为鱼鳖”[①]。嘉靖间工部侍郎陈尧最先提出修建宝应越河,后来屡议屡停。隆庆、万历年间,沉船事件更是频发。隆庆六年(1572 年)十二月二十五日,宝应湖风涛大作,漂没千余人;万历元年(1573 年)三月二十日,800 余人没于风涛,船只更是不可胜计。故万历元年时万恭建议以宝应老堤为东堤,修建宝应重堤,形成月河,以避风涛之险,并提出了建宝应月河的九大利好:

> 臣今循宝应老堤而为之东堤,老堤加重关焉,有所恃而不恐,一利也;

---

① (明)吴敏道:《新开弘济河记》,载(清)顾炎武:《天下郡国利病书》,上海书店 1985 年版,第 223 页。

东堤成,即引水注其中,舟楫由之,是以重堤为月河,一举而两得之,二利也;吾直于平土中筑护堤耳,原不为月河,而月河之费藏其中,费省而用博,三利也;老堤得月河牵挽之便,东西并行,孰不保惜,非若高邮弃老湖于四五里之外者,则老堤增固,四利也;官民舟楫由月河中,坐视槐角楼上下之风涛,直秦人视越人之瘠肥耳,患安能及之,五利也;二堤并恃,一堤损复有一堤,高、宝、兴、山诸州县亡决堤之虑,亡廪廪之危,六利也;臣为此计,使月河成耶,国计民生幸甚,即不成耶,亦即护堤之安,费而无失,七利也;护堤之间设平水闸者三,闸之下为支河,引水以入射阳湖,东注于海,取支河之土而筑月河之堤,事省而工集,八利也;或曰东堤成,为月河,则老堤夹二水中,不固。独不曰高邮老堤夹二水中,西当大湖,东当八万亩巨浸者乎?高邮中堤又不西当八万亩之巨浸,东挟月河者乎?月河广不逾六丈,风涛不兴,此人之所疑而孰知。不然也,但有护老堤之力而无啮老堤之害,九利也[1]。

但万恭的建议未被采纳。万历四年(1576 年)三月,河道总督漕运侍郎吴桂芳再次提出就老堤建月河,修筑东西二堤。但未能被采纳,以致漂没淹毙事件不绝,例如万历十年淹毙千余人,十二年沉溺粮船数十只,漂没粮食七八千石。万历十二年(1584 年)九月正式兴工开宝应月河,次年四月完工。因该河比此前高邮康济月河、淮安永济月河更为重要,为"运道咽喉第一关"[2],于是明神宗赐名弘济月河。

万历二十八年(1600 年),总河刘东星命扬州知府开邵伯月河,长 18 里,宽十余丈,南北建石闸,并建减水石闸一座,以避湖险。同年十一月,总河刘东星在柏丛桂老人所开月河的基础上,进一步修筑界首月河,长 1889 丈,各建南北金门石闸两座[3]。至此,主要建有康济、弘济、邵伯、界首、永安等月河,基本实现了湖与河的分离,淮南运河彻底开成。

(3)扬州白塔河、宝带新河

早在永乐七年(1409 年),平江伯陈瑄开挖白塔河,自仪征至扬州 70 里,

① (明)万恭:《创设宝应月河疏》,载《明经世文编》卷 351《万司马奏议一》。
② 王廷瞻:《弘济河奏疏》,载《行水金鉴》卷 124。
③ 《南河全考》,载《行水金鉴》卷 127。

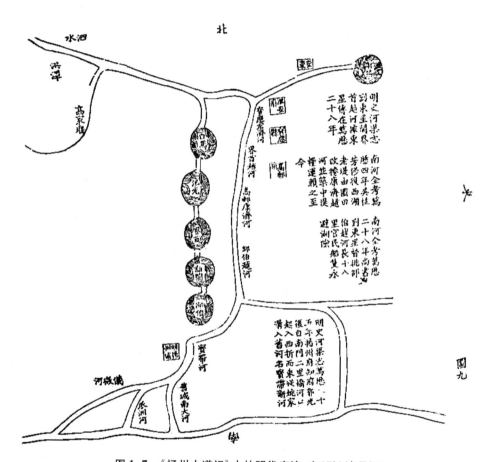

图 1-7 《扬州水道记》中的明代康济、宏（弘）济月河

但不久湮废。宣德四年(1429 年),因邵伯闸船闸盘剥困难,往来船只多取道白塔河,御史陈祚建议将邵伯闸坝官员夫役移到白塔河,以加强对白塔河的管理。宣德七年(1432 年),平江伯陈瑄再次开挖白塔河,设置新开闸、潘家庄、大桥、江口四座船闸,令南来船只过江后经白塔河至湾头入运河,以节省瓜洲盘坝之劳。景泰三年(1452 年)正月,监察御史练纲奏请疏浚白塔河,称:

> 江南漕舟俱从江阴夏港并孟渎河出大江,溯流三百里抵瓜州,往往风水失利。今江南岸有南新河,在常州府城西,江北岸有北新河,在泰兴县正相对,江北又有白塔河,在江都县与江南孟渎河参差相对。若由此二处横渡,江面甚近。但北新河、白塔河淤塞,俱用疏浚。北新河须二十万夫,白塔河须七万夫可就。宣德间曾于白塔河置闸,潮涨入闸,则沙土积塞;潮落启闸,则运水河泄,今可易闸以坝①。

朝廷采纳了练纲的建议,派尚书石璞前往处置。成化十二年(1476 年),总漕右副都御史李裕建议每三年疏浚一次白塔河。次年,巡河郎中郭升重开扬州白塔河,疏浚旧河二十里,修建闸坝,以便江南漕运,并建议仿照瓜洲、仪征运河,三年一疏浚。正德二年(1507 年),重新开挖白塔河。后来万历年间,总河潘季驯多次要求加强对白塔河的管理。

万历二十五年(1597 年)四月,因江都运河南门二里桥一带水势直泄无蓄,有碍盐漕。为方便盐漕运输,巡盐御史杨光训要求扬州知府郭光重新开浚城南宝带新河,自二里桥河口起,往西折而东,从姚家沟入旧河,历时四个月完工,从此"民漕便焉"②。

(4)淮安乌沙河、永济河

嘉靖七年(1528 年),漕抚都御史唐龙于淮安城北开乌沙河,又筑方家坝,以通船只。万历初年,黄河决崔镇,造成崔镇以下黄河淤塞,清江浦运道浅阻,漕船航行困难。万历九年(1581 年),总漕尚书凌云翼奏请开挖永济河,建议利用窑湾至杨家涧一带三十里河形,自武家墩以东至新庄旧闸间新开河道,以接运河通济闸出口。万历十年(1582 年)自浦西开挖永济河,起城南窑湾,经杨家庙、武家墩,至清口文华寺,全长约 45 里,并于永济河上置三闸,自东而西

---

① 《明英宗实录》卷 212,"景泰三年春正月乙卯"条。
② 《南河全考》,载《行水金鉴》卷 127。

分别为窑湾闸、永清闸、龙江闸，"以备清江浦之险"①。此时清江浦河与永济河并行使用，既可航运，还可泄水，有利于保障清江闸的安全。但仅运行一年，永济河"因走漏部税，复闭塞"②。直到天启三年（1623 年），总河刘士忠为疏浚淮安正河，先重新疏浚永济河，作为运船回空时之用，不久又停用。此后永济河仅作为运送食盐以及河工物料的通道，故又称盐河。

2. 黄运交汇段河漕

（1）徐州至淮阴段避黄行运

由于淮河以北徐州至淮阴段运河借助黄河行舟，而黄河又是一条著名的泥龙，善淤、善决、善徙，尤其是运道上有徐州洪、吕梁洪两处险滩，给漕运带来了极大的不稳定性和风险。永乐十二年（1414 年），陈瑄凿治徐、吕二洪，以通漕运。永乐十七年（1419 年）七月遣镇远侯顾兴祖巡视吕梁洪。宣德初，因漕舟通行艰阻，陈瑄建议于吕梁洪旧河西岸凿渠一道，深二尺、宽五丈，夏秋有水时可以行舟。七年，再次凿深吕梁漕渠，并设置石闸以节水，但不久又湍险如故。景泰二年（1451 年）七月，河决沙湾，黄河水皆东注，徐、吕二洪浅涩，朝廷命右副都御史王暹处置。成化以后，加大了对徐邳间运道的治理力度，成化四年（1468 年），工部管河主事郭升凿去外洪翻船恶石 300 余块，又铺平里洪坝下数湾。徐州洪主事尹珍、饶泗也相继凿去洪中乱石。成化六年（1470 年）三月，王俨对吕梁下洪进行了凿治。嘉靖十九年（1540 年），黄河决亳州，徐州云集桥水流塞绝，运道浅涩，管河主事陈穆等进行了修治，疏凿洪中巨石，为军民商贾带来了方便。嘉靖二十三年（1544 年），管河主事陈洪范再次凿治吕梁洪，经过三个月，怪石基本被凿尽，运道益便。二洪治理虽然收到了很大成效，但无法从根本上改变滩险、溜激、浪大的形势，于是有开凿伽河的建议。

早在伽河开凿以前，就有开凿南阳新河以避黄河的做法。南阳新河又称漕运新河或夏镇新河，明嘉靖七年（1528 年），在原运河以东 30 里处另开一条自南阳经夏镇至留城的新运河 141 里，修闸 9 座、减水闸 16 座，于闸旁开月河 6 条，修建土坝 13 座、石坝 1 座；于河道两涯筑堤 41600 余丈，约合 53 里，其中

---

① 《明史》卷 85《河渠志三》。
② （明）朱国盛、徐标：《南河志》卷 1《水利》。

石堤有 30 里;又疏浚支河 96 里,计 2600 余丈,修支河堤防 6346 丈。将河道由昭阳湖以西移到湖东,称南阳新河或夏镇新河。南阳新河的开凿,使河道由昭阳湖西移到湖东,从而减轻了徐州以上黄河北决对运河的威胁。新河开成后,原来的运河城镇沽头地位下降,隆庆元年(1567)移沽头闸主事于夏镇,沽头很早便衰落下去,为新的城镇所取代。

南阳新河的开凿,改善了南阳至留城间的漕运状况,但留城以下徐邳段运道仍遭受黄河的侵扰,其中徐州至淮安段运河仍借黄行运,深受黄河的困扰,尤其是这一段有黄河二洪之险。明代为保证运道畅通,专门设置了徐州洪工部分司和吕梁洪工部分司进行管理。宣德元年(1426 年),陈瑄建议于吕梁洪西岸再开凿一条漕渠,以便夏秋季节行舟。因不能根绝黄河二洪之险,泥沙经常淤浅,妨碍行船,黄河汛期更是困难,不得不开凿泇河,避黄行运。隆庆三年(1569 年)七月,黄河决沛县,茶城淤塞,粮艘二千余艘皆阻邳州。[1] 总河翁大立提出循子房山,过梁山,至境山,入地浜沟,直趋马家桥,上下八十里间,可别开一河以漕的建议,但未予采纳实施。后因黄河屡屡泛决,开泇河之议不断,直至万历三十二年(1604 年),总河李化龙开凿泇河成功,新河自夏镇向东南流,经台儿庄至邳州直河口汇入黄河,避开了 330 多里的黄河二洪之险。明万历后期开凿的泇运河是继南阳新河之后的又一避黄改运工程,结果导致国家运道的确立以及地方城市的兴衰更替,徐州与台儿庄从此面临两种不同的发展际遇[2]。

(2)宿迁通济河

天启五年(1625 年),为避开刘口、磨儿庄黄河之险,开挖骆马湖新运河 57 里,上接泇河,下通骆马湖口。次年,又进一步开挖十里新河道,达于陈口,通济河开成。崇祯五年(1632 年),黄河淤积骆马湖,通济河不通,总河尚书朱光祚重新疏浚后,更名为顺济河。

3.通州至扬州间河道

通扬运河是西起扬州、东至南通的人工河道,贯通今南通、泰州、扬州三市,延伸于长江北侧。通扬运河古称邗沟,始建于西汉文景年间,最初由吴王刘濞主持开凿的西起扬州茱萸湾、东通海陵仓及如皋蟠溪的一条运河,主要是

---

① 《明史》卷 85《河渠志三》。
② 李德楠:《国家运道与地方城镇:明代泇河的开凿及其影响》,《东岳论丛》2009 年第 12 期。

用以运盐,故称运盐河,又称南运河。最初到达泰州,后经历代改建和延伸而达南通。明英宗天顺三年(1459年),工部奏请疏浚通州至扬州间西汉时开凿的运盐河,以方便运盐运粮。清宣统元年(1909年)改称为通扬运河。

三、清代的苏北运河

明后期南阳新河与泇河开凿以后,邳州直河口以北实现了黄运分离,但至河口以南仍有200里河段借黄行运。清代苏北段运河深受黄河影响,尤其是实施了皂河、中运河等避黄行运以后,黄、淮、运交汇于淮安清口一地,为治黄保运,又修建了洪泽湖大堤,相继实施了蓄清敌黄、灌塘济运等措施,以解决洪泽湖的归江入海问题。

1. 中运河

中运河由皂河、中河、新中河等一系列河道组成。明末清初,直河口淤塞,船只改行董口,但不久董口又淤塞,于是取道骆马湖。顺治十五年(1658年),仍于骆马湖开河,船行湖中。但因湖中无法牵挽船只,冬春季节湖中水流浅涩。再加上顺治、康熙年间,黄、淮、运常常决溢,于是河督靳辅于湖中筑堤,堤内开河。康熙十九年(1680年),骆马湖航道淤塞,湖西堤内无法取土筑堤,河督靳辅开皂河40里通航,上至窑湾接泇河,下至皂河口入黄河,暂时解决了骆马湖水、坡水的干扰以及黄河水的倒灌。次年七月,黄水泛涨,顷刻间淤垫1000余丈,皂河口淤,不能通船,于是再开二十里支河于张庄入黄河,为张庄运口。张庄运口为骆马湖尾闾,皂河治水与骆马湖水均自此入黄,两年后运口再淤。

康熙二十五年(1686年),靳辅奏请自骆马湖口至清河口之间开挖中河一道,于黄河北岸遥堤、缕堤之间挑挖中河,自张庄运口经骆马湖口绕过宿迁县北,经桃源到达清河县仲家庄运口,两年后竣工,全长180里,避开了桃源宿迁一带黄河之险,该河与此前的皂河统称为中河,即旧中运河。靳辅高度评价中河工程:

> 连年重运一出清口,即截黄而北,由仲庄闸进中河以入皂河,风涛无阻,纤拽有路。又避黄河之险二百里,抵通之期较历年先一月不止,回空船只亦无守冻之忧。在国家岁免漂失漕米之患,在各运大则无沉溺之危,小则省雇夫之费①。

---

① (清)靳辅:《治河奏绩书》卷4《中河》。

　　康熙三十八年(1699年)四月,河督于成龙因中河南逼黄河,南岸地势低洼,难以修筑子堤,水势往往至缕堤形成大溜,堤防受到冲刷的危险。于是决定将北岸改作南岸,北岸另筑堤防,中间挑挖河道,自桃源县盛家道口至清河县开凿60里,弃中河下段,名曰新中河。第二年,河督张鹏翮又整治旧中河上段,把新旧中河合二为一。张鹏翮《酌改新旧中河疏》载曰:

　　　　旧中河自河头起三十二里至三义坝,河甚宽深,但三义坝以下至仲庄闸二十五里,河身甚浅。南岸河水散漫,难筑子堤,且距黄河岸甚近。今众议在三义坝将旧中河筑拦河堤一道,改入新中河,则旧中河之上段与新中河之下段合为一河,粮船可以通行无滞。至中河应挑应筑之处,关系运道紧要工程,一面发帑委官作速兴修,一面确估造册另疏具题外,理合先行题明①。

　　康熙四十二年(1703年),又将仲家庄运口下移到淮阴杨庄。前后经历了17年的整治,中运河最终形成,黄河与运河基本脱离关系,改善了邳州至淮阴间的漕运条件。

　　中运河开通以后,黄、淮、运三河的交汇口集中在清口一隅之地,水势河情十分复杂。诚如清人郭起元在其《洪泽湖论》中所说:"淮合诸水汇潴于湖,出清口会黄。清口迤上为运口,湖又分流入运以通漕,向东三分济运,七分御黄。而黄挟万里奔腾之势,其力足以遏淮。淮水少弱,浊流即内灌入运。必淮常储有余,而后畅出清口,御黄有力,斯无倒灌之虞。"②《清史稿·河渠志二》亦云:"夫黄河南行,淮先受病,淮病而运亦病。由是治河、导淮、济运三策,群萃于淮安清口一隅,施工之勤,縻币之巨,人民田庐之频岁受灾,未有甚于此者。"③中运河开通后,靠近中运河的皂河、窑湾、宿迁、桃源等城镇迅速崛起。

　　2. 里运河

　　清代里运河自淮安清口至扬州瓜洲,全长300余里,但因黄、淮、运交汇,且位于洪泽湖下游,为淮河归江入海的通道,洪泽湖异涨,里运河首当其冲,故河患益深,治理工程频繁。清代里运河治理集中于洪泽湖、高宝湖、清口等工程,旨在解决湖水的归江入海问题。

---

①　《行水金鉴》卷139,引《河防志》。
②　(清)郭起元:《介石堂水鉴》卷2。
③　《清史稿》卷129《河渠志四》。

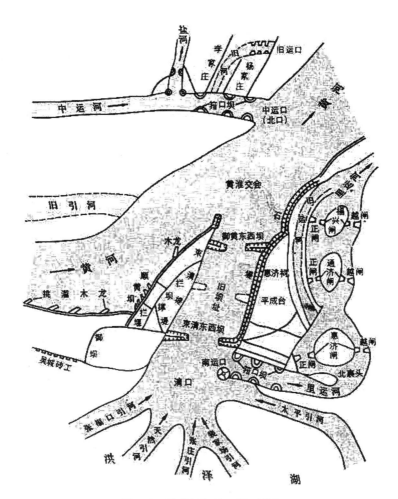

图 1-8　清代运河清口段形势图

康熙六七年间,苏北各处大水,黄淮并涨,王家营、翟家坝等处遭受冲溃,里下河地区水患严重。康熙十九年(1680年),洪泽湖水大涨,从高家堰漫入高、宝诸湖,淮扬地区州县一片汪洋,田庐尽毁,高邮城内水深四五尺。于是靳辅修筑高家堰滚水坝,以泄洪泽湖水;于高邮城南开滚水坝六座,以泄高、宝湖之水。其后张鹏翮等河臣大加疏通海口,开辟清口,堵塞六坝,增加黄水去路。

为增加清口引水刷黄的能力,开挖了一系列的引河工程。康熙十六年(1677年)八月,靳辅开挖了烂泥浅引河,次年又挑成烂泥浅第二道引河,在清口西南一里处汇入第一道引河。到康熙二十三年(1684年)共挑成烂泥浅、张福口、帅家庄、裴家场四道引河。康熙三十九年(1690年)张鹏翮任总河,开张福、裴家场、张家庄、烂泥浅、三岔及天然、天赐引河,共计七条。至雍正七年(1729年),多条引河已经淤浅,只有张福口、张家庄、裴家场三条引河尚深通。到乾隆年间,天赐引河、烂泥浅引河淤积严重,只剩下五条引河可用。道光间黄河异涨,除张福河完好外、天然河保存一定河形外,其他都被黄河泥沙淤垫。

南北运口的变化。康熙间靳辅开中运河,将运河口自小清河口移到了仲庄运口,避开了180里黄河之险。康熙四十二年(1703年),康熙帝令河臣废闭仲庄闸,于陶庄闸下开挑引河一道,改移仲庄运口从杨庄出口。康熙五十五年(1716年)因杨庄运口溜急,又在杨庄闸口南挑越河250丈,仍名杨庄运口。

闸坝工程方面。清代随着洪泽湖的不断扩大,排水问题日益突出,里下河地区灾害不断,于是修建了一系列减水工程,形成了洪泽湖大堤上的山盱五坝、里运河堤上的归海五坝以及淮河入江尾闾上的归江十坝。

3. 永安河

康熙十七年(1678年),因高邮清水潭决口处深不可测,十几年间多次堵塞,均因无法筑堤,随筑随塌,河督靳辅于高邮湖中绕回开河一道,长约840丈,历时185天,工成后,改称清水潭为永安河。

4. 串场河

串场河位于里下河地区东部范公堤内侧,是一条与范公堤平行的南北向的河道。串场河开挖于唐大历元年(766年),乃唐代修筑捍海堰时取土筑堤形成的河流。原是常丰堰(范公堤的前身)复堆河,南宋咸淳五年(1269年)以及明隆庆年间重加疏浚,明代称运盐河。至清乾隆三年(1738年)全线挖通,南起海安县城,与通扬运河交汇,河流沟通了富安、安丰、梁垛、东台、何垛、丁溪、草堰、小海、白驹、刘庄、伍佑、新兴、庙湾等十多个盐场,通射阳河。因河道串通了淮南各盐场,故得名串场河,此河对沟通南北水上交通有重要作用,也是里下河地区的泄水通道。

5. 淮阴至海州间盐河

淮阴至海州间盐河又称古盐河,距今1400余年,是沟通淮阴和连云港的人工河道,西起淮阴双金闸,东至连云港玉带河,全长145公里。盐河的前身为开挖于唐垂拱四年(688年)的官河,清康熙二十六年(1687年)靳辅开下中河,起清河县中河北岸盐坝口,下注潮河入海。该河遇黄、淮并涨,清水由翟家坝、天然滚坝泄出,黄水由王家营减水坝泄入盐河至平旺河下海。该河既宣泄洪水,又可用作运盐河道。乾隆《淮安府志》记载:"盐河自杨家庄分中河之水,由王家营北穿大路,达安东,入海州之五丈河下海,以泄运河异涨及王营减坝之水,兼济盐柴重运。"清楚地叙述了盐河的功能、流路及其入海口情况。

综上所述,黄、淮、运交汇的苏北地区,河流水系发达,体现为以南北向京杭运河为主、东西向盐河为辅的运道的开发,优越的水运交通环境有利于保证城市安全,促进城市发展,奠定了苏北城市发展的重要基础。

第二章　元代以前苏北城镇体系的初步形成

　　城市是一个地区经济社会发展的统帅和窗口,是社会发展的指向标和旗帜,其兴起是社会生产力、人口和物质资源等在一定空间范围内聚集的结果。城市的兴起和发展有诸多的地理要素与社会条件,但交通是任何城市都不能脱离的重要地理因素。交通是一个地区发展的重要条件,历史上水运交通线路的开发,影响到城镇聚落的演变、农业开发的进程、信仰民俗的形成等,因此可以说是城市政治、经济、文化兴衰变迁的基础。

　　京杭运河是中国古代最为重要的南北交通大动脉,它纵贯南北,大大弥补了中国河流多是东西流向的天然不足,成为南北经济文化交流的走廊,成为运河沿线经济社会发展的启动器和助力机,催发和带动了城市的崛起和繁荣,并进而形成沿河城市群带。对古代中国城市的形成、发展及城市布局发挥了十分巨大的作用。"大运河带动了人口的大流动、大聚居。每年数万艘漕船及商船、数百万石漕粮与商品给运河沿岸带来了大量人气与无限商机,在为传统封建政治中心注入了时尚韵味的同时,催生出一批新兴城市。"①苏北位于京杭大运河中段,这里是黄河、淮河和运河交汇重地,控扼运河咽喉,地位尤其重要,其经济社会发展也与大运河结下了不解之缘。而历史上苏北运河的变化复杂而多样,对苏北城市盛衰起落的影响也格外显著。苏北运河的开发与变迁,大体经历了如下三个阶段。

第一节　先秦至隋代的城市群雏形

一、隋代以前苏北的水运交通

　　苏北地区的水运素称发达,《尚书·禹贡》有"海、岱及淮,惟徐州"的记

---

　　① 董文虎等:《京杭大运河的历史与未来》,社会科学文献出版社 2008 年版,第 155 页。

载,海岱一带是人类早期文明的发源地。春秋战国时泗口、末口和邗城都是重要的交通枢要和战略据点,但邗沟主要是运输军粮和士兵,其军事意义远大于经济意义,故而这三处要害地方在经济方面无可称道之处。与此不同的是,位于泗水与汴水之交的彭城在经济领域表现得尤为突出。彭城是徐州的别称,因夏商周时期这里曾建有大彭国而得名,大彭国、徐国、留国是该地区的三个封国。春秋战国时期,徐夷在今徐州境内建立了徐国,徐偃王时代是徐国最盛的时期,春秋末年季子挂剑的故事,就发生在徐国。

由于交通的畅达与商贸往来的频繁,战国时城市经济发展迅速,司马迁在《货殖列传》中开列了天下的经济都会,共计有 13 个,虽然彭城没有预列《货殖列传》其中,但事实上由于彭城在获水(上游为汴水)与泗水的交汇处,又间于东楚和西楚之间,交通便捷四达,且西有梁宋之繁荣,北有齐鲁之富庶,故而也就发展成为"一个地方性的经济都会"①。战国时期,宋国还将都城由睢阳迁至彭城,直到周赧王九年(前 306 年)宋国灭亡,彭城归楚国。可见在春秋战国时代,由于运河的开凿,由淮入泗、沂,船只能到达齐鲁;或由泗入菏,溯济而西,船只能到达三晋,江、淮、河、济四渎得以贯通,苏北地区城市兴起,泗口、末口、邗城成为重镇,彭城成为苏北地区区域性经济中心。

秦汉时期是大一统时代,社会稳定,经济发展。秦灭六国,分天下为三十六郡,苏北城市数量显著增多。秦代在苏北地区设县的具体情况难以详知,目前可考的有广陵、堂邑、淮阴、盱眙、东阳、凌县、下相、下邳、彭城、留县、沛县和朐县,共计 12 个②。从地理分布来看,仅朐县在今连云港市,号称是秦国的东大门,其余 11 县毫无例外地都在邗沟、淮水、泗水一线,其对水道运输的依赖是格外明显的。此 11 个县城中,除广陵、堂邑在邗沟与长江之交外,其余 9 个都在泗水一线及淮河两岸,这表明苏北城市的发展是不平衡的,淮河以北城市发展较快,淮河以南较为缓慢。公元前 206 年,项羽打败秦军主力后,自立为西楚霸王,定都彭城,徐州此后成为楚汉相争的重要战场,公元前 202 年项羽自刎于垓下,西楚政权维持了五年。

两汉时期,苏北运河沿线城市在秦的基础上又有较大增加,目前可考的就

---

① 史念海:《河山集·释〈史记·货殖列传〉所说的"陶为天下之中"兼论战国时代的经济都会》,生活·读书·新知三联书店 1963 年版,第 123 页。
② 谭其骧主编:《中国历史地图集》,中国地图出版社 1982 年版,第 7—8 页。

有江都、舆县、海陵、高邮、平安、淮浦、泗阳、富陵、睢陵、高平、赘其、高山、厹
犹、昌县、广戚和丰县，共计 16 个①，新增数目是秦代总数的 1.3 倍。实际上
新增的城市还远不止此，因为临淮郡所属开阳、播旌、西平、开陵、昌阳、广
平、兰阳、襄平、乐陵 9 县和泗水国所属县地皆不明，但都属于苏北地区，估计
大体也是沿邗沟、淮水、泗水一线分布的。所可注意的是，汉代淮河以南地区
城市数目增长幅度较大，表明此期淮南、淮北地区发展的差距开始逐步缩小
了。秦汉时期苏北城市的典型代表是彭城和广陵，可谓苏北诸多城市的两个
核心，二者均濒临运河，一南一北，遥相呼应。《汉书·地理志》记载楚国彭城
的人口：

> 楚国，高帝置，宣帝地节元年更为彭城郡，黄龙元年复故，莽曰和乐，
> 属徐州，户十一万四千七百三十八，口四十九万七千八百四。县七：彭城，
> 古彭祖国，户四万一百九十六，有铁官②。

可见，汉代彭城有 40196 户，以每户 5 口计算，彭城人口竟达 20 万人，
这在当时一定是人口较多的城市。汉代在此设立铁官，专门管理官营冶铁，
彭城成为重要的手工业城市。当是时，江淮流域的粮食及其他物资运输京
师，必须由淮入泗，然后经彭城入汴，再由汴入黄河，彭城扼守着国家的一条
经济大动脉，这是其经济发展的动力所在。广陵在长江北岸、邗沟运河的最南
端，西汉时刘濞被封为吴王，广陵成为一方都会。吴国地域广阔，富有铜、盐等
资源，刘濞以广陵为基础，大力发展生产增强国力，开凿了自茱萸湾至海陵的
运盐河，海陵县的设立，与该运河的开凿直接相关。吴国"招致天下亡命者盗
铸钱，煮海水为盐，以故无赋，国用富饶"③，广陵成为冶铁、制盐中心，在其带
动下，"广陵的丝织、竹器、漆器、造船和建筑等行业得到很大发展，商业贸易
日趋活跃"④。

魏晋南北朝时期天下大乱，政权林立，战火横飞，苏北适为南北政权争夺扰
攘的关键之区，干戈之下无论南方政权的北上还是北方政权的南下，苏北均为必
经之地，因而此期苏北城市的经济发展无所称道，而军事价值则大为彰显。彭城、

① 谭其骧主编：《中国历史地图集》，中国地图出版社 1982 年版，第 19—20 页。
② 《汉书》卷 28《地理志下》。
③ 《史记》卷 106《吴王濞列传》。
④ 安作璋主编：《中国运河文化史》上册，山东教育出版社 2001 年版，第 187 页。

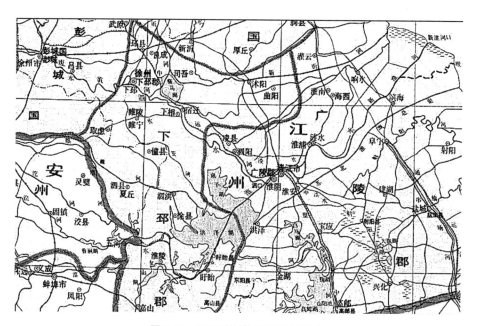

图 2-1　三国时期苏北政区与城市

下邳、盱眙、淮阴、山阳、广陵是最为重要的军事重镇，末口、角城（泗口）为军事要隘，此外还设置了诸多军事屯戍。

二、隋代以前苏北城市的勃兴

1. 徐州

彭城（今徐州）地处汴、泗之汇，水陆交通特别发达，史称"（彭城）形胜要害之地，汴泗交流，冈岭四合，楚山为城，泗水为池，东近齐鲁，北属赵魏，南通江淮，西通梁楚，吕梁横绝，四山合围"①。在南北政权分裂对峙时期，徐州是淮北的门户，其交通地位和战略形势就更显突出和重要，双方无不把争夺徐州作为首务。北方视其为"南国重镇"，南方视其为"北门锁钥"。有研究指出，两汉时期，楚国是东部地区的交通枢纽，陆路与汴泗漕运水道在境内交汇，战略地位十分重要。楚国的农业发达，冶铁、纺织、玉器加工等手工业繁荣，经济发展水平居汉朝郡国的前列②。

2. 下邳

邳州古称下邳，地理环境条件优越，境内多山川，六千多年前就有先民在这里繁衍生息。下邳地处沂水、武水和泗水之交，"北控齐、鲁，南蔽江、淮，水陆交通，实为冲要"③。邳州北部发现的梁王城遗址，分布着徐国贵族的大型墓葬，出土器物表明，梁王城遗址应当是春秋晚期徐国的都城④。下邳和徐州近在咫尺，势相首尾，二者之间有着至为密切的战略关系。如果说徐州是捍卫淮北的前卫或第一道大门，那么下邳就是捍卫淮北的后卫或第二道大门。守徐州必须守下邳，争徐州亦必须争下邳。公元前208年，项梁渡淮北上，军队驻扎于下邳。公元前202年，西汉封异姓王韩信为楚王，都下邳。东汉明帝置下邳国，封子刘衍为王，领十七城，治所在下邳。至东汉晚期，徐州刺史部治所设在下邳。邳州山头东汉墓地，出土了大批文物，反映了东汉邳州的社会发展。魏晋南北朝时期，邳州为军事争夺的关键区，陶谦发迹于下邳。西晋时将徐州治所由彭城迁至下邳。南朝宋泰始二年（466年），魏尉元上表称下邳为水陆所凑之区，军事地位重要，称：

---

① （明）李贤等：《明一统志》卷18《南直隶·徐州》，上海古籍出版社1987年版。
② 王健主编：《徐州简史》，商务印书馆2016年版，第24页。
③ （清）顾祖禹：《读史方舆纪要》卷22《南直四》，中华书局2005年版。
④ 吴公勤等：《江苏邳州市九女墩春秋墓发掘简报》，《考古》2003年第9期。

臣前表以下邳水陆所凑,先规殄灭,遣兵屡讨,犹未擒定。然彭城、下邳信命未断,而此城之人,元居贼界,心尚恋土。辄相诳惑,希幸非望,南来息耗,壅塞不达,虽至穷追,仍不肯降。彭城民任玄朗从淮南到镇,称刘彧将任农夫、陈显达领兵三千,来循宿豫。臣即以其日,密遣觇使,验其虚实,如朗所言,臣欲自出击之,以运粮未接,又恐新民生变,遣子都将于杳千、刘龙驹等步骑五千,将往赴击。但征人淹久,逃亡者多,迭相扇动,莫有固志,器仗败毁,无一可用。臣闻伐国事重,古人所难,功虽可立,必须经略而举。若贼向彭城,必由清泗过宿豫,历下邳。趋青州,路亦由下邳入沂水,经东安。即为贼用师之要。今若先定下邳,平宿豫,镇淮阳,戍东安,则青冀诸镇可不攻而克①。

3. 盱眙

盱眙地处淮滨,沟通长淮上下,依山傍水,形势险要,沿淮上接重镇寿春、钟离,下连淮阴,"实梁、宋、吴、楚之冲,为天下重地"②。得交通之便,很早便成为淮河沿岸的重镇。秦始皇统一六国后,在该地设立泗水郡、盱眙县、东阳县。秦末时,项梁立熊心为楚怀王,建都盱眙。汉末魏晋南北朝战争不断,盱眙处在南北对峙的前沿,正如《淮安府志》所言,"南必得而后进取有资,北必得而后饷运无阻"。西晋太康元年(280年),设临淮郡,治所在盱眙。东晋南北朝时,以水陆交通便利,盱眙进一步发展,与淮阴、寿阳并称沿淮三镇。东晋太元四年(379年),前秦苻坚遣俱难、彭超等率步骑七万攻盱眙,彭超在攻陷盱眙后,即顺势而下攻打距广陵仅百里的三阿,这使得东晋"京都大震,临江列戍"③,迅速加强对沿江一带的防御。从这个事例中可以看出,盱眙对于淮南乃至于建康的屏蔽保护作用是十分突出的。南北对峙时期,盱眙常为重镇,堪称淮北之屏障、淮南之锁钥,所谓"控两淮之要,系淮南江左之本","南必得而后进取有资,北必得而后饷运无阻","自古未有不得盱眙而能东下江左、西上中原者"云云,皆是其军事战略地位的真实写照。刘宋元嘉二十七年(450年),北魏太武帝拓跋焘率大军南下,渡淮河地点选在粮草丰裕的盱眙附近,并在盱眙君山架设浮桥。

① 《魏书》卷50《尉元传》。
② (南宋)陆游:《渭南文集》卷20。
③ 《晋书》卷113《苻坚载记上》。

4. 淮阴

淮阴北对清泗,临淮守险;西接盱眙、钟离、寿春等重镇,东连末口,通于大海,南经邗沟可直抵长江,北由泗水可入中原,地当南北冲要,此诚如顾祖禹所说:"淮阴去丹阳四百里而近,北对清、泗,则转输易通,南出江津,则风帆易达,由淮入江,此其必争之道矣。"①这种形势,使得淮阴可以阻淮凭海,控御南北交通之要,扼制山东,屏蔽淮南,所谓"江海通津,淮楚巨防"②,"南北噤喉,淮东屏蔽"③是也。晋穆帝永和年间,北中郎将荀羡北讨,指陈天下形势,分析淮阴战略地位云:"淮阴旧镇,地形都要,水陆交通,易以观衅。沃野有开殖之利,方舟运漕,无他屯阻。"④可见淮阴不仅地理位置及交通地位重要,而且还有开殖之资,漕运之利。淮阴战略地位的重要,也和其附近的泗口、角城、末口等要地密不可分。淮阴与泗口夹淮相对,彼此掎角,互为借重。《水经·淮水注》云:"淮、泗之会,即角城也;左右两川,翼夹二水决入之所,所谓泗口也。"⑤泗口也称淮口、清口,东晋安帝时曾于此置角城县,属淮阳郡,刘宋因之。南齐、萧梁时为角城戍,李安民、萧道成、萧衍等先后为角城戍主。东魏武定七年(549 年)再置角城县。角城东临泗水,南傍淮水,自晋至隋,迄为重镇,在战略上与淮阴势相首尾,大有唇亡齿寒之意。

5. 山阳(淮安)

山阳即今淮安市淮安区,它处于邗沟与淮水之交,为沟通江淮之喉嗌,交通地位至为显赫,诚如宋人陈敏所说:"楚州为南北襟喉,彼此必争之地。长淮二千余里,河道通北方者五:清、汴、涡、颍、蔡是也;通南方以入江者,惟楚州运河耳。北人舟舰自五河而下,将谋渡江,非得楚州运河,无缘自达。"⑥从军事战略的角度来看,山阳与淮阴是一对孪生姊妹城市,其间关系至密,完全可以视为一体。淮阴在西,山阳在东,相距仅 50 里许,且有淮水、运河通连,东西相望,首尾相顾,有如常山蛇势,击首则尾应,击尾则首应。在南北分治时代,

---

① (清)顾祖禹:《读史方舆纪要》卷 22《南直四》,中华书局 2005 年版。
② 唐人李邕《李北海集》卷四云:"淮阴县者,江海通津,淮楚巨防,弥越走蜀,会闽驿吴,七发枚乘之丘,三杰楚王之窟,胜引飞鹜,商旅接舻。"
③ (清)顾祖禹:《读史方舆纪要》卷 22《南直四·引》,中华书局 2005 年版。
④ 《南齐书》卷 14《州郡志上·北兖州》。
⑤ 《水经注疏》卷 30《淮水》。
⑥ 《宋史》卷 402《陈敏传》。

山阳、淮阴的南北归属直接关系到双方攻守形势的重大变化。对于北方而言，占据两淮，即可顺邗沟而下，直达大江，势若建瓴，江表危矣；对于南方而言，拥有两淮，取积极态势，可以进取山东，北上中原，取保守态势，则可固淮而守，屏蔽江淮。此等形势，古人多有论列。如南宋右朝奉郎、楚州通判徐宗偃曰："山阳南北必争之地也，我得之可以进取山东，敌若得之，淮南不能以朝夕固矣。"①宋高宗也说："山阳要地，屏蔽淮东，无山阳则通、泰不能固，贼来径趋苏、常，岂不摇动，其事甚明。"②这些论述尽管是针对宋金对峙的具体历史实际而言的，但同样也适用于南北分裂的魏晋南北朝时代。淮安城始筑于东晋安帝义熙年间，即后来的淮安三城中的旧城。

6. 扬州

扬州春秋时称邗，战国时称广陵，地处邗沟与长江之交，但六朝以前的扬州是指扬州刺史部，其管辖范围不在今天的扬州。六朝时期为京城建业的北门门户，实乃江北重镇，具有极其重要的军事战略地位。西汉时设江都国、广陵国，东汉至西晋为广陵郡，南朝刘宋时改称南兖州，北周时称吴州。直到隋文帝开皇九年（589 年）才改吴州为扬州，置扬州总管府。

7. 宿迁

宿迁地处淮、泗水道交汇，交通区位优势重要，下草湾遗址证明距今四五万年前就已出现原始人类的活动。宿迁古称下相、钟吾，"泗水出鲁国卞县，至临淮下相县入淮"③。秦代推行郡县制度，宿迁境内设下相、凌、徐等县。汉代继续增设厹犹、司吾、高平县。汉武帝时设置泗水国。东晋义熙初年设宿豫郡，宿豫城"东临泗水，南近淮水"，是南北军事政权争夺的关键据点，晋元帝司马睿置邸阁于宿豫。

8. 盐城

盐城位于淮安以东，春秋时先后属吴国和越国，战国时属楚国。西汉时为盐渎县地，盐渎设有铁官，属临淮郡，三国时孙坚曾担任盐渎丞，后又担任盱眙丞、下邳丞。三国魏时废渎县。《晋书》记载，盐渎县属广陵郡。当时广陵郡统淮阴、射阳、舆、海陵、广陵、盐渎、淮浦、江都八县，共计人口 8800 户。南朝

① （清）顾祖禹：《读史方舆纪要》卷 22《南直四·引》，中华书局 2005 年版。
② （宋）李心传：《建炎以来系年要录》卷 141，上海古籍出版社 1992 年版。
③ （晋）郭璞：《山海经传》海内东经第 13。

刘宋时属山阳郡,北齐时属射阳郡,陈时改为盐城郡。《宋书·州郡志》记载:

> 盐城令,旧曰盐渎,前汉属临淮,后汉、晋属广陵,三国时废,晋武帝太康二年复立。晋安帝更名。

但至唐代以前,今盐城市所在地尚没有城邑的设置。

9. 海州(连云港)

海州是连云港市的古称,该地东临大海,位于河流下游,游水、沭水等多条河流在此入海,四五万年前就有原始先民在此繁衍生息。西周时属青州,战国时为楚地。秦代设朐县,属东海郡。海州背山面水,地理位置优越,是航运的天然港口,是古代陆上丝绸之路和海上丝绸之路的交会点。孔望山上的汉代摩崖石刻,是古海州繁荣的见证。三国时属魏之东海国,为海道要津。东魏武定七年(549年)设海州,从此有了海州的名称。《魏书·地形志中》载曰:

> 海州领郡六,县十九,户四千八百七十八,口二万二千二百一十。东彭城郡,领县三,户八百,口三千四百六十九,龙沮、安乐、勃海;东海郡,领县四,户一千二百四十二,口五千九百四,赣榆、安流、广饶、下密;海西郡,领县三,户八百六十,口三千九百五十,襄贲、海西、临海;沭阳郡,领县四,户一千三百九十七,口七千五百八十三,下城、临渣、服武;琅邪郡,领县三,户三百五十六,口一千三百七十一,海安、朐、山宁;武陵郡,领县二,户二百二十三,口七百三十三,上鲜、洛要。①

10. 泰州

泰州地处长江下游北岸,五千多年前就有人类在此繁衍生息。西周称海阳,其得名与其地傍海有关,先后属吴国、越国。楚国打败越国后,更名为"海陵",意为海边高地。西汉时建海陵县,属临淮郡。东汉时海陵县属广陵郡。三国废海陵县,西晋复立。东晋以后,海陵县属广陵郡。东晋义熙七年(411年),从广陵郡划出部分地区设海陵郡,下辖建陵、临江、如皋、宁海、蒲涛五县。但此时海陵县不属海陵郡。到南北朝时,海陵郡属南兖州,下辖海陵等七县。

综上可见,在隋代之前,由于运河的开凿、水运的发达,苏北城市开始勃兴。大体说来,先秦时期淮河以北地区城市发展较快,彭城成为苏北城市中心;秦汉时期淮河以南地区城市发展加快了步伐,淮北的彭城和淮南的广陵成

---

① 《魏书》卷106《地形志中·海州》。

为苏北的两个城市中心;魏晋南北朝时期苏北地处南北政权的争锋地带,涌现出一批军事重镇,典型者即为彭城、淮阴、山阳和广陵。此期苏北城市的军事意义和价值远远超出了经济意义和价值,此等情势,使得城市的发展带有浓厚的军事色彩。不过无论城市的性质和功能如何,都表现出一些共同的特点:如其兴起均与运河及水运有关,均分布在水运交通沿线,城际之间有密切的关联,出现了中心城市,但经济功能均比较薄弱。这些情况显示,隋代以前苏北运河城市群已初具雏形。

第二节 隋唐宋元时期苏北运河城市群初步形成

隋唐时期天下一统,一条纵贯南北的大运河应运而生。隋代开通了广通渠、永济渠、通济渠、邗沟和江南河,其走势"犹如一把张开的纸扇,沿扇形的两边,分别开凿了通向东南和东北的运河,穿越黄河下游南北和长江下游富庶经济地区的中心,其柄端又直插关中平原的中央"①,形成了以东都洛阳为中心的向西北、东北和东南辐射的全国性运河网络体系。这条运河将关中、关东、华北、江淮及江南等政治、经济重地联系起来,其涉及地域广泛,运程绵长,布局合理,可以说是运河史上最为辉煌灿烂的一页。隋唐时期都城在长安,宋代在开封,京师消费主要靠运输江淮及江南地区的粮食和其他物资,因而漕运在维系国计民生方面发挥着至关紧要的作用,汴河号为唐宋的"国命所系",诚非虚言。此时通济渠、邗沟和江南河都得到充分利用,成为重要的漕运渠道,尤其是通济渠(即汴河),简直就是唐朝的生命线。李敬方《汴河直进船》诗云:"汴水通淮利最多,生人为害亦相和;东南四十三州地,取尽脂膏是此河!"②安史之乱后,"长安政权之得以继续维持,除文化势力外,仅恃东南八道财赋之供给。至黄巢之乱既将此东南区域之经济几全破坏,复断绝汴路、运河之交通……大唐帝国之形式及实质,均于是告终矣"③。江淮运河及漕运之重要,由此可见一斑!北宋建都开封的重要原因之一,就是迁就江淮之地,宋人范祖禹便说,"国家建都于汴,实就漕挽东南之利",可谓一语中的。江淮漕运

---

① 马正林:《中国运河的变迁》,《陕西师大学报(哲学社会科学版)》1978年第1期。
② 参见《全唐诗》卷508。
③ 陈寅恪:《唐代政治史述论稿》,上海古籍出版社1997年版,第182页。

对于北宋王朝的重要性，《宋史》有十分精辟的论述：

> 汴河，自隋大业初，疏通济渠，引黄河通淮，至唐，改名广济。宋都大梁，以孟州河阴县南为汴首受黄河之口，属于淮、泗。每岁自春及冬，常于河口均调水势，止深六尺，以通行重载为准。岁漕江、淮、湖、浙米数百万，及至东南之产，百物众宝，不可胜计。又下西山之薪炭，以输京师之粟，以振河北之急，内外仰给焉。故于诸水，莫此为重。其浅深有度，置官以司之，都水监总察之。然大河向背不常，故河口岁易。易则度地形，相水势，为口以逆之。遇春首辄调数州之民，劳费不赀，役者多溺死。吏又并缘侵渔，而京师常有决溢之虞。……汴河岁运江淮米五七百万斛，以济京师。……今天下甲卒数十万众，战马数十万匹，并萃京师，悉集七亡国之士民于辇下，比汉、唐京邑，民庶十倍。旬服时有水旱，不至艰歉者，有惠民、金水、五丈、汴水等四渠，派引脉分，咸会天邑，舳舻相接，赡给公私。所以无匮乏，唯汴水横亘中国，首承大河，漕引江、湖，利尽南海，半天下之财赋，并山泽之百货，悉由此路而进①。

北宋漕运一般都在每年600万石左右，最高时可达800万石，这些漕粮均来自江淮及江南地区，汴河、邗沟和江南运河就成为北宋的交通大动脉和生命线，是真正的国命所系。

一、隋唐宋元时期苏北运河干线的城市

由于运河的畅通与漕运的繁忙，苏北运河城市发展迅速，涌现出了泗州、盱眙、淮阴、楚州、扬州、徐州等一批城市，其中最繁华的为扬州，其次当为楚州、泗州和淮阴。唐宋时期扬州、楚州、泗州等运河城市经济的繁荣有一个共同的特点，那就是盐业兴盛。史称：

> 吴、越、扬、楚盐廪至数千，积盐二万余石。有涟水、湖州、越州、杭州四场，嘉兴、海陵、盐城、新亭、临平、兰亭、永嘉、大昌、侯官、富都十监，岁得钱百余万缗，以当百余州之赋。自淮北置巡院十三，曰扬州、陈许、汴州、庐寿、白沙、淮西、甬桥、浙西、宋州、泗州、岭南、兖郓、郑滑，捕私盐者，奸盗为之衰息。然诸道加榷盐钱，商人舟所过有税。（刘）晏奏罢州县率税，禁堰埭邀以利者。晏之始至也，盐利岁才四十万缗，至大历末，六百余

---

① 《宋史》卷93《河渠志三》。

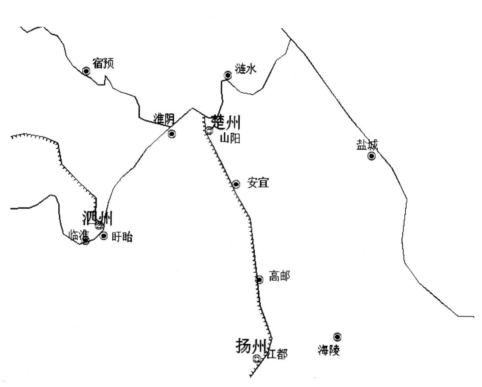

图 2-2　唐代苏北政区与主要城市示意图

万缗。天下之赋,盐利居半,宫闱服御、军饷、百官禄俸皆仰给焉。①

而扬州盐业最盛,宋人洪迈在《唐扬州之盛》中云:"唐世盐铁转运使在扬州,尽斡力权,判官多至数十人,商贾如织。故谚称'扬一益二'。"②

1. 扬州

扬州城市的繁荣,得益于其独特的交通地理区位。扬州处于邗沟与长江的交汇点上,溯江而上可达蜀汉,东出与海运沟通。唐代海船可直达扬州城下,过江可至润州、常州、苏州、杭州,再循浙东运河抵越州,向北则接邗沟、淮水和汴河,是南北河运、东西江(海)运、水陆交通的总枢纽和财货交流的集散中心。唐宋时扬州是漕运转枢中心,江淮以南八道的漕粮均由此北上,以致扬州"舟樯栉比,车毂鳞集,东南数百万艘漕船,浮江而上,此为搤吭"③。唐代扬州城由子城、罗城组成,规模很大,南北十五里多,东西七里多,周回四十余里。城内河网密布,桥梁众多。唐代扬州手工业发达,主要产品有铜镜、毡帽、丝织品、木器、雕刻、造船、药材、海味等,商业繁盛,其是国内最大的商贸中心,也是对外贸易的国际港口,波斯、大食、日本、新罗等国商人在扬州者甚多。唐代扬州的繁华,在文人的笔下有丰富的描绘。吕用之《出〈妖乱志〉》载:"时四方无事,广陵为歌钟之地,富商大贾动愈百数。"④张祜《纵游淮南》诗云:"十里长街市井连,明月桥上看神仙,人生只合扬州死,禅智山光好墓田。"⑤王建《夜看扬州市》诗云:"夜市千灯照碧云,高楼红袖客纷纷。如今不似时平日,犹自笙歌彻晓闻。"⑥徐凝《忆扬州》诗云:"天下三分明月夜,二分无赖是扬州。"⑦在诗人眼里,扬州的繁荣是无以复加的了。而事实上也确为如此,诚如有学者所说:"隋唐大运河这条碧绿的彩练上,镶嵌着颗颗耀眼的明珠,然而在这些明珠中,最硕大、最美、最光彩的一颗应属扬州。因为扬州在这些城市中崛起最早,也最富庶、最为重要、最为著名。"⑧

① 《新唐书》卷54《食货志四》。
② (宋)洪迈:《容斋随笔》卷9,上海古籍出版社1995年版。
③ 康熙《扬州府志》卷4《赋役志下》。
④ 《太平广记》卷290《妖妄三》。
⑤ 《全唐诗》卷511。
⑥ 《全唐诗》卷301。
⑦ 《全唐诗》卷474。
⑧ 安作璋主编:《中国运河文化史》上册,山东教育出版社2001年版,第429页。

隋炀帝大业初年,改扬州为江都郡,下辖江阳、江都、海陵、宁海、高邮、六合、永福、句容、延陵、安宜、山阳、盱眙、盐城、清流、全椒、曲阿等 16 县。唐高祖武德三年(620 年)改称兖州郡,六年改称邗州郡,到九年(626 年)改回扬州郡。此后又有改动,直到肃宗乾元三年(760 年)才改回为扬州。《旧唐书·地理志》载曰:

> 扬州大都督府隋江都郡。武德三年,杜伏威归国,于润州江宁县置扬州,以隋江都郡为兖州,置东南道行台。七年,改兖州为邗州。九年,省江宁县之扬州,改邗州为扬州,置大都督,督扬、和、滁、楚、舒、庐、寿七州。贞观十年,改大都督为都督,督扬、滁、常、润、和、宣、歙七州。龙朔二年,升为大都督府。天宝元年,改为广陵郡,依旧大都督府。乾元元年,复为扬州。自后置淮南节度使,亲王为都督,领使。长史为节度副大使,知节度事。恒以此为治所。旧领县四:江都、六合、海陵、高邮。户二万三千一百九十九,口九万四千三百四十七。天宝领县七,户七万七千一百五,口四十六万七千八百五十七。在京师东南二千七百五十三里,至东都一千七百四十九里。①

2. 楚州

楚州城位于邗沟与淮水之交,清、汴、蔡、涡、颍诸水皆直接或间接地经过楚州而东流入海,控扼江淮漕运之喉咙,其战略地位受到封建王朝的高度重视,隋代在此设立了管理漕运的行政机构,宋代又设江淮转运使,这些官衙的置立,又强化和提升了楚州的政治地位与经济地位。楚州襟吴带楚,衢通南北,为淮东屏蔽,江浙冲要,宋人陈敏曾云:

> 楚州为南北襟喉,彼此必争之地。长淮二千余里,河道通北方者五:清、汴、涡、颍、蔡是也;通南方以入江者,惟楚州运河耳。北人舟舰自五河而下,将谋渡江,非得楚州运河,无缘自达。昔周世宗自楚州北神堰凿老鹳河,通战舰以入大江,南唐遂失两淮之地。由此言之,楚州实为南朝司命,愿朝廷留意。②

这个概括极为精辟,陈敏虽然主要是从楚州之军事战略地位而言的,但它

① 《旧唐书》卷 40《地理志三·淮南道条》。
② 《宋史》卷 402《陈敏传》。

同样适用于对楚州在运河及漕运中地位的评价。随着南北风帆樯楫的频繁经行,漕运络绎,商旅不绝,大大推动了楚州城市经济的发展。楚州人口众多,唐天宝元年有二万六千余户,约 13 万口,这个数字是相当可观的。楚州城内外商铺市肆繁盛,白居易在《赠楚州郭使君》一诗中盛赞云:"淮水东南第一州,山园雉堞月当楼。黄金印绶悬腰底,白雪歌诗落笔头。笑看儿童骑竹马,醉携宾客上仙舟。当家美事堆身上,何啻林宗与细侯。"①楚州在唐代还是新罗、日本等国的商人、遣唐使者入唐和出唐的要津,可以说是一个重要的对外交流窗口。

《宋史·地理志》记载:

> 楚州,紧,山阳郡,团练。乾德初,以盱眙属泗州。开宝七年,以盐城还隶。太平兴国二年,又以盐城监来隶。熙宁五年,废涟水军,以涟水县隶州。元祐二年,复为涟水军。建炎四年,置楚泗承州涟水军镇抚使、淮东安抚制置使、京东河北镇抚大使。绍兴五年,权废承州两县,和、庐、濠、黄、滁、楚州各一县,置镇官。三十二年,涟水复来属。嘉定初,节制本路沿边军马。十年,制置安抚司公事。宝庆三年,升宝应县为州。绍定元年,升山阳县为淮安军。端平元年,改军为淮安州。崇宁户七万八千五百四十九,口二十万七千二百二。贡苎布。县四:山阳、盐城、淮阴、宝应②。

北宋时为运输粮米到都城开封,在真州、扬州、楚州、泗州等地设转般仓。楚州、泗州并为汴河漕运的两大要津。北宋转运使乔惟岳在淮安城西北开凿沙河,直达清口入淮河,但岁久淤塞。宋金时为战争前线和军事要地,行政级别由山阳县升为淮安军,后又改为淮安州。唐宋时期,楚州城屡有修治,宋孝宗乾道年间,陈敏重新修葺楚州城,奠定了淮安老城的基本格局。城内街巷分布明显带有里坊制度下条块分割的痕迹③。

3. 泗州、盱眙

泗州、盱眙位于通济渠南端与淮水相交处,入淮口就在盱眙对岸,唐宋时代通济渠称汴河,入淮口称汴口,唐代为沟通江淮之间航运,在泗州开凿直河。1966 年在盱眙发掘出土的"仪制令"碑,刻有"贱避贵,去避来。轻避重,少避

---

① 《全唐诗》卷 448。
② 《宋史》卷 88《地理志四·两浙路》。
③ 李孝聪:《中国城市的历史空间》,北京大学出版社 2015 年版,第 131 页。

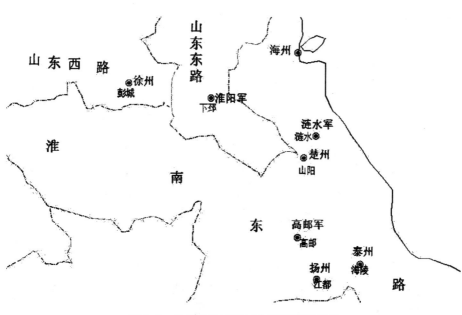

图 2-3　宋代苏北政区与主要城市示意图

老"的文字,证明该地区是水陆交通要道。宋仁宗时开凿龟山运河,通行一百多年。泗州临淮水而滨运河,据水陆要冲,又地接吴楚,是唐宋经济命脉汴河通向邗沟和江南河的咽喉之地,漕运繁忙,商旅众多,城市繁华。李邕《大唐泗州临淮县普光王寺碑》云,泗州"峦阜嶙峋而屏合,淮水逶迤而带长,邑屋助其雄,商旅增其大,兹为胜也"。李溪《泗州重修鼓角楼记》载,"泗城据汴淮奔会处,汴迅以射,淮广而吞。拧势雄重,翕张气象,商贩四冲,舻击柂交"。《宋史·地理志》载曰:

> 泗州,上,临淮郡。建隆二年,废徐城县。乾德元年,以楚州之盱眙、濠州之招信来属;建炎四年,复属濠州。绍兴十二年入金,后复。崇宁户六万三千六百三十二,口一十五万七千三百五十一。贡绢。县三:临淮、虹、淮平①。

《泗州志》又云:"城内街道整齐,房舍密集,货物齐全,来玩客商川流不息。"可见,泗州堪称运河口之经济都会。

4. 淮阴

淮阴位于泗水与淮水交汇处,通济渠凿通后,漕粮官船不再经由泗水,但官吏、商人、文人墨客及其他民间人士的南北流动,仍然行走于泗水之上,因而淮阴的交通地位并没有削弱,城市过往人员庞杂,促进了商业的繁荣。刘禹锡《淮阴行》诗云:"簇簇淮阴市,竹楼绿岸上。好日起樯竿,乌飞惊五两。"②温庭筠《送淮阴县令》云:"隋堤杨柳烟,孤棹正悠然。萧寺通淮戍,芜城枕楚壖。鱼盐桥上市,灯火雨中船。"③陈羽《宿淮阴作》云:"秋灯点点淮阴市,楚客联樯宿淮水。"商贸交易之兴旺由此可以想见。唐人项斯《夜泊淮阴》云:"夜入楚家烟,烟中人未眠。望来淮岸尽,坐到酒楼前。灯影半临水,筝声多在船。乘流向东去,别此易经年。"④阎丘晓《夜渡江》云:"夜火连淮市,春风满客帆。"淮阴夜市酒楼之繁盛跃然纸上。

5. 邳州

邳州隋朝时为下邳郡,与彭城、东海、下邳同属徐州总管府。隋末改泗州

---

① 《宋史》卷88《地理志四·两浙路》。
② 《全唐诗》卷364。
③ 《全唐诗》卷71。
④ 《全唐诗》卷554。

为下邳郡,下辖下邳等7县。唐高祖改郡为州,下邳作为邳州的治所,辖下邳、郯、良城三县。贞观元年(627年)改下邳州为下邳县,属泗州。开元二十三年(735年),将泗州州治迁到淮河岸边的临淮。天宝元年(742年),下邳郡改名临淮郡。元和四年(809年),下邳改隶徐州彭城郡。宋太平兴国七年(982年)建下邳县,为淮阳军治所。金代再改淮阳军为邳州,下辖下邳、兰陵、宿迁三县。元初并睢宁、宿迁入邳州。至元十五年(1278年)设邳州直隶州。邳州城市建设由来已久,《宋武北征记》载:"下邳城有三重大城之门,周四里,吕布所守也。魏武禽布于白门,白门,大城之门也。郦道元《水经注》曰南门,谓之白门魏武禽陈宫于此。"①可知三国时期,为抵抗魏军的进攻,吕布将下邳城扩建为三重,其中南门城楼又称为白门楼。隋唐时期由于运河远离邳州,邳州仅为一座偏方僻邑。咸丰《邳州志》称:"自唐废郡为州,去州为县,南隶泗,西隶徐,代凡三变,迁为偏方僻邑。"②金代修筑土城,周围长五里二十步,建有三个城门。元中统三年(1262年),在旧土城的基础上修建城郭。元代邳州升格为直隶州,成为地区性的商业中心。《马可波罗行纪》描述邳州城"大而高贵,工商业颇茂盛,产丝甚饶,此城在蛮子大州入境处,在此城见有商人甚众,运输其货物往蛮子境内,及其他数个城市聚落。此城为大汗征收赋税,其额甚巨"③。元末农民起义,邳州城再次衰落。

6. 宿迁、桃源

隋开皇元年(581年)废宿豫郡,置泗州,州治设在宿豫县。唐武德四年(621年),改下邳郡为泗州,州治仍在宿豫县。贞观元年(627年),重新设置宿豫县。开元二十三年(735年),宿预县城被黄河冲击圮坏,宿豫县治向西迁移至原下相城址所在地,泗州州治从宿豫南迁至淮河岸边的临淮县。宝应元年(762年),宿豫县改名宿迁县,属徐州。五代宋时置淮阳郡,辖宿豫等。北宋熙宁年间,洪水泛涨,导致原下相城址再次遭到破坏,又被迫迁移至废黄河东岸的项王故里附近新建县治。由于宿豫县长期遭受灾害,县治初创时无力兴建城垣,仅在东、南两面各加筑护堤。南宋建炎二年(1128年)以后,宿迁、泗阳地区水患增加。金兴定二年(1218年),以宿迁桃源镇置淮滨县。元中统

---

① 《宋武北征记》。
② 咸丰《邳州志》卷2《沿革》,江苏古籍出版社1991年版,第251页。
③ [意]马可波罗:《马可波罗行纪》,冯承钧译,商务印书馆2007年版,第265页。

二年(1261年)置淮滨县,后改称桃源县。元时桃源县城从桃源镇锅底湖处迁治于今城厢街道的老县城。元至元十七年(1280年),改泗州隶淮安路。

二、隋唐宋元时期苏北沿海地区的城市

其他如盐城、海州、泰州等沿海地区的城市,这一时期也有较大发展。

1.海州、盐城

海州,隋炀帝大业初年改海州为东海郡,明代海州隶淮安府,清雍正二年(1724年)升为直隶州。隋末盐城分为新安、安乐、射阳三县。唐代恢复盐城县建制,隶淮安道,唐末至宋时属楚州,元代隶淮安东路。

2.泰州

泰州汉代时为海陵县,隋代的运河促进了扬州及其周边城市的发展,隋开皇三年(583年),废海陵郡为海陵县,归扬州管辖。唐武德三年至武德七年(620—624年)间海陵县改称吴陵县。安史之乱期间各产盐地设置盐院,海陵为十大盐监之一。五代南唐(937年)时,升海陵为泰州,以海陵县为泰州治所。此后泰州知州的褚仁规率众建造城池,城高二丈三尺,周长四里有余,城濠深一丈多,长宽超过六步。其所撰《泰州重展筑子城记》详载城池建造过程,该碑于1955年出土,现存泰州市博物馆,兹抄录如下:

> 盖闻乾列星曦,斡运三皇之力;坤浮岳渎,镇流九禹之功。是知福地会时,神州有主。其为盛矣,可略言乎?窃以当州即汉朝旧海陵制邑也,自丁酉岁仲冬月奉敕旨改为是郡,莫不天文焕举,光数百载之镃基:地利显分,富一千里之黔庶。咸嵯赡溢,职赋殷繁,可谓水陆要津,咽喉剧郡。以兹升建,为属勋贤。当今皇帝以仁规早事圣明,素怀廉洁,特飞鸾诏,委授鱼符。对五马而愧此叨荣,向六条而虑其疏失。岂敢以爱憎徇性,岂敢以富贵安身。但缘王事疚心,鼎彝系抱,欲将整齐士旅,是宜固护严城。今则上奉天书,旁遵王命,更改旧垒,别创新基。以时之务不劳民,量力而人无倦色。功徒蚁聚,奋锸云屯,曾未五旬,俨全四面。其城高二丈三尺,环回四里有余。其濠深一丈已来,广阔六步不啻。中存旧址,便为隔城,上起新楼,以增壮贯。仰望而叠排雉翼,俯窥而细鹜龙鳞。瑞气朝笼,祥烟暮集。虽此时之良画,尽合玄机,在千古之英声,愿标青史。辄刊翠琰,用纪厥功。

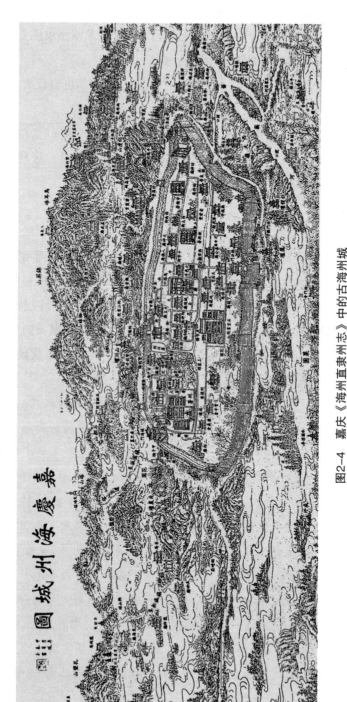

图2-4 嘉庆《海州直隶州志》中的古海州城

综上可见,隋唐宋元时期苏北运河城市取得了长足发展,无论淮北、淮南,均涌现出重要的繁华城市。尤其值得注意的是,扬州成为苏北乃至全国最为繁盛的都市,楚州的地位和重要性开始超过淮阴,泗州是新兴的运河城市,徐州则保持平稳的发展。扬州、楚州、泗州三城共同的经济根基是漕运和盐业,同时其对周边地区城镇的兴起和发展开始产生一定的辐射作用。这些迹象表明,隋唐宋元时期苏北运河城市群初步形成。而此期的城市格局,对明清时期苏北运河城市群的最后形成与发展有着直接的影响。

第三章　明清苏北运河城市的繁荣

　　交通是一个地区经济社会发展的重要条件。明清二代奠都北京,大量粮饷、财赋及日用百货主要来自江南,因而运河漕运尤其重要、兴盛,被视为"国家永久之利"。明清时期以运河为主干的四通八达的交通网,刺激了南北商品的流通。"城市总是大小不等的网络中心"①,沿运一线相继兴起了一批商贸功能尤为突出的城镇。运河城市往往处在几条大河的交汇处,例如淮安地处黄河、淮河、运河交汇处,扬州地处运河、长江交汇处。至于河网密布的江南地区,"运河取代了道路,只有少数村庄不坐落在可以通航的运河上"②。明朱鉉《河漕备考》详细列举了几大水系与城市的关系:

　　　　若其紧要处所,在江南则京口为粮船过江处,在江北则瓜洲为粮船收口处,而扬州一都会也,淮安为总漕驻节,粮舡在此盘验处,清江浦粮舡自运河入淮河处,清口粮舡自淮河入黄河处,清河县粮舡自黄河进中河处,皆要地也。皂河口粮舡出新河进迦河处,自此舟行一河,并无歧路。以北如夏镇、南阳、济宁,皆都会也。南旺漕河水南北分流处,以北张秋其都会也,黄河北决,亦多冲之。自此至临清州而会通河尽,南北运道此为咽喉,出口则行卫河中,德州其水陆要冲也,自此至天津则三岔河、十字沽,为太行以东百川入海总会处,过此入潞河抵通州,天储百万于此③。

　　由南而北,即有京口、瓜洲、扬州、淮安、清江浦、夏镇、南阳、济宁、张秋、临清、德州、天津、通州等,不下数十城,其兴起及发展与运河密切相关。明代王

---

　　①　[法]费尔南·布罗代尔:《15 至 18 世纪的物质文明、经济和资本主义》第 2 卷,顾良译,生活·读书·新知三联书店 1993 年版,第 570 页。

　　②　乔治·贝比科克·克里西(George Babcock Cressey):《中国的地理基础》,转引自[美]黄仁宇:《明代的漕运》,张皓等译,新星出版社 2005 年版,第 5 页。

　　③　(清)朱鉉:《河漕备考》卷 1《漕河考》。

士性《广志绎》载曰：

> 天下马头，物所出所聚处。苏、杭之币，淮阴之粮，维扬之盐，临清、济宁之货，徐州之车赢，京师城隍、灯市之骨董，无锡之米，建阳之书，浮梁之瓷，宁、台之鲞，香山之番舶，广陵之姬，温州之漆器。①

就苏北地区而言，这里漕运、盐运兴盛，运河粮食运输繁忙，商贾往来频仍。当时政府明确规定漕船北上时可以搭载一定数量的货物沿途贩卖，免抽其税，回空时又可揽载商货。运河中除漕船外，还有大批商船往来货运，由于运河贯穿苏北全境，船运不仅带来南北方的各色货物，而且将苏北地区的货物运销全国各地，再加之两淮盐场是全国最大的盐场，盐商巨贾云集苏北，运河盐运亦格外兴盛。除了刺激淮安、扬州等大城市的繁荣，还极大地带动了苏北运河沿线及周边地区城镇的发展。苏北运河区域城镇规模大小各异，按照德国地理学家克里斯泰勒（W.Christaller）的"中心地"理论，结合运河区域城镇的等级规模等实际情况，可将苏北运河城镇划分为中心城市、较大城市、小城镇三类。其中淮安、扬州分别为府治所在地，客商船集辐辏、商业特别繁荣，具有全国影响力，属中心枢纽城市；徐州、宿迁、邳州、海州、泰州、盐城、桃源、高邮、宝应等多为州县政治中心，属较大城市；窑湾镇、河下镇、清江浦、瓜洲镇、吕梁镇、邵伯镇等大都由交通要道上的聚落发展而来，"在不是县城的地方，驿站周围会很快出现新兴的小市镇"②。"沿运的城镇码头便成为南北物资集散地和贸易市场，同时也是各类服务业集中地"③，这些重要的商品集散地属小城镇。

第一节　城市人口增加及规模扩大

明清苏北运河城市发展迅猛，表现为城市人口增加以及规模进一步扩大。

一、城市人口增加

人口多寡是评价城市发展水平高低的重要指标之一，明清时期苏北运河

---

① （明）王士性：《广志绎》卷1《方舆崖略》，中华书局1997年版。

② ［加］卜正民：《纵乐的困惑：明代的商业与文化》，方骏等译，生活·读书·新知三联书店2004年版，第29页。

③ 陈桥驿主编：《中国运河开发史》，中华书局2008年版，第194页。

城市人口构成复杂,数量庞大。

淮安,元代为淮安路,属淮东道宣慰司,明代为淮安府,西南距南京 500 里。领二州九县,即山阳、清河、盐城、安东、桃源、沭阳、海州、赣榆、邳州、宿迁、睢宁。洪武二十六年(1393 年)有 80698 户、632541 口。弘治四年(1491年)有 27978 户、237527 口。万历六年(1578 年)有 109250 户、906032 口。清代仍为淮安府,隶淮扬海道,南距省治 500 里。清初因明制,领二州九县。雍正二年(1724 年)升海州、邳州为直隶州,赣榆、沭阳属海州,宿迁、睢宁属邳州。九年(1731 年),析山阳、盐城地置阜宁县。领六县,即山阳、阜宁、盐城、清河、安东、桃源。乾隆《淮安府志》载,淮安府治所山阳县常住人口"不下数十万",《淮关统志》称"淮郡三城内外,烟火数十万家"。如果再加上清江浦和河下等大镇的人口,淮安其时当为全国屈指可数的大都市之一。康熙年间彼德·冯霍姆率领荷兰使团经过淮安时称其为中国的第八大城市。

扬州,元代为扬州路,明代改为扬州府,西距南京 220 里。领三州七县,即江都、仪征、泰兴、高邮州、宝应、兴化、泰州、如皋、通州、海门。洪武二十六年(1393 年)有 123097 户、736165 口。弘治四年(1491 年),有 104104 户、656547 口。万历六年(1578 年)有 147216 户、817856 口①。清代仍为扬州府,隶淮扬海道,为两淮盐运使驻地。康熙十一年(1672 年),因海门圮于海,并入通州。雍正三年(1725 年),通州升直隶州,从扬州府划出,以如皋、泰兴往属。九年(1731 年),析江都置甘泉县。乾隆三十二年(1767 年),析泰州置东台县。共领二州六县,分别为江都、甘泉、扬子、高邮州、宝应、兴化、泰州、东台②。

徐州,明代以后人口进一步增加,洪武二十六年(1393 年)统计徐州有23683 户,180821 口③。单就驻军而言,徐州地区驻扎徐州卫、徐州左卫、邳州卫,按每个卫所 5600 人计算,不包括邳州,仅徐州周围就有 13000 多人。邳州,康熙初年丁口原额 30466 口,乾隆四十年(1775 年)男丁 141093 人,卫丁16242 人。乾隆五十年(1785 年),审定当差丁口 21919 人,比原额减少 8547丁。嘉庆十四年(1809 年),民丁增至 472685 人,卫丁增至 68853 人,"殷蕃极

---

① 《明史》卷 40《地理志一》。
② 《清史稿》卷 58《地理志五》。
③ 《明史》卷 40《地理志一》。

矣! 固由承平日久,滋生益众,亦由审定归田,人无隐匿也"①。

桃源县,明景泰三年(1452 年),总计人口 5889 人。隆庆六年(1572 年)1775 万人,比景泰年间减少五分之四。② 明代后期至清代前期水灾、瘟疫频发,人口大量减少。康熙年间,桃源县辖有五乡,"桃之民以十分计,水去其七,蝗蝻又去其二"③。至乾隆年间,人口较前有所增加,成为"都会要津,士商骈阗之地;层湖积秀,诗书弦诵之乡"④。

人口管理和人口迁移是城镇发展建设的基础,在漕运、盐运及商品经济的刺激下,外来人口和流动人口甚多,成为"五方之民杂居"之处。而且不同等级、不同类型的众多机构云集于此,大大提高了城市政治地位。

一是中央派出机构的官僚及管理人员。除各个府州县城驻扎政府机关人员外,还有专门的与河道、漕运、盐业、榷关管理相关的人员。如漕运总督、河道总督皆入驻淮安,且其级别较高,属僚规模较大,这使淮安出现了一支庞大的外来官僚队伍。清江督造船厂、淮安榷关与常盈仓的管理人员也相当可观。此外还有驻军,据《漕乘》记载,明代漕军大体保持在 12 万人左右。成化年间,淮安拥有 1830 艘漕船,运军多达 18300 人。

淮安"漕督居城,仓司屯卫,星罗棋布,俨然省会"⑤。漕运总督、河道总督为中央的派出机构,是明清淮安府最高级别的官衙机构。漕运总督府是统掌全国漕运的最高机构,其最高长官漕运总督官秩从一品,总督府的机构庞大,文官武校及下辖官兵有两万余人。河道总督府负责督办全国黄河、运河堤防、疏浚工程等,河道总督为其最高长官,官秩从一品或正二品。其时全国行政区域划分有九个总督府,区区淮安一府便有两个总督府。明代漕运总督全称为"总督漕运兼提督军务巡抚凤阳等处兼管河道",管理事务较多,权力很大,具有准军事性质,它的设置提高了淮安的政治地位,使淮安盛极一时。清代继续设漕运总督,仍驻淮安,组织与管理制度极为完备,地位亦格外重要。

---

① 民国《邳志补》卷 7《田赋上》,江苏古籍出版社 1991 年版,第 482 页。
② 《泗阳县水利志》编纂委员会编:《泗阳县水利志》,中国矿业大学出版社 2011 年版,第 7—8 页。
③ 康熙《桃源县志》卷首"序",清康熙二十四年(1685)刻本。
④ 泗阳县地方志办公室编:乾隆《桃源县志》卷 1《形胜》,康熙、乾隆版合订本,第 24 页。
⑤ 荀德麟等点校:《光绪淮安府志》(上)卷 2,方志出版社 2010 年版。

粮艘南自仪征、瓜洲二江口入运河,出河口由黄河入会通河,出临清北接卫河,至直沽溯潞河,达于京、通仓。而山阳特设大臣督漕事,凡湖广、江西、浙江、江南之粮艘衔尾而至山阳,经漕督盘查,以次出运河,虽山东、河南粮艘不经此地,亦皆遥禀戒约,故漕政通乎七省,而山阳实咽喉要地也。①康熙十六年(1677 年),将河道总督府由山东济宁移置于淮安清河县。

除漕运、河道二总督府外,还有盐运、榷关、造船厂、仓储等机构。两淮地区是全国重要的盐产地,明清时设两淮都转运盐使司,洪武元年(1368 年),朱元璋将两淮都转运盐使司设在泰州,下辖泰州、通州、淮安三个分司。其中,泰州分司下辖富安、安丰、东台、草堰等十个监课司。淮安分司下辖 10 场,所辖盐场地域十分广大。清代雍正中期,两淮都盐运使司淮安盐运分司移驻淮安河下②,而淮北批验盐引所也在山阳境内河北镇。

明万历七年(1579 年)确定河西务、临清、九江、浒墅、淮安、扬州和杭州为全国七大钞关。七关之中,淮安关独具特色,具有极为突出的重要地位。

府城之西为浮桥,为柳淮,为南锁坝,为满浦,关之东为板闸,西为清江浦,又西为河口,舟之由运河出河口及由各坝而出达淮所经者也;淮河之南岸,关之东为仁坝,为信坝,为智坝,为礼坝,大河卫城之东为义坝,舟之所由淮河往来及由各坝而入达运河所经者也;淮河之北,东为支家河,西为草湾,舟之由海州、赣榆、沭阳、安东各县之达淮所经者也,分布甚广,非若各关之扼要会而据通津也。③

淮安清江督造船厂是全国最大的漕船厂,船厂绵延竟长达 23 里,下设四大分厂。清江船厂由工部分司一员总领,另有提举司二员、典史若干,分司下设四个把总,每个分厂属官 90 名左右。清江船厂工匠多达 6000 余人,明代从弘治三年(1490 年)至嘉靖二十三年(1544 年),共造漕船 27332 艘,最高年份造 678 艘,最低年份仍造 390 艘;清代每年须完成 560 艘漕船和 50 余艘远洋海船④。其规模之大,由此可以想见。

明代漕运初行支运之法。

---

① 荀德麟等点校:《光绪淮安府志》(上)卷 8,方志出版社 2010 年版。
② 李洪甫、刘怀玉等:《淮北食盐集散中心淮安》,中国书籍出版社 2008 年版,第 43 页。
③ (清)顾炎武:《天下郡国利病书》,上海古籍出版社 2012 年版,第 633 页。
④ 淮安市地方志办公室编:《运河之都淮安》,方志出版社 2006 年版,第 27—28 页。

江西、湖广、浙江民运粮至淮安仓,分遣官军就近挽运。自淮至徐以浙、直军,自徐至德以京卫军,自德至通以山东、河南军。以次递运,岁凡四次,可三百万余石,名曰支运。支运之法,支者,不必出当年之民纳;纳者,不必供当年之军支。通数年以为赢益,期不失常额而止。①

为此在淮安、徐州、临清、德州设有四大水次仓,即转搬粮仓。淮安转搬粮仓名"常盈仓",系漕运总兵官陈瑄所建,据《漕运通志》载,"在清江浦河南岸,廒八十座,共八百间",可以容纳150万石漕粮。漕船厂由户部分司一员管理,级别也是比较高的。

运河沿线的州县有提供漕河夫役的任务,有闸夫、溜夫、坝夫、浅夫、泉夫、塘夫、挑港夫等,《皇朝文献通考》有详细记载:

考河工夫役,其名不一,黄河两岸皆有堡夫,二里置堡,设夫二名,住宿堡内,常川巡守。每日责令担积土牛,以资修补堤工之用,后令改筑子堰,运河所设亦同。山东有黄、运河徭夫,分汛供役,遇有险要,调集抢护。又有浅、溜、桥、闸、坝、渡等夫,各以其事供役。又于有泉之十七州县额设泉夫,岁以春、夏、秋三季在本境浚泉栽柳,冬季调赴运河,均令浚浅。河南有浚船、柳船长夫、埽工长夫、桩埽夫。直隶河淀有权夫、浅夫,漳河有防夫,其或裁或设,事例不一,皆于沿河州县招募应役。山东运河大浚额募夫六千有余,小浚用夫千二百有余。日给工银外,仍给以器具银。江南、浙江海塘,例设堡夫、塘长。②

明代管理徐州洪、吕梁洪等夫役人员众多,明中期以后采用修筑堤防、设置水次仓等漕运策略,大量设置夫役。正统《彭城志》记载,徐州下洪有徐州人夫900名,萧县人夫100名,徐州卫军夫100名,水手150名;吕梁上洪有徐州人夫850名,砀山县水手140名;吕梁下洪有徐州人夫150名,萧县人夫350名,水手92名。《漕河图志》专门记载负责漕船过洪的稍水、相识和洪夫。其中徐州洪有稍水144名,总甲1名,洪夫901名,其中徐州250名,萧县450名,砀山县201名。吕梁洪夫数量更多,其中吕梁洪上闸有洪夫1050名,稍水123名,总甲1名;吕梁洪下闸洪夫500名,稍水90名,总甲1名③。就徐州

---

① 《明史》卷79《食货志三》。
② 《皇朝文献通考》卷21《职役考一》。
③ （明）王琼:《漕河图志》卷3《漕河职制》。

广运仓夫役人员设置而言,宣德五年设判官 1 名,大使 2 名,副使 4 名,攒典 12 名,斗级 180 名,仓夫 1090 名①。

二是外来商人及移民。运河城市是水陆交汇要冲,因而南来北往的客旅增加了城市人口数量。外来人口尤其是众多实力雄厚的安徽、陕西、山西等地盐商的聚集,促进了商业繁荣和城市发展。明清时期的淮安,外来人口远远超出了本地人口,乾隆《淮安府志》云:"第以水陆之冲,四方辐辏,百工居肆倍于土著。"天下盐利淮为大,随着盐业的发展,明初从苏州迁来大量移民到泰州,洪武九年(1376 年)泰州人口增至 24178 户、122308 口②,人口的增加促进了城市的发展。叶淇改"开中法"以后,淮安成为淮盐的重要集散地,吸引了安徽、陕西、山西等省的大量盐商。由于淮安是当时全国知名的商品集散地,故除盐商之外,其他商人也云集淮安,有不少商人还纷纷落户或入籍,这使淮安人口急剧上升,且给淮安古城带来了新的风貌。据江太新先生统计,就清后期而言,仅江苏苏松道、浙江、江西、湖南、湖北通过淮安漕船共计有 2659 只,运丁共计有 26590 人。此外还有众多催攒、押运、领运官员,以及防河官兵等等。这些数量巨大的运丁及众多官兵到时都要在淮安停留盘验,需要上岸采购吃品,如蔬菜、油盐、酱醋,或喝酒,这给淮安带来了巨大的商机。③ 明清交通便利与商业发展,吸引了大量外地人口迁居宿迁城。乾隆《过宿迁县》诗有"百雉闉阇固,万家烟火稠"的描写,可见人口众多。

城市人口中,商人在人口结构中占有重要的地位。随着外地商人的日益增多,建立起一批商业会馆,如山西会馆、湖北会馆、湖南会馆、岭南会馆、江西会馆、安徽会馆、旌德会馆、绍兴会馆等。清代山西商人在徐州云龙山上建有山西会馆,至今保留从乾隆七年到光绪年间的碑刻,反映了商业贸易的繁荣。清代山西、山东、河北、江西、福建等省商人在窑湾建立会馆,其中山西会馆、江西会馆、福建会馆、苏镇扬会馆号称窑湾四大会馆。据同治《宿迁县志》记载,宿迁县会馆主要有闽中会馆、浙江会馆、泾县会馆、苏州会馆等。

二、城市规模扩大

明清时期的苏北运河城市,不仅人口众多,而且城市建设规模不断扩大,

---

① (明)梁材:《革徐淮二仓内臣疏》,载《明经世文编》卷 140《梁端肃公奏议疏》。
② 崇祯《泰州志》卷 3《户口》。
③ 江太新、苏金玉:《漕运与淮安清代经济》,《学海》2007 年第 2 期。

表现为城市面积、城区布局、商业街巷、集镇市场等方面。

就中心城市扬州、淮安而言，表现尤为突出。明初增修淮安府旧城，周围十一里，设城门五座。洪武十年（1377 年）在旧城北一里处增建新城，周围七里多，设城门五座。嘉靖三十九年（1560 年）漕运都御史章焕奏准于新旧二城之间建造夹城，形成了由旧城、新城和联城组成，形成三城连绵的城防体系，这种城市结构和布局在古代城市形态中是十分独特的。三城城墙皆随地形弯曲，既不取直，也非正朝向。三城规模颇宏，旧城最大，东西长 510 丈，南北长525 丈，近于方形，周长达 11 里。旧城规划严整，以政治功能为主和居住功能为主，漕运总督衙门、淮安府衙、淮安卫署、山阳县衙等官署以及商业中心集中于淮安旧城。由于有丰富充足的商品来源，商旅辐辏，淮安旧城出现了专业性的商业街巷和市场，据正德、天启、万历、乾隆、光绪等时期的《淮安府志》记载，明清时淮安的街道有古东米巷、铁钉巷、粉章巷、竹巷、茶巷、花巷、干鱼巷、锡巷、羊肉巷、绳巷之类，并且有专销售某种商品的市场，如米市、柴市、姜桥市、古菜桥市、兰市、牛羊市、驴市、猪市、冶市、海鲜市、鱼市、莲藕市、草市、盐市等；还有销售各种货品的市场，如西义桥市、罗家桥市、相家湾市、西湖嘴市、窑沟市、新丰市、长安市、大市、小市等。根据商品类别命名的专业性商业街巷和市场的出现，是淮安商业高度繁荣的真实写照。联城最小，略呈长方形，南北两面分别为旧城之北城墙和新城之南城墙，东城墙长 256 丈余，西城墙长225 丈余。淮安城墙高大，旧城高 3 丈，新城高 2 丈 8 尺，联城先较矮，后增筑，亦达 2 丈左右。三城之中，以旧城为城市核心。旧城街巷众多，大体呈棋盘式格局，其主干道由"三纵两横"构成。"三纵"是指中长街（北段称府上坂）、西长街和东长街，"两横"是指东门街和西门街。新城中街道很少，主要有西街、新城南街和东门街。联城文献中未见有街道记载。三城共计有城门13 座，城内有河道湖泊，城外水系纵横，北为淮河，西为大运河、罗柳河、汊河、东湖、西湖（管家湖），东为涧河，洵为水上之城，天启《淮安府志》盛赞称"三城鼎峙，千里环封"。

扬州城历史悠久，自大运河开通后，占据了有利位置，成为物品集散中心。早在宋代时就是舟车辐辏、商贾云集之地。南宋时筑堡寨城，与宋大城南北相对，后又在南北两城间修筑夹城，形成了"宋三城"的城防体系。宋元间战争使宋三城遭到破坏，元末修筑宋大城，周长约九里，设五门，分别为宁海、通泗、

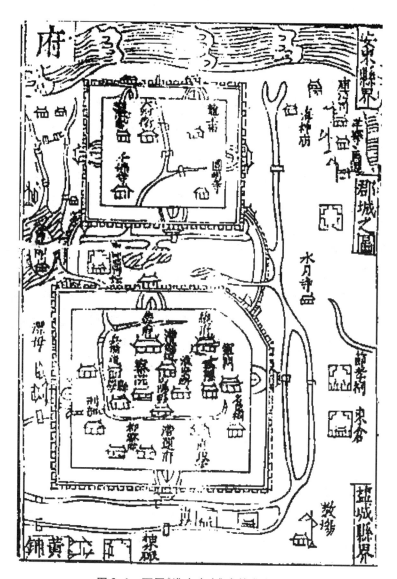

图 3-1　万历《淮安府志》中的淮安三城

安江、镇淮、谯楼。

明代扬州为朝廷运输漕粮的必经之所，大批盐商聚集于此。明嘉靖以前的扬州旧城，"周围九里二百八十六步四尺，高二丈五尺，上阔一丈五尺，下阔二丈五尺，女墙高五尺，城门楼观五座"①，东墙外为护城河小秦淮河，距离运河有一段距离。嘉靖三十五年(1556 年)在旧城以东修建扬州新城，城东南以运河为护城河。嘉靖间为防倭寇入侵，在宋大城东南角修建新城，周长约十里，设七门，东曰通济、利津，北曰拱宸、广储、便益，南曰挹江、徐凝。扬州东关古渡是运河的一个渡口，舟楫的便利和漕运的繁忙，催化出一条商贸密集、人气兴旺的繁华古街——东关街。扬州东关街靠近渡口处于水陆要冲，占据整个城市有利位置，商贸活动繁盛，成为这个城市的重要商业街。明代的东关，因连接两淮运司和运河码头而逐渐形成手工业商业多元存在的居民区。随着清代人口不断增加，致使新城街巷建筑延伸错落，盐商活动愈加频繁。街上的茶叶店、绸缎店、盐号、瓷器店、家具店以及更多的铜镜店，吸引着各国客商。清末，扬州段运河水运衰落，致使东关街繁华程度减弱。

除中心城市外，徐州、宿迁、邳州、桃源、高邮、泰州等苏北运河沿线的大城镇也有较大发展。

1. 徐州城

明洪武元年(1368 年)在原址重建徐州城，以砖石垒砌，周长九里多，城三面阻水，引汴、泗为护城河，深宽各二丈许，仅南面可通车马。设城门四座，东曰河清，西曰通汴，南曰迎恩，北曰武宁②。洪武十四年(1381 年)升徐州为直隶州，永乐十三年(1415 年)设徐州户部分司和广运仓。宣德五年(1430 年)，平江伯陈瑄增建广运仓仓廒百余座。正统《彭城志》载曰："广运仓，在城南二里，永乐十三年判官梁逊建。至宣德五年又行增设旧廒五十座计屋五百间，新廒五十座计屋五百间。"③现存徐州市博物馆的《广运仓碑》记载：

> 徐州广运仓在州治南二里许，百步洪环其左，云龙山耸其右，军屯亘平于前，市肆横于后。而仓岿然中立，雄壮阔瀇，允为储蓄地。……永乐初，文皇帝北上，命大臣营度，比部寻拓充广为水次仓，盖转输法也。维时冬，

① 嘉靖《维扬志》卷 10《军政志》。
② 同治《徐州府志》卷 16《建置考》。
③ 正统《彭城志》卷 6《仓库》。

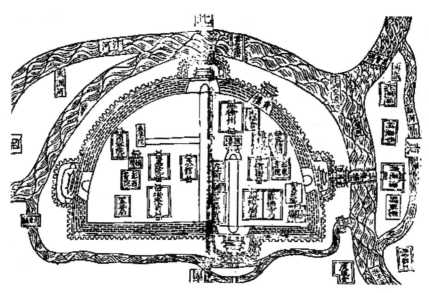

图 3-2　嘉靖《徐州志》中的徐州城

官民既工备修造廒座。宣德中增之,通一亘连,计一千间,其广三百九步,袤过广一百一十步。……四门门房总二十八间,墙下有堑。直宿有铺,共三十六间。九里沟瓦窑座,地约二十亩,房二十间。仓门西地十亩,灰窑二座,烧造处也。仓门北地二段,官舍三,燕居所也。甫设判官一,大使二,副使四,攒典十二,斗级一百八十,仓夫一千九十,所储粮一百万石,皆江浙直隶东南一带民运。

景泰五年(1454 年),将城外的广运仓扩进城内,使徐州城南部规模扩大。徐州还建有东察院和西察院,另有河务同知署在府治西南。明代徐州城内还有徐州卫、徐州左卫,呈现出军民杂处的形态。清初废徐州左卫,以屯田并于徐州卫,改设徐州总兵,属漕标。雍正间移属河标,改为河标左营。

明代伽河开凿以后,外地摊贩纷纷离开徐州,外来流动人口大为减少,出现了"自伽河改,徐、邳寥寥"的景象①。至天启四年(1624 年)黄河决堤,徐州城完全被掩埋于积沙之下,于是迁至城南重建。崇祯元年(1628 年)水退后,兵备道唐焕于原址重建,形成了城上叠城的奇观。清康熙七年(1668 年)郯城大地震,徐州城被震毁,后多次重修。嘉庆二年至嘉庆五年(1797—1800 年),再次扩建徐州城,周长十四里。咸丰年间为抵挡太平军和捻军,增筑了外城土垣。

2. 宿迁城

明万历四年(1576 年),因黄河水患,知县喻文伟将宿州县治北移至地势高亢的马陵山麓,另建新城。新城周长四里,北靠马陵山,西临运河,南临黄河,设三座城门,东曰迎熏、西曰拱秀、南曰望淮,规划了街道十四条②。万历二十二年(1594 年),知县何东风捐俸整修土城,将城门增加为四个。清康熙年间,随着中运河的疏凿和贯通,城东商业街区兴起和发展起来。

3. 邳州城

明洪武十三年(1380 年),邳州卫指挥王恒重修下邳城,设城门三座,北曰北镇、西曰通沂、南曰望淮,每门各有门楼,环以子城,城周围开挖濠沟③。洪武十五年(1382 年),邳州改属淮安府,永乐间南北运河重修后,促进了邳州城

---

① (清)谈迁:《北游录·纪程》,中华书局 1960 年版,第 25 页。
② 万历《宿迁县志》卷 2《建置志》。
③ 咸丰《邳州志》卷 3《建置》。

图 3-3　张鹏翮《治河全书》中的宿迁城

的发展。正德七年(1512 年),为抵挡刘六农民起义进攻,增筑两处城墙,城墙上建造三座城楼,南曰皇华、东南曰永康、西北曰金胜。万历年间开凿泇河后,邳州成为众水所归之处。诚如《邳志补》所言:

> 当泇之未开也,北来诸水渠,南皆入泗,微湖之流东不至邳。自良城既凿,广纳群流,北遏鲁河,西引湖水,而沂、武、燕、艾、不老、房亭交输互灌,并趋心腹,遂为众壑所归①。

泇河的开通,促进了下邳城的发展,城内设有衙署、演武厅、药局、僧道司等衙署,还有文明巷、广惠街、迎恩街等十八条街巷和布市、米市、板木市、竹竿市、杂货市等九处街市②。清顺治八年(1651 年),知州陈璧再次增修邳州城。但康熙七年(1668 年)的郯城大地震使下邳城遭到破坏,城址成为湖荡,下邳城沉入水底。康熙二十八年(1689 年),邳州治所由下邳迁移到艾山之阳,另建新城,即为康熙新城。新城周长五里多,外墙砌以城砖,设城门四座,东曰先春、南曰来薰、西曰迎爽、北曰拱极③。雍正八年(1730 年),大水灌城,乾隆二年重修,乾隆四十七年(1782 年)再次受水患影响。到嘉庆十四年(1809 年),又对州署进行了大规模翻新。道光三年(1823 年),知州李衢易土为石。咸丰八年(1858 年),城西南部加筑土墙。民国以后随着陇海铁路开通,运河镇发展起来,成为今天的邳州市政府驻地。

4. 桃源(泗阳)

元代以前称泗阳县,元代时改称桃源县,明清因之,属淮安府。康熙间中运河的开通,促进了桃源县的发展。泗阳县城原在桃源镇锅底湖,元代因水患迁治于今老县城,至正年间毁于兵火,明洪武初在原址重建。正德六年(1511年)始筑土城,三年后完工,设城门四座。嘉靖二年(1523 年)建门楼四座,东曰观海、西曰延晖、南曰朝阳、北曰拱极。万历十年(1582 年)重浚城壕,建四门。清顺治十二年(1655 年),于城四隅添建四座角楼。康熙七年(1668 年)郯城大地震,土城墙全部坍塌。雍正十一年(1733 年)重建城门,题名观海、延晖、朝阳、迎薰、拱极,雍正间担任知县的睦文焕对公署进行了整修。民国三年(1914 年),因与湖南桃源县重名,于是恢复了元代以前泗阳县的名称。抗日

---

① 民国《邳志补》卷6《山川》。
② 咸丰《邳州志》卷3《建置》。
③ 咸丰《邳州志》卷3《建置》。

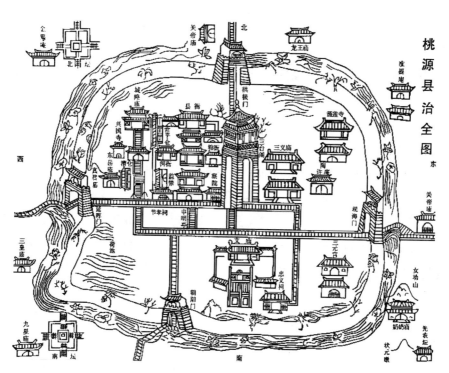

图 3-4 乾隆《桃源县志》中的县城

战争中泗阳老县城因战争成为废墟,后逐渐以众兴镇为驻地。新中国成立后,政府驻地从老县城迁到众兴镇。

5. 高邮

春秋时期邗沟的开凿,使高邮成为最早的运河城市之一,此后隋唐大运河以及元明清运河均经过高邮。元代《马可波罗行记》描述道:"距宝应东南方一日路程的地方,有一座建筑良好、地域广阔的城市叫高邮。"明清时期,高邮城市发展迅速,"实水陆之通衢,扬楚之咽颔也"①,城内街巷众多,有运粮巷、盐仓巷、南门大街等。坐落于南门大街馆驿巷内的盂城驿,始建于明洪武八年(1375年),隆庆二年(1568年)重修。

6. 泰州城

泰州城发展与盐业密切相关,明洪武元年(1368年)在泰州设两淮都转运盐使司,下辖泰州、通州、淮安三个分司。其中泰州分司下辖十个监课司。城市经济繁荣,人口增加。明后期为抵御倭寇侵犯,增设泰州海防兵备副使,有效地保护了盐场安全。清代设置泰坝监掣署,加强了对私盐贩运的管理,"加之里下河地区与江南物资交换的增加,城北坡子街、西仓大街、东大街、彩衣街、索行街一带,客商云集,买卖兴隆,商店增加,居民增多,城市商业中心在城北得以形成"②。盐运还促进了造船业发展,乾隆年间造船业快速发展,并进一步带动了一大批新兴产业。

除以上州县治所城市外,一些小城镇也从无到有发展起来。例如,地处徐州城东北部的贾汪镇,很早便得泗水航运之便,是泗水险滩秦梁洪的所在地。明代以后,贾汪人口增加。清咸丰九年(1859年)设有集市。光绪八年(1882年)发现煤矿以后,贾汪城逐渐发展起来。

又如宿迁县首镇窑湾,在行政区划上属邳、宿两地共管。泇河的开凿促进了窑湾的发展,窑湾镇有四个城门,分别为大东门、北城门、西城门、小东门。清康熙年间中运河开通后,物资集散地和商贸中心由隅头迁移到了窑湾,窑湾开始兴盛发达。

康熙年间修筑城墙时,大东门、北城门、西城门改为砖石结构③。窑湾街

---

① 道光《续增高邮州志》卷1《镇市》。
② 《泰州》编委会:《泰州》,当代中国出版社2013年版,第15页。
③ 陆振球编著:《古镇窑湾》,中国矿业大学出版社2008年版,第134页。

区布局较为独特,利用了"S"形自然河岸和八卦九宫方位规划街道,"先顺着运河的东西方向,修筑了东西街,到拐弯这个地方,河势变成南北方向,因之又修建了南北大街。从西门经山西会馆,经界牌口到杨巷子,转向小北门这条街,又是顺沂河方向建造的。镇中央的汪塘,则是为筑东西、南北两道街取土培堤挖掘而成的"①,从而形成了窑湾镇街道的基本格局。

位于徐州北部沛县的沽头城,原是一处荒凉之地,居民不多。明成化年间工部分司设立时,主事陈瑄在沽头上闸附近设立集市,后逐渐发展成为运河沿线重要集镇。嘉靖二十二年(1543年)建造沽头闸城,周长三里,东、北两面修筑高墙,城后开挖护城河深1丈8尺、宽3丈2尺,城前面护城河深9尺、宽2丈2尺。② 到嘉靖年间南阳新河开凿以后,沽头城淹没于洪水中,沽头工部分司转移到夏镇。

崔镇是泗阳县的一个重要市镇,宋代时设有驿站。元代随着南北大运河贯通以后,桃源县交通地位更加重要,距离县城不远的崔镇设有驿站,是一个商业较繁荣的农村小镇,当时担任尚书的蔡昂《过崔镇》诗中有"苍曲柳交荫,篱疏豆吐花。充市多农具,临流半酒家"的描述。元代状元萨天锡《阻风崔镇有感》诗中有"桃花杏花开满城"的描写,萨都剌《次崔镇壁间韵》诗中有"买舟河下客,立马渡船头"的描写。

第二节 城市商品经济的发展

明清时期,运河沿线城市商贾辐辏,转输阜通,运河城市高度繁荣主要是由运河以及漕运、盐运的兴盛而产生的。明清时期漕运量非常大,每年保持将400万石左右的江南粮食运往北京,南方各省粮船沿途停留盘桓,这对于沿线城市经济的繁荣具有特别的意义。为改善运军薪酬太低而劳力甚费这一窘境,政府明确规定漕船可以携带"土宜",免于征税,这一做法大大地促进了南北商品的流通和商业的活跃,对沿线经济的繁荣作出了特别贡献。携带土宜的规定,在明代限制比较严格,但到清代即大大放宽。明成化时每船准带土宜

① 陈挹江:《窑湾镇名的由来及建筑布局》,载索增仓编注:《窑湾往事》,环球出版社2011年版,第35—36页。
② 嘉靖《徐州志》卷1《建置》。

10 石,嘉靖时放宽到 40 石,万历时增加到 60 石。清代雍正时为 126 石,乾隆时为 146 石,嘉庆时为 150 石,道光时增至 180 石,至此漕船携带土宜是万历时的 3 倍,几乎是漕粮的一半了。道光八年以后,每年漕船携带土宜竟多达964080 石,这还不计额外多带的。如此庞大数量的土宜,品类齐全,举凡农产品、棉纺织品、丝织品、油类、酒类、干鲜果品、各种食物、纸张、竹木藤器、各种杂货、铁铜器、药材等等,几乎应有俱有。漕船所带商货,沿途出售,虽然这些商品并不完全在苏北销售,但至少有一部分在此出卖,而后又购买商货北上,这对繁荣苏北市场起了很大作用。据南京大学范金民教授研究,明代由运河南下的商品,不仅有山东、河南的棉花,还有山东、河南、安徽、苏北的豆货,直隶、山东的梨枣;由运河北上的商品不仅有丝绸、棉布,还有茶叶、瓷器、铁器等各类大宗商品。这不但使货源充足,而且使商品品种齐全,运河沿线城市商贩云集、会馆林立,集镇兴起,手工业及服务业获得发展。

一、淮安、扬州等中心城市商品经济的繁荣景象

1. 淮安

淮安经济繁荣,每年“秋夏之交,西南数省粮艘衔尾入境,皆停泊于城西运河以待盘验,牵挽往来,百货山列”①,而且与盐业的发展密不可分。自府城至北关厢,为淮北纲盐集散之地,经营盐业的皆为徽扬巨商,役使千夫,商贩辐辏。明清两淮地区是全国重点产盐区,所产食盐行销江苏、安徽、江西、湖北、湖南、河南诸省,经济利益巨大。淮安是淮盐两大重要的集散地之一,淮安盐业发展得益于漕运发展,表现在:一是漕运发展给淮安提供了一个宽阔的集散场地;二是漕船夹带私盐,给淮安盐业发展带来了巨大商机和利润。明清时期,尤其是清代,淮安地区涌现出地方私人贩盐的风潮,淮安私盐几乎遍天下。两淮盐品质好、出产量大,盐利丰厚,是明清政府的重要财政支柱,明代人就说:“两淮盐课,足当天下之半。”淮安沿海地带分布着众多盐场,两淮都转盐使司下设三分司,淮安分司是其一,治所先是在安东,后迁移至河下。光绪《淮安府志》有精彩的描绘:

> 自府城至北关厢,由明季迄国朝为淮北纲盐顿集之地,任鹾商者皆徽
> 扬高资巨户,役使千夫,商贩辐辏。秋夏之交,西南数省粮艘衔尾入境,

---

① 光绪《淮安府志》卷 2《疆域》。

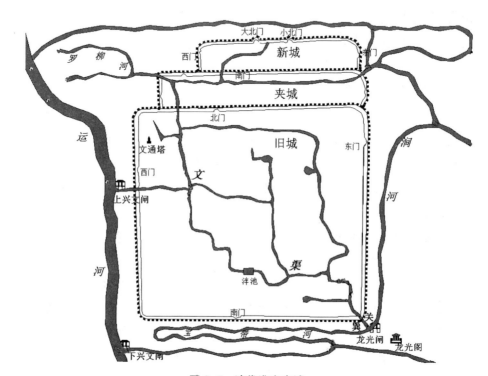

图 3-5　清代淮安府城

皆停泊于城西运河以待盘验,牵挽往来,百货山列。河督开府清江浦,文武厅营星罗棋布,俨然一省会。帮工修埽,无事之岁,费辄数百万金,有事则动至千万。与郡治相望于三十里间,榷关居其中,搜刮留滞,所在舟车阗咽,利之所在,百族聚焉。第宅服食,嬉游歌舞,视徐海特为侈靡。①

漕运、盐运的兴盛,在商贾的经营下,淮安出现了一批著名的会馆,在淮安西门与北角楼之间的江西会馆,河下的湖南会馆,周宣灵王庙同善堂的新安会馆,福建庵的福建会馆,北角楼的镇江会馆,竹巷晋商的定阳会馆,湖嘴街浙商的四明会馆,中街句容人的江宁会馆,这些会馆耸立于城中,给淮安增添了新的城市景观。此外,还有大量豪宅、别墅、园林,以至于李元庚还专门撰写《山阳河下园亭记》一书予以记述。

2. 扬州

扬州地处运河与长江交汇处,自古即有楚头吴尾、江淮名邑之称。明代运河的畅通促进了扬州商业的发展,扬州的商业主要是两淮盐业的专卖和南北货贸易,盐税收入几乎与粮赋相等,手工业作坊生产的漆器、玉器、铜器、竹木器具和刺绣品、化妆品都达到了相当高的水平。清代,康熙和乾隆多次巡幸,使扬州出现空前的繁华,成为中国的八大城市之一。乾隆时成为全国著名的商业城市,"四方豪商大贾,鳞集麇至,侨寄户居者不下数十万"②。随着外地商人的日益增多,建立起一批商业会馆,如山西会馆、湖北会馆、湖南会馆、岭南会馆、江西会馆、安徽会馆、旌德会馆、绍兴会馆等。需要指出的是,盐商在扬州商业中占有相当的比重,据《两淮盐法志》记载:

> 维扬,天下一大都会也,舟车之辐辏,商贾之萃居。而盐筴之利,南暨荆襄,北通漳洛河济之境。资其生者,用以富饶。

随着商业的发展,有各种专业性市场兴起,许多街道以商业命名,如皮市街、铁锁巷、缎子街、翠花街等,而且服务业也非常兴盛。19 世纪中叶以后,由于漕粮改经海上运输,淮盐改由铁路转运,加上其他方面的原因,扬州在经济上逐渐衰落。

地处漕运的中心扬州,盐业极度兴盛。明代起朝廷在扬州设立巡盐御史,

---

① 光绪《淮安府志》卷 2《疆域》。
② 乾隆《淮安府志》卷 13《盐法》。

使扬州成为两淮盐业中心,来往货物在此聚散。随着扬州盐业的发展,大量商贾来扬,为了适应需求,服务行业愈渐发展。街道两边茶肆客栈鳞次栉比,皆悬挂旗帜,招揽生意。各式各样的手工业作坊也相应产生,漆器、玉器、香粉,其繁荣可以与盛唐相媲美。到了清代,在盐业巨额资本的驱使下,扬州的手工业于乾隆年间进入鼎盛时期,成为全国漆器、玉器、书画装裱、制花等工艺和紫檀、红木雕刻等工艺品的中心产地之一。东关街作为扬州繁荣的商业中心,手工业应势发展,街上有着各式专门的市场店铺。扬州漆器生产有着悠久的历史,其中明时百宝镶嵌漆器最为著名,由于当时扬州东关街作为重要集散和物品交流中心,漆器技术增强,成为全国漆器生产制作的重要地区。清代乾隆时期,扬州运河畅通,盐政聚集大批能工巧匠,扬州成为玉材的重要集散地和生产制作中心之一。当时的东关街除剔漆工艺外,玉石雕刻也属行业翘楚,玉器作坊盛起,分散在街道两旁,安于一坊雕琢玉器。如今仍为人所记的孙记玉器作坊在当时品种完备,艺术水平大幅提高,享誉盛名,每年通过河道进贡朝廷大量精美的玉器。

二、徐州、邳州、清江浦、高邮、宿迁等较大城市的繁荣景象

1. 徐州

明初对大运河的治理,给徐州带来了新的生机。泇河开通前,徐州占据地理位置优势,水陆交通便捷,既是交通枢纽,也是重要的漕运口岸。凭借着政治、经济上都比较优越的地位,徐州处于一种较好的发展状态。徐州作为运河上的交通枢纽,呈现一派繁荣景象。首先是水上运输事业极为发达,江南漕船上京均由此经过,大量商品由徐州过境,"凡江淮以南之贡赋及四夷方物上于京者,悉由于此,千艘万舸,昼夜无息"①。水上运输事业的发展,使徐州成为四方商品的集散地,外地商人纷至沓来,极大地推动了徐州商品流通的发展。朝鲜使者崔溥曾在弘治年间经过徐州,其笔记《漂海录》中称"徐州、济宁、临清,繁华丰阜,无异江南"。在商品流通发展的推动下,还出现了弃农经商的现象,民众"往往竞趋商贩而薄耕桑,野有惰农,市多游食,稍以靡风相扇,浸失其淳庞矣"②。当时徐州贸易发展之兴盛,由此可见一斑。

① 正统《彭城志》卷6。
② 嘉靖《徐州志》卷4。

2. 邳州

明后期伽河开通后,漕船、官民船只和商贾都改道经过邳州,不再经过徐州,伽河开通的次年,"行运者八千二十二只,粮艘七千七百六十五只尽数度伽"①。商品流通的路线发生了改变,导致徐州的商业走向衰落和邳州商业贸易的发展,明后期下邳城已具相当规模,城内有衙署、演武厅、药局、僧道司等,还有文明巷、广惠街、迎恩街等 18 条街巷,以及布市、米市、板木市、竹竿市、杂货市等 9 处街市②。诗人钱谦益万历四十三年(1615 年)乘船经过伽河,所作《伽河帆影》描绘了邳州的繁荣景象:

> 汶伽会合应星文,国计全资运道分。百万储糈趋上庾,十年楼橹驻斜曛。篙声动地喧如沸,帆影侵宵乱似云。自是太平佳丽地,轰阗景物曜河濆。③

清代邳州的工商业主要为油坊、槽坊、染坊、豆腐坊及铁木业、编织业、纺织业、手工艺美术品制造业等。

3. 清江浦

永乐十三年(1415 年),平江伯陈瑄循北宋乔维岳所开沙河故道,开清江浦河,自淮安城西管家湖至淮阴鸭陈口入淮河,免去了盘剥末口五坝的劳费,自此往来淮安漕船畅通无阻,促进了清江浦城的兴起。清江浦是商业中心和水陆交通枢纽,素有"南船北马、九省通衢"之美誉,是应漕运而生的城市。驻扎有服务于运河漕运需要的清江造船厂、河道总督府。清初,清江浦"居人数万家,夹河二十里"④,由于经此南来北往的商人越来越多,政府便在此专门设立榷关征税。乾隆二十五年,江苏巡抚陈宏谋奏准将清河县县治由小清口西北移到清江浦,清江浦从此成为县城所在地,政治地位上升,极大地促进了正式的发展。清江浦有不少祭祀河臣的祠庙,如陶公祠、马公祠、陈潘二公祠、文公祠、黎公祠、徐公祠。麟庆《鸿雪因缘图记》中有《袁浦留帆》诗并附图,从中可见城市的繁荣,诗曰:

---

① 《明神宗实录》卷 424,"万历三十四年八月癸亥"条。
② 咸丰《邳州志》卷 3《建置》。
③ (清)钱谦益:《伽河帆影》,载《历代诗人咏邳州》,江苏省政协文史资料委员会等 1998 年编印,第 109 页。
④ (清)谈迁:《北游录》,中华书局 1960 年版,第 146 页。

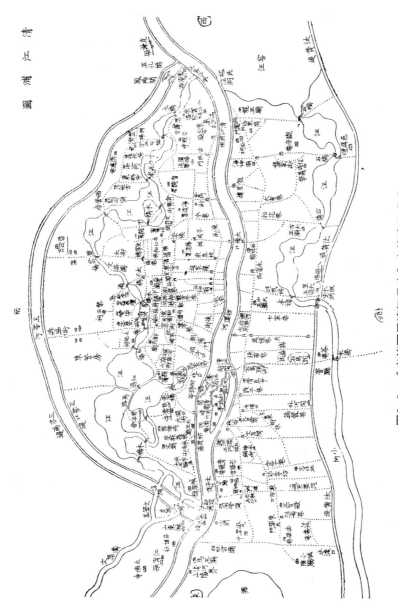

图3-6 《光绪丙子清河县志》中的清江浦城

十载袁江久宦游,惭无政术莫黄流。

北行实对斯民愧,南顾难纾圣主忧。

红树春深人卧辙,绿波新涨我归舟。

画图诗卷频投赠,无限深情哪得酬!

清代,民族工业不断兴起,南洋机制公司、制陶、制盐、制铁、冶铜、制粉、纺织等作坊,方兴未艾,蒸蒸日上,民间的刻书业也在此期间迅速发展,形成规模①。据研究,清代清江浦设置的票号分号,先后共有 5 家,其中山西帮票号 4 家、南帮票号 1 家,主要办理河工经费、汇兑漕粮折色、兑付京师存款等七类汇兑业务②。一些笔记小说描述了清江浦的奢靡之风,虽有所夸大,但也反映了此处的繁荣。

4. 高邮

明清时期的高邮城"实水陆之通衢,扬楚之咽颔"③,城内街巷众多,有运粮巷、盐仓巷、南门大街等。坐落于南门大街馆驿巷内的盂城驿,始建于明洪武八年(1375),隆庆二年(1568 年)重修。城内形成了成衣、杂货、粮食、竹木、牲畜、果品等专业市场,"与村墟赶集者不同,商贾列廛,似有定所"④。除以上城内商品市场之外,高邮城外沿运河两岸还有大小 12 个集市,是远近农民在平时尤其是漕船过往时进行商品交易的场所⑤。

5. 宿迁

宿迁是明清时期为南北漕运必经之地,逐渐发展成为商业繁荣的运河城镇。康熙、乾隆皇帝南巡时,都曾驻跸宿迁。由于交通便利,外省商人纷纷来此开设店铺,遍布城区的同乡会馆,是外地商人来宿迁经营的见证。宿迁城区规模也因此不断变大,据研究,自迎薰门向南至南圩门曰迎薰街,由迎薰街北端向西,直通黄河码头曰河清街。由迎薰街而东的财神阁,向北至财神庙的一条主街,位居东城门外曰东大街,较大商店集中于此。从东大街北端偏西而北

---

① 孙建华:《清江浦陈氏刻书铺》,《淮安日报》2007 年 9 月 23 日。
② 王青:《清江浦票号考》,载花法荣主编:《淮安运河文化研究文集》,中国文史出版社 2008 年版,第 148—155 页。
③ 道光《续增高邮州志》卷 1《镇市》。
④ 嘉庆《高邮州志》卷 1《镇市》。
⑤ 李文治、江太新:《清代漕运》,中华书局 1995 年版,第 496 页。

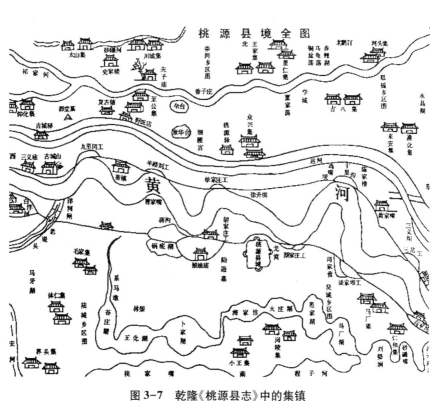

图 3-7　乾隆《桃源县志》中的集镇

曰竹竿街,竹竿街之终点即校军场,由校军场向东一道街直通东圩门,名曰下街;从下街中段向南至安庆巷东头的一条南北街,名曰新盛街,由校军场向西转北直通北圩门者曰前马路口街,由校军场偏东转东北直通东北圩门者曰后马路口街①。

6.桃源(泗阳)

康熙《桃源县志·疆域·坊集庄镇》记载,该县面积广大,东抵清河县,西接宿迁县,南交泗州,北距沭阳县,主要集镇有崔镇、崇河镇、赤鲤湖镇、白洋河镇、三义镇、张泗冲镇、河北镇、华村铺、遵化集、至公集等。至乾隆年间,集镇数量进一步增加,乾隆《桃源县志·舆地志·坊集庄镇》载有体仁集、界头集、冈陵集、安阜集、永安集、仁和集、众兴集、王家集、河头集、里仁集、泰山集、穿城集、刘家集、唐家集、永丰集、至公集、复古镇、崔镇、来安集、遵化集、古八集、沈家集等,是康熙时的两倍多。

三、河下、窑湾、瓜洲等小城镇的繁荣景象

在运河沿线集镇的带动和影响下,周边地区也出现了众多规模不等的集镇,这诸多的城市及集镇分布在运河周围,使得苏北运河犹如一条绚丽的彩练,在这条彩练上点缀着颗颗明珠,散发出熠熠光辉。例如淮安府地区,在万历年间,山阳县有3镇5集,即马逻镇、北沙镇、庙湾镇和汉河集、月城集、潭头集、南店集、北店集;到乾隆年间,山阳县增为6个镇,集市也增至10个。阜宁县在乾隆年间有4镇7集,即北沙镇、朦胧镇、喻口镇、芦蒲镇和周口集、陆家集等,到光绪年间,增至15个镇18个集,且多依湖或依河为市。

明清时期苏北城镇之间存在着密切的经济往来,已经建立起规模庞大、序列分明的多层次的市场网络体系。明清时苏北地区的集市很多,集大体有三种类型。一是乡村里的集。设在村中或交通要道上,这些集有的是自然形成的,有的是政府创设的,也有的是由以前的小型交易场所演变而来的。这种集主要是周围农民和小商小贩交易的场所,交易结束就散集,交易量比较有限。二是镇集。镇集大多处在交通便利之处,人口众多,商业较为繁盛,集的规模

---

① 窦燕客:《解放前的宿城》,载《宿迁文史资料》第9辑,宿迁市政协文史资料委员会1989年编印。

也较大。三是州城县治中的集。州城县治中人口密集,商业繁盛,交易频繁,每日一集,往往称为某某市。

市大体有四种类型。一是带有定期会市的性质,定在某一日或数日,在一固定的地方会集周围的农民和商贾进行交易,类书赶集、庙会、墟市。此种商业活动往往设在某一村庄、交通要道或寺观附近,其交易量也不是很大。二是镇市,即镇上的街市区域,此为地方基层的贸易中心。三是府城县治中的街市。这种市规模较大,店铺众多,各地商贾会集,货物来自各地,可称为小都市。四是设在府州县治或镇中,以买卖某种固定商品的市,称为某某市。如万历年间邳州城邑中有布市、米市、竹竿市、杂货市、鱼市、菜市、猪市、铁器市、毡货市,嘉庆年间,在扬州府的高邮州城邑中有 23 个以商品命名的市,这从一个方面反映出运河城市商业繁荣的景象。①

明清时期苏北的这些集市,可以区分为这样几个层级:一是中心市场,主要是淮安、扬州、徐州的集市,这类集市位置冲要,规模巨大,吞吐量大,辐射力强,与其他运河城市有密切的商贸往来。二是区域性商业中心,主要指县治中的集市,这类集市联结着中心市场与基层市场,具有举足轻重的作用。三是镇中的集市,是地方基层商贸中心。四是乡村中的集市,处于最基层,将广大农民与市场联系起来,是农村农产品输出的重要通道。苏北地区这些数量众多、大小不一的集市构成了由下而上的四个层次的市场网络体系,将城镇有机地联结起来,大大促进了城镇的发展与繁荣,同时它也是全国统一市场的一部分,在全国的商贸活动中占有重要地位。

1. 河下镇

河下因新河道的开凿而居于运河与黄河之间,濒临大运河与萧湖,位置更加重要,淮北盐运分司署迁至河下,这里成为造船物资的集散地以及盐商的聚集地。明代河下镇与清江、板闸并称为山阳县三大镇。清代时形成了东西约五里、南北约二里的城镇规模。借助交通之便前来的商人贩夫数以万计,河下镇成为当时造船物资的集散地,至今还留有打铜巷、钉铁巷、估衣巷、竹巷、绳巷等街巷名称。据研究,明清时期河下镇先后兴造了一百多座私家园林,其中建筑、山水、花木、匾联设计精妙,同时兼具商人、官宦、文人三重文化属性,表

---

① 吴海涛、金光:《略论明清苏北集市镇的发展》,《中国农史》2001 年第 3 期。

现出很高的艺术水平和鲜明的地方特色①。河下古镇外来人口众多,饮食医药业发达,文化事业昌盛,是"山阳医学流派"发源地,出了状元、榜眼、探花,留下"河下三鼎甲"的佳话。医书《温病条辨》的作者吴瑭以及小说《西游记》的作者吴承恩,便出生于河下镇。河下是淮盐转运的枢纽,两淮盐运司设有两个批验盐引所,淮安批验所是其一。此等形势,使得淮安河下地区成为"富甲一郡"的盐商麇集之地,明人邱浚曾盛赞云:"十里朱旗两岸舟,夜深歌舞几曾休。扬州千载繁华景,移在西湖嘴上头。"②区区河下一地,不知云集多少富商大贾,豪宅林立,园池水榭,竟有22条街、91条巷、11座坊。降及道光初年,两江总督陶澍废纲盐,行票盐,淮北盐的集散中心由河下迁移至西坝,西坝由此迅速崛起,短短的时间内就建起盐栈20余家。盐业对于淮安城镇的兴起与繁荣,于此可见一斑。

2. 邵伯镇

明朝初年在邵伯增设水驿,清代驿道利用运河堤防,北经清江浦,通往北京,南经扬州,可达南方各省。明弘治年间,邵伯船闸左右设坝共4座,作车盘船舶之用,同时设置了相关的管理机构。清乾隆时将驻扎泰州的扬粮厅扬粮通判迁往邵伯镇,扬粮厅下辖甘江汛,主簿1员,把总1员,驻扎邵伯镇。道光二十九年(1849)扬运厅与江防厅合并为江运厅,驻邵伯镇。

3. 窑湾镇

窑湾位于骆马湖与泇河交汇处,依河傍湖,属邳宿两县共管,交通便捷。民国《邳志补》卷五称:

> 窑湾,邳宿错壤,绾毂津要,一巨镇也。昔者漕艘停泊,帆樯林立,通闤带阓,百货殷赈。有幸使过客之往来,或舟或车,胥宿顿马。繁富甲两邑,大腹贾辇金而腰玉,倚市之女弹筝砑屣,有扬镇余风。

海州的食盐、山东的粮食经窑湾运往南方,江西的毛竹、苏州的丝绸等经窑湾运往北方,尤以粮食和食盐大宗商品。运河上来往船只多在半夜时分上岸采购生活物品,形成了极具地方特色的夜猫子集,推动了窑湾商业的发展。

---

① 贾珺:《明清时期淮安府河下镇私家园林探析》,载王贵祥主编:《中国建筑史论汇刊》第三辑,清华大学出版社2010年版,第409页。

② 万历《淮安府志》卷3《建置·城池》。

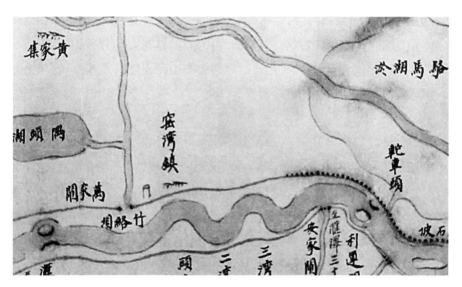

图 3-8 《清代京杭运河图》中的窑湾镇

清代窑湾成为淮北重要的食盐运销中心,道光年间专设盐局。

4. 众兴镇

众兴镇位于运河北侧,前身为悦来集,后改为众兴镇。众兴镇的发展可溯及明后期。相传明末刘仲达兴旺,名仲兴镇。后刘氏中落,卖于众姓,遂改为众兴镇,有人口 1000 余户。清康熙间中运河的开凿,众兴镇商业更加繁荣,为桃源县四镇之冠①。《续纂淮关统志》载曰:"众兴集在运河北岸,为入京孔道,商民辏集,为桃源重镇"②,位于众兴镇骡马街上的天后宫,是闽商建造的会馆所在,反映了外地商人来此经营的事实。其他还有常镇扬会馆、民商会馆等。

5. 瓜洲镇

瓜洲镇位于扬州西南长江北岸运河与长江交汇处,地处扬州、镇江之间的水运交通要冲。明隆庆年间临江筑城,城郭东、西、北各长四里。嘉靖三十五年筑砖城。万历时,瓜洲"利丛而民伙,五方贾竖蚁聚其地"③。康熙时,瓜洲"商旅鳞集,城郭市廛不减"④。嘉庆《瓜洲志》载曰:"瓜洲虽弹丸,然瞰京口、接建康、际沧海、襟大江,实七省咽喉、全扬保障也。且每岁漕舟数百万,浮江而至,百州贸易迁徙之人,往返络绎,必停于是。其为南北之利,讵可忽哉?"

综上所述,明清时期由于漕运、盐运的兴盛,苏北运河城市得到了前所未有的发展与繁荣,不仅出现了淮安、扬州两个运河核心城市,而且沿运河还兴起了一大批商业城镇,这些沿运城镇具有较大的辐射作用,有力地带动了其周边地区城镇的兴起和发展。由于有较为成熟的市场网络体系,不仅苏北城镇内部的商业贸易和经济往来密切,而且苏北运河城镇被纳入了整个运河城市体系,成为全国经济网络中十分重要的组成部分。这一切表明,明清时期苏北运河城市群最后形成,并呈现出一片繁荣昌盛的美景。

---

① 《泗阳县志》,江苏人民出版社 1995 年版,第 62 页。
② 乾隆《续纂淮关统治》卷 4《乡镇》。
③ 嘉靖《扬州府志》卷 6《星野》。
④ 康熙《扬州府志》卷 6《河渠》。

第三节　城市文化的繁荣

运河漕运是古代一种先进的运输手段,在中国东部地区运河串联起一条南北纵向的经济带,表现为在商品流通和商品经济中独领风骚。早期的运河主要服务于军事上的运粮运兵,后来开始由单纯的军事型向政治、军事、经济型转化。尤其是唐宋以后随着经济重心的南移,政治中心多在北方,与经济重心分离,经济上逐渐依赖于南方,所谓"百司庶府之繁,卫士编民之众,无不仰给江南"①。到明代中后期,由于南方商品经济的发展,商品量大增,南北经济交流越来越频繁,漕运不单是在向朝廷运输漕粮和贡品,而且成了商品流通的主渠道。漕运货畅其流,带来了沿运城镇手工业的发展和商业繁荣,苏北运河城市呈现出前所未有的古典式繁荣,体现在民风民俗、园林会馆、城市文化、文学艺术等方面,无不反映出工商业文化在苏北地域的深厚积淀。

一、苏北城市民风的转变

苏北城市民风的转变,大约以明中期为界,前期劲悍剽轻,不易治理,后期则好奢喜华,附庸风雅。这种民风的转变,既与明中后期全国城市风尚相类似,也反映了明清苏北运河城市独特的历史进程。

1. 从劲悍剽轻到奢华侈靡

苏北地域主要属于《禹贡》中九州的"徐州"和"扬州",先秦和秦汉时属于楚汉之地,其风俗"劲悍剽轻,其士子则挟任节气"。元末明初,随从朱元璋起兵者多为江淮子弟,其骁勇剽悍几为人所共知,如临濠人徐达、怀远人常遇春、濠州人邵荣、濠州人耿炳文、凤阳人陈德、濠州人郑遇春、定远人冯国胜、怀远人花云等等。古人对于苏北及皖北剽轻或剽疾的性格特征认识,前后相续,记载一以贯之。直至明初,苏北的民风仍然劲悍剽轻。天启《淮安府志》载,"轻剽劲悍,挟节负气,重然诺,履信义,士崇学问,人尚廉耻"。即便在宣德、正统时期,还"尚殷庶敦庞俭质,有从先进之风"。

明清以前,苏北土著安土重迁,以农业为本,俗尚简朴,但此种情况在明清

① 《元史》卷93《食货志一》。

时逐步发生了改变。自明代中期,商品流通经济腾飞之后,两淮盐业发展,盐商活跃,商人财大气粗,追求豪奢生活,多声色犬马嗜好,使得苏北地域风俗也随之发生了巨大变化。主要表现在两个方面。

首先是游荡享乐之风盛行。盐商在物质上是富裕的,但精神领域比较贫乏。除饮酒赋诗外,闲暇时间往往以游荡宴乐为事。尤其雍正以后,"根窝"世袭,不少盐商可坐享厚利,更是助长了此种风气,史称"扬州盐业,以吃酒看牌为事"。盐商的这种风习,直接影响着城市市民的社会生活,其重要表征即为城市佳节名目繁多。如扬州以二月、六月、九月的十九日为观音圣诞,春季有梅花、桃花市,夏季有牡丹、芍药、荷花市,秋季有桂花、芙蓉市,正月有财神会市,三月有清明市,五月有龙船市,七月有盂兰市,九月有重阳市,几乎"三百六日,无冬无夏,一十二时,无昼无夜"皆有各种名目的盛会。每当节日市会,四方流寓、徽商晋贾、倡优名妓,以及好事之徒无不云集。不止扬州如此,淮安亦与此相类。《淮安河下志》卷一记载云:

> 方盐策盛时,诸商声华煊赫,几如金、张、崇、恺。下至舆台厮养,莫不璧衣锦绮,食厌珍错;阛阓之间,肩摩毂击,袂帏汗雨,园亭花石之胜,斗巧炫奇,比于洛下。每当元旦、元夕、社节、花朝、端午、中元、中秋、蜡腊,街衢巷陌之间以及东湖之滨,锦绣幕天,笙歌聒耳,游赏几无虚日。而其间风雅之士倡文社,执牛耳,召集四方知名之士,联吟谈艺,坛坫之盛,甲于大江南北。好行其德者又复振贫济弱,日以任恤赒济为怀,远近之挟寸长、求嘘植及茕独之夫,望风而趋。若龙鱼之走大壑,迹其繁盛,不啻如《东京梦华录》《武林旧事》之所叙述,猗欤盛哉!

其次是奢靡之风盛行。人口的频繁流动,南北商品的汇集,商业的繁荣,官僚贵族的往来,富商大贾的麋集,这一切使俭风日衰,侈风日盛。明代初年,扬州民风尚且淳朴敦厚,百姓勤力本业,室庐简素,无大纹饰,婚丧嫁娶,崇尚俭约。降及明成化、弘治以后,盐商大量麋集,民风为之大变,"四方商贾陈肆其间,易与王者埒。……妇人无事,居恒修冶容,斗巧妆,镂金玉为首饰,杂以明珠翠羽。被服绮绣,其侈丽极矣"。淮安民风原本士勤学问,民务农桑,有淳厚之风、礼让之俗,然而随着商业的发展,"豪右竞势逐利,以财力侈靡相雄长,细民争趋末利,虽文物盛于前,而淳厚之风少衰"。逮及明中叶以后,奢靡之风大行,史称"始明季,迨乎国朝,纲盐集顿,商贩阗咽,关吏颐指,喧呼叱咤。春夏之交,粮艘牵挽,回空载重,百货山列。市宅竞雕画,被服穷纤绮。歌伶嬉优,靡宵沸旦。居民从而效之,甚有破资瘵业以供一日之费"。淮扬地域民风的此种嬗变,嘉靖《两淮盐法志》卷三有精彩的总结:

> 诸场错列扬、楚间,区分域限,风异气殊,盖至赜而弗齐矣。大都楚饶山陂,厥土坚瘠,其俗多挟节负气,失则决烈而劲悍。扬饶川泽,厥土沙息,其俗多含文履正,失则靡弱而轻扬。……然俗与时移,系诸习尚,要未可以定论也。余闻之长老,国初海氓率椎质奉法,营营治铠事,习渔稼,广蓄聚,蕃殖其生而无他嗜好。乃后,则稍稍惮本业,攻淫末,或逋荡亡风轨矣。四方弊贾,操其奇赢,往往游荡场肆间,乘坚策肥,履丝曳缟,以涂眩愚氓之耳目。鼓煽撼摇,辄相则效。富者率衣绮縠,畜声乐,广伎妾,文画屋庐,雕镂器用,竞以侈靡相高。至贫者,亦些窳偷生,而亡积聚,得百钱即酾饮沾醉,仙仙舞衢巷间。然尤好博,呼卢夺雄,多贷以为乐,即一掷倾其产,弗惜焉。邹司成有言,淮扬俗侈,蠹之自商始,非诬也。

这股奢靡之风,对周围县镇的影响巨大而深远,明代嘉、隆之际是一个重要的时间节点,嘉、隆以前"俗特简朴,士大夫家居无楼阁,出无舆马,衣无锦绮,妇人途行不妆饰,男子遇于道返避之。成童子皆缁撮青布,出入齿让,路见长者,则拱揖以待其过。或有不率,必为之责其父师,父师登门谢过",但正如光绪《淮安府志》所言,嘉靖、隆庆以后,"凋瘵日甚,俗渐浇漓。儇黠躁悍之为民害者,又从而鼓煽橐之,郡邑之间,寖以多故,词讼日滋,公行繁絮,奢侈诪张,此倡彼和,月异日舛,纵恣颓敝,嚣凌极矣"。《古今图书集成·职方典·淮安风俗考》亦云:

> 嘉、隆以前,邑里方盛,而交际之礼,非纳采不用币,非耆艾不贺寿,而吊丧虽非士类,必变服携楮币亲往,赙奠之仪,犹约如也。岁时宴会之设,簋蔬不盈,醴酒小醉,一席之费,不过一二百钱,而情谊真笃,有古风焉。然地近淮浦,其大家连婚姻通交好者每每,渐染华风,以侈相尚,习俗渐变,虽贤者不免矣。

由此可见,明代嘉靖、隆庆以前,苏北地区尚是风俗简朴,然而由于府城日渐奢华,风气逐渐传染到州县,"每每渐染华风,以侈相尚,习俗渐变,虽贤者不免矣"①。到了清代,则是一发不可收拾。县志中的描绘极其细致,语句华美:"间左大胆,市井奸黠,俳优技巧,长袖乖谶,云雾画置,华烛宵列,争佼而竞妍者,膻其余也。环金异石,秦铜汉璆,鸣而列肆,作伪变真,真乃不及,随时易尚,倾囊而不作,竞于所好也。山珍海鲑,肴鼎如沸,损夭杀胎,弃脂流于冲巷,饕所厌也。"②

2. 苏北运河城市民风转变的原因

苏北运河城市民风转变,既有全国性大环境的影响,也是苏北区域特殊的小环境作用的结果。从全国来讲,明代中叶,资本主义萌芽在封建社会的母体内初露端倪,在文化领域也出现了与传统相背离的因素——商人文化。从16世纪末到17世纪,在商品经济的冲击下,出现了一个"礼崩乐坏"的时代。用当时人的话语来讲也就是"天崩地解"(黄宗羲语)、"天崩地裂"(王夫之语)的时代。具体来说,就是奢侈之风渐起,逾制行为多发。这股僭越奢侈的浪潮,冲击了贵贱有序的社会序列。富商巨贾凭借金钱,放纵声色,讲究奢华,流风所及,一般市井小民也以奢华为荣,普遍发生着不安本分、越礼僭越的行为。以最能体现人的身份地位的服饰为例,明初限定只有富家贵族、显宦勋爵才能穿用蟒衣玉带、锦罗丝缎、珠玉金翠,到了嘉靖万历年间,寻常百姓家已不鲜见。在物质生活冲击下,伴随着观念上的背离传统。人们的价值观念、行为风习,一反古礼,面目全非。以"礼"为中心的文化模式急剧衰落,传统文化出现了前所未有的危机。正是这种危机孕育了与传统文化相叛离的工商业文化。③ 这种讲究奢靡、僭越礼制的工商业文化,通过运河的传播,以势不可当的力量传到了以扬州、淮安、徐州为代表的苏北城市,并逐渐取代了原来的劲悍剽轻农业时代的风尚。

从苏北地域特殊的小环境来说,苏北府县城风俗习惯的变化,与外地商人的进入,尤其是资产雄厚的山西、徽州盐商的带动有着直接的关系。黄钧宰在《金壶浪墨》中描述道:"(盐商)出则仆从如烟,骏马飞舆,互相矜尚,其黠者颇

---

① 《古今图书集成·方舆汇编·职方典》卷748《淮安府风俗考》,中华书局、巴蜀书社1987年版。

② 咸丰《清河县志》卷1《疆域》。

③ 唐力行:《商人与中国近世社会》,商务印书馆2003年版,第199—200页。

与文人相结纳,借以假借声誉,居然为风雅中人,一时宾客之豪,管弦之盛。"①
例如,在外来商人聚居地王家营镇,由于"燕、辽、蓟、晋、陕、洛、齐、鲁之人"在
此经商,因此"羊裘膻冠,千里驰驱,欢吁慷慨,有尘沙广漠之气。货则峨舸大
舶,西通孟巩大梁,轻舟南浮,亦有吴、粤珍异"②。南北各地商人带来了各自
不同的风俗习惯,使得苏北府城呈现出千姿百态、浮华喧嚣的色彩。

徐州虽不算是明清苏北最发达的城市,但商品流通带来了前后民风差异
之大,已经足以让顾炎武在《天下郡国利病书》中为民风之乖变大发感慨:

> 徐河山郁盘,风气刚劲。考其旧俗,人颇鸷悍轻剽,盖楚之风焉。又
> 其地薄民贫,急疾颛已。宋儒陈师道亦谓霸者之习,以武为俗。苏轼则
> 云:汉高祖、刘裕、朱全忠皆在徐州数百里间,其人以此自负,雄桀之气,积
> 以成俗,胆力绝人,喜为剽掠,小不适意则有飞扬跋扈之心。今去陈苏数
> 百年,且承平道久,俗渐乖变。民知怵法畏吏,不闻有觚治。然舟车会通,
> 颇称津要,往往竞趋商贩而薄耕桑,野有惰农,市多游食,稍以靡风相扇
> 寖,失其淳朴矣!

关于两淮盐商尤其是徽商对淮扬地域文化整合与变迁之巨大作用,王振
忠在其《明清徽商与淮扬社会变迁》一书中曾有专门探讨,他认为盐务全盛时
期,盐商(主要指徽商)大批麇集于扬州、淮安等地,形成了独特的盐商社区文
化,即所谓的"盐商派"或"扬气"的生活方式,它以好侈风雅为主要特征,孕育
了丰富多彩的淮扬城市文化。进之,其流衍传播,对明清时代社会风习之演替
也产生了深刻影响。徽商对淮扬城市文化的整合,尤其是崇尚游荡享乐、宣扬
奢华侈靡的风尚,迅速传播到苏北各府县,不仅造成了区域民众心态的转变,
而且还汇成了一股汹涌的拜金思潮。不过,由于中国传统文化的根深蒂固,儒
家价值观深入民众的骨髓,所以对这股拜金思潮不能估计太高。但不管如何,
通过运河的传播,商人文化逐渐对苏北城市社会打上了深深的烙印。

二、苏北运河城市文化

明清苏北运河城市文化得益于南北交通的大运河的串联,在诸多领域既
表现出江南文化的精致内敛,又反映出北方生活粗犷豪放的另一面。这显然

---

① (清)黄钧宰:《金壶七墨·金壶浪墨》卷1《纲盐改票》。
② 咸丰《清河县志》卷3《建置》。

与大运河的南北交融相关。这里以会馆、园林、饮食、民间信仰为视角,力图从一个个侧面探索运河的商业性在苏北城市文化发展过程中的重大作用。

1. 会馆与苏北商业文化

会馆由流寓各地的同乡人所建,是专供同乡聚会、寄寓的场所,也是商帮的地缘组织。会馆按类型分为三类:一是以官吏为主的会馆,它们是官僚士绅和科举士人居停聚会的场所;二是士商共建的会馆;三是以商人为主的会馆。① 明清时期苏北的会馆多数属于后面两种类型。漕运、盐运的兴盛,使苏北成为五方之民杂处之地。外来人口的增多与商业的繁荣,尤其是众多实力雄厚的安徽、陕西、山西等地盐商的聚集,使苏北的城市面貌和社会风气发生了巨大变化。在商贾的经营下,苏北城市出现了一批著名的会馆。

例如,淮安,西门与北角楼之间有江西会馆,河下有湖南会馆,周宣灵王庙同善堂(新安小学旧址)的新安会馆,福建庵(今楚州区莲花新村北)的福建会馆,北角楼的镇江会馆,竹巷晋商的定阳会馆,湖嘴街浙商的四明会馆,中街句容人的江宁会馆。又如扬州,清代扬州麇集全国各地的富商大贾,为互通声气、联络乡谊、开展商业竞争,纷纷建立起会馆,著名者如湖南会馆、湖北会馆、江西会馆、安徽会馆、绍兴会馆、嘉兴会馆、山西会馆、岭南会馆等。这些会馆各有自己的商业特色和经营范围,如浙绍会馆主要经营绸布,湖南会馆主要经营湘绣,湖北会馆主要经营木业,江西会馆主要经营瓷器,岭南会馆主要经营糖业,安徽会馆主要经营盐业,山西会馆主要经营钱业(钱庄、票号)②。再如徐州,徐州自古即为南北通衢之地,明清时期各地商人遍建会馆,山西会馆于诸会馆中最大、最老,故名"老会馆"。徐州山西会馆始于清初,此后历经乾隆七年(1742 年)、乾隆三十六年(1771 年)、乾隆四十五年(1780 年)、道光三年(1823 年)、光绪十三年(1887 年)多次修复、扩增、重建。"老会馆"始建于康熙年间,内供奉众多神灵。山西会馆作为晋商活动中心,靠山西商贾之捐资,方能维持其二三百年之繁荣。修缮资金,尚有小部分来自供职于徐州之晋籍官吏。山西会馆"五碑",落款位置皆有捐资者名单。这是一份难得的"公益名单"或"慈善名单"。

---

① 唐力行:《商人与中国近世社会》,商务印书馆 2003 年版,第 90—91 页。
② 朱福烓:《扬州史述》,苏州大学出版社 2001 年版,第 185—186 页。

以扬、淮、徐为中心的苏北运河城市会馆林立,大都是商人会馆,虽具有为同乡行旅提供困乏之所的功能,但更多的是为在外经商的同行或友人准备的住所。会馆建筑耸立于城中,给苏北增添了新的城市景观。会馆的创立既为行商到苏北从事经贸活动创造了良好的外部环境,也为外地人口到苏北谋生提供了就业的场所。这些会馆大都为外来行商所建,行商移居苏北,增加了苏北的常住人口,既说明了苏北是一个南来北往的商业都市,同时也表明苏北蕴藏着不可限量的商机。进而言之,行商虽是一个不大的群体,但他们在商品流通中的特殊作用,在吸引外来人口入淮的贡献度却是最高的。

2.园林与淮扬城市休闲文化

当一批行商以会馆为从事经贸活动的大本营时,另一批商人则干脆落户苏北,将苏北视为经商的根据地。在行商中,盐商无疑是一个值得关注的群体,盐商在经营淮盐的同时,还通过经营会馆为南来北往行商提供了必要的服务,这客观上揭开了将外来文化传统融入苏北的一页。凭借大运河在商品流通中的优势,盐商寓居或落户淮安、扬州,由此揭开了在淮扬地区兴建私家园林的序幕。

例如,淮安,据李元庚记载,兴建在河下镇的私家园林有六十五座①。这些园林大部分为盐商及官绅所筑,其中盐商程嗣立的荻蒲曲、盐商程鉴的荻庄、官绅张新标的曲江楼等负有盛名。晚清黄钧宰在《金壶七墨》中写道:

> 吾郡西北五里曰河下,为淮北商人所萃。高堂曲榭,第宅连云,墙壁垒石为基,煮米屑磁为汁,以为子孙百世业也。城北水木清华,故多寺观,诸商筑石路数百丈,遍凿莲花。②

再如扬州,扬州园林成熟于清中后期。乾隆、嘉庆年间,甲天下的是扬州园林,而不是苏州园林,扬州园林与苏州园林都带有文人风格,但扬州园林的园主除标榜风雅外,还追求豪华,炫耀富有,并用园林作为招待宾客洽谈商务的交际场所,故《扬州画舫录》中有"杭州以湖山胜,苏州以市肆胜,扬州以园亭胜,三者鼎峙,不分轩轾"之句。扬州园林的主人多以富商和官员为多,造园时在保留江南园林淡薄、清况韵味的基础上,还凭借其雄厚的经济实力,借

---

① (清)李元庚:《山阳河下园亭记》,刘怀玉点校,方志出版社 2006 年版,第 522—555 页。
② (清)黄钧宰:《金壶七墨·金壶浪墨·纲盐改票》,载《笔记小说大观》(第 27 册),江苏广陵古籍刻印社 1984 年版,第 136 页。

鉴北方皇家园林雄伟恢宏和高贵富丽的风格,建筑追求高贵富丽,形成雅健的南北过渡特色。这些富商多为安徽徽州籍的儒商,他们除富有外,往往还捐一个空头官衔,以显耀其身份。

扬州园林的代表个园建于清嘉庆二十三年(1818 年),是由两淮盐业商总黄至筠在明代"寿芝园"的旧址上扩建而成的私家园林。个园历史与著名的"扬州八怪"几乎同时,通过此园可品味那个时代人们的生活情趣。扬州园林的另一处代表何园,名"寄啸山庄",由清代光绪年间道台何芷舸所建,坐落于扬州市的徐凝门街,被誉为"晚清第一名园"。扬州城内私家园林最盛时达200 多处。然而经过盐制改革、鸦片战争、太平天国战争,大量的扬州园林或荒废、或焚毁、或拆卖,扬州园林开始由盛而衰。扬州园林的命运和他们的主人的命运紧密相关。太平天国起义被镇压后,两淮盐业死而复生,官僚和盐商又开始纷纷造园,但园林建造的中心已经转向苏州,此时建造的园林已远不能与盛时相比。清代后期文人、士大夫普遍争名逐利,追求生活享乐,传统的清高、隐逸的思想越来越淡薄,这点从扬州园林的娱乐、社交功能上升上可见一斑。陈从周在《说园(五)》中极好地概括了两者的优点:"余尝谓苏州建筑及园林,风格在于柔和,吴语所谓'糯',扬州建筑与园林风格则多雅健。"①

以园林为代表的苏北城市园林一方面反映了以徽商为主的商人群体"富而好儒"的人生哲学,以及追求精致内敛的生活情趣。这种对人生和生活的志趣,构成了明清苏北城市文化的风尚,并指引了苏北城市文化未来的发展方向。另一方面,淮扬园林地处江淮,北有大气磅礴的皇家园林可借,南有苏州、杭州的江南私家园林可鉴,再加上大运河、长江在此交汇,阴柔阳刚结合,从而使得淮扬园林具有南秀北雄相互融合的特点:既有皇家园林金碧辉煌、高大瑰丽的特色,又有大量江南园林小品的情调,自成一种"雅健"风格,呈现出江南园林向北方园林过渡的性质。

3. 运河与苏北饮食文化

苏北城市人口大量聚集。每年过淮漕军、过境官员、外来商人云集,借此东风,以饮食业为代表的服务业因此崛起。无论是酒楼、茶肆,还是淮扬菜、酿

---

① 许少飞:《扬州园林史话》,广陵书社 2014 年版;陈从周编著:《扬州园林》,同济大学出版社 2007 年版;朱江:《扬州园林品赏录》,上海文化出版社 2002 年版。

酒业,苏北城市的饮食既有南方的精致风格,又有北方的粗犷特征,体现了南北交融的地域特色,而这种特色与运河的商业纽带作用密不可分,进而成为苏北运河城市文化的重要内涵之一。

饮食业的繁荣,从酒楼的盛况可见一斑。例如,淮安,从山阳城南到清河马头镇,一路上酒楼饭庄、饼铺面馆、小吃棚叫卖担,填街塞巷,川流不息,因此蔡昂《淮阴曲》有"清淮八十里,临流半酒家……淮浦高楼高入天,楼前贾客常纷然。歌钟饮博十户九,吴歈不羡江南船"的诗句。王营镇"旅店之业亦伙,供张被服,竞为华侈"①。当时最有名的酒楼是位于淮安旧城西南角万柳池边的清溪馆,吴玉搢在《山阳志遗》中有详细记载:

> 酒肆也……南门迤西有一水门,凡南来漕艘到淮,俱泊舟南角楼,旗丁粮长皆由此关入城。传闻当年粮艘不畏过江而畏过湖。西风一浪漂溺者无算。是以姻娅眷属咸送至淮,过淮后方作欢而别。凡随船来者,丛集于淮,此馆水亭花榭有江南之致,靡不解囊沽酒,以饯北上者②。

又如扬州,茶肆林立,其从业者之多,服务水平之高,茶楼装饰之考究,茶具之精美,都是其他地方难以比拟的,各家茶社之各极其盛,号称甲于天下。茶肆又有荤茶肆和素茶肆之分。与茶肆一样,扬州的大小酒肆也遍布城区主要街巷,其中最繁华处当在虹桥附近,《扬州画舫录》卷一云:"北郊酒肆,自醉白园始……野园、冶春社、七贤居、且停车之类皆在虹桥。"这里供应有南北各地名酒,如通州雪酒、泰州枯酒、陈老枯酒、高邮木瓜酒、五加皮酒、宝应乔家白酒、绍兴老酒等。酒铺生意红火热闹,顾客人头攒动,掌柜把持赠答应和,煞是一番风景,《扬州画舫录》卷十三记述云:"铺中敛钱者为掌柜,烫酒者为酒把持。凡有沽者,斤数掌柜唱之,把持应之。遥遥赠答,自成作家,殆非局外人所能辨。"

饮食业的繁荣,还可以从淮扬菜系的盛况体现出来。明中期之后,淮扬菜逐渐成为全国最主要的菜系之一。清代由于大量外来人流的涌入和商品货物的交流,不同地域的饮食文化聚集于此,再加上以盐商为代表的富庶商人的推动,使淮扬菜在清代达到繁盛,使得极奢华、高消费的席宴成为可能。《清稗

---

① 张煦侯:《王家营志》卷3《职业、交通》。
② (清)吴玉搢:《山阳志遗》卷1《古迹》。

类钞》中记载的"全羊席"与"全鳝席",堪称淮扬菜的精品:

> 清江庵人善治羊,如设盛筵,可以羊之全体为之。蒸之,烹之,炮之,炒之,爆之,灼之,熏之,炸之。汤也,羹也,膏也,甜也,咸也,辣也,椒盐也。所盛之器,或以碗,或以盘,或以碟,无往而不见为羊也。多至七八十品,品各异味。号称一百有八品者,张大之辞也。中有纯以鸡鸭为之者。即非回教中人,亦优为之,谓之曰全羊席。同、光间有之。……同、光间,淮安多名庖,治鳝尤有名,胜于扬州之厨人,且能以全席之肴,皆以鳝为之,多者可至数十品。盘也,碗也,碟也,所盛皆鳝也,而味各不同,谓之全鳝席。号称一百有八品者,则有纯以牛羊豕鸡鸭所为者合计之也。①

酿酒也是饮食文化的一个方面,值得一提。早在宋代,苏北的酿酒业已经兴起,开始学会酿制曲酒,一般乡镇都有经营酿制业的"酒户"。清人范以煦总结道,"田锡曲本草有淮安菉豆酒,酒小史有淮安苦蒿酒,宋梅尧臣和正仲寄酒诗注清淮酒本五九传法,山阳归震川有淮酒市醹醁句"②。明清时期,苏北是踩曲烧酒发达的地区,"今天下造麴之处惟淮安一府,靡麦为多计,其一年以石计者毋虑百万"③。正德年间,山阳县有酒坊百余家,"多至殷富"。所酿酒有秫酒、曲酒二类,有"苦蒿""珍珠"等品名。诗人刘城有"味近苦而烈……试评酸苦味如干,抱瓮长吟总耐寒"④的诗句,形象地描绘了苏北苦蒿酒的味道。

清代中期,苏北烧酒仍很发达,"淮扬一带地方民间广开烧锅"⑤。两江总督史贻直曾上奏折禁酒禁曲,以减少烧酒需耗费粮食。酿酒需要大量的麦石,但苏北农业并不发达,苏北酿酒业的发达与商品流通经济的兴盛有关,与当地便捷畅通的运河交通优势密不可分。粮食大多是从其他地区购得。酿制出来的酒主要供应苏北本地人、漕军、商人,或通过运河行销山西、河南等地。

4. 水神崇拜与苏北民间信仰

苏北社会的传统民间信仰主要包括玉皇大帝、东岳大帝、碧霞元君、城隍

---

① (清)徐珂:《全羊席》《全鳝席》,载《清稗类钞》第 13 册《饮食类》。

② (清)范以煦:《淮壖小记》卷 2。

③ (明)丘浚:《大学衍义补》卷 30《治国平天下之要》。

④ (明)刘城:《峄桐诗集》卷 10《酒品九绝戏诘王元美诗用韵》。

⑤ (清)鄂尔泰等:《两江总督史贻直雍正八年十一月十五日折》,载《雍正朱批谕旨》第 9 册,北京图书馆出版社 2008 年版,第 380—381 页。

图 3-9　淮安惠济祠遗址

信仰等。明中期以后,在国家的倡导和推动下,在苏北黄、运沿岸地区修建了金龙四大王神庙、天后宫、龙王庙等众多用于崇奉和祭祀水神的庙宇。

(1)金龙四大王崇拜。明代徐州吕梁洪和徐州洪为徐州段运河的两处重要险段,是南北漕运船只的必经之地,这里是朱元璋梦见金龙四大王首次显灵的地点,最早建有大王庙。黄、淮、运交汇的淮安,建有多处金龙四大王庙,郡城外西南隅以及清河、桃源等州县都有分布。盐城县金龙四大王庙,在该县县城西门外,康熙三十五年,由知县曾昌修建,另外南洋岸、北洋岸、上岗镇、伍祐场也有金龙四大王庙①。阜宁县大王庙也很多,据民国《阜宁县新志》记载:

> (大王庙)祀南宋诸生谢绪,庙在县治射河南岸,明崇祯护运副将黄昆圃建。清顺治十五年,海防同知咸大猷移于文峰旧址。嘉庆五年,运使曾燠重修。又大套、大通口、孟工卫滩、七巨港、九套、沈家滩、北沙、樊家桥、童家营、苏家嘴、裴家桥、杨家集、东沟、益林、新河口均有之。②

(2)天妃信仰。淮安清河县天妃庙又叫惠济祠,原为始建于明正德三年(1508年)的泰山行祠,因嘉靖初赐给泰山行祠一块书有"惠济"二字的匾额而得名。清代惠济祠三面临河,形势险要,南来北往的人在此祭拜。康熙帝奉母南巡,祭祀惠济祠神灵并尊为天妃,于是又被称为"天妃庙"。雍正间赐天妃庙中供奉的神灵为"天后圣姥碧霞元君"。光绪《清河县志》记载惠济祠:"在运口,乾隆志云即天妃庙,在新庄闸口,明正德三年建。武宗南巡,驻跸祠下。嘉靖初年,章圣皇太后水殿渡祠,赐黄香白金,额曰惠济。雍正五年,敕赐天后圣母碧霞元君。"③乾隆南巡途中多次巡视清口河工,驻跸惠济祠旁的行宫并题写了多块惠济祠御碑。除清口地区惠济祠外,清河县官亭镇、盐城县境内也建有天妃庙。

(3)水利人格神信仰。一般来说,先贤祭祀可归结为三个出发点:一是报功,即后人对先贤功德的报答。二是祈福,即把先贤神化,视作阴间主宰,拥有看不见的助力,敬重先贤可获默佑。三是崇德,即通过木主祠宇等固化物和一定的仪式,营造肃穆氛围,强化忠孝精神,敦往劝来,崇德像贤,使后人观感兴

---

① 光绪《盐城县志》卷2《舆地》。
② 民国《阜宁县新志》卷2《祠墓》。
③ 光绪《丙子清河县志》卷3《建置》。

起,矜式扬励①。明清苏北运河城市是漕河官员重要的驻扎地,河工频繁,因而当地以总漕或总河为主要代表的水利人格神信仰极为盛行。淮安府城山阳县为明清漕运总督所在地,境内有众多祭祀漕运官员的祠庙。淮安清江浦一带明清时期原属山阳县,清中期作为新县城由山阳县划入清河县,先后为江南河道总督、淮扬道等治所所在,再加上清河为苏北黄运河工最为集中之地,因而境内以祭祀漕河官员和治水名人为主要代表的水利人格神信仰也极为盛行。一般来说,越是问题最多、工作最吃力的地方,越能发挥人的聪明才智,体现人生的价值,可以说黄、淮、运交汇的淮安地区成就了陈瑄、潘季驯两位明代最著名的治水名家,也成就了清代的靳辅、高斌、于成龙等人。其中祭祀靳辅、齐苏勒、嵇曾筠、高斌四人的河臣祠,称为四公祠。

水利人格神信仰反映了民间信仰的功利性,表达了对造福当地官员的感激,发挥了崇德和报功的功能,可以说是该地区河工兴衰的见证。明清政府和地方民众崇祀水神,有着积极的历史意义,不仅是治理黄、淮、运水患的必要手段,也是表达对治理河漕功臣功勋的崇敬与缅怀。崇祀水神成为苏北黄、运沿岸民众及往来客商的精神慰藉,为苏北民间信仰增添了新的元素,使明清时期苏北的民间信仰呈现出多元化的发展趋势。

三、流淌着运河气息的文学与艺术

苏北坐拥有盐场之利,为中国盐业中心,吸引大批商人前来,促进了苏北运河城市的发展。苏北乃形胜之地,人文荟萃,诚如论者所言:"两淮疆域,际海控江,萦带淮泗,潴川鸿泽,流错其间,风气休显。涵伏既远,兼之天代道化隆洽,人文用熙,爰有垂鸿树骏,扬芬流辉,克自表现者,实多其人。"苏北俊杰迭出,举凡诗文、绘画、学术、小说代有名家,他们活跃在苏北的舞台上,创造出了辉煌璀璨的文化艺术精品。

1. 淮扬诗文

淮扬文人的活动往往与两淮盐商有密切联系,盐商大都风雅好客,喜欢招养名士以自重,以宾客争至为荣。例如,号称"扬州二马"的马曰琯、马曰璐兄弟,是扬州著名盐商,其雅好文墨,与二马过从交游者皆为当时名家,四方游士

---

① 牛建强:《地方先贤祭祀的展开与明清国家权力的基层渗透》,《史学月刊》2013 年第 4 期。

也十分乐意造访做客。马氏建有小玲珑山馆，藏书多达十余万卷，有不少学者竟以其藏书为主要资料来著书立说。著名学者厉鹗、全祖望曾寓居小玲珑山馆。

两淮盐商还乐于捐资建立书院。柳诒徵在《江苏书院志初稿》中说："两淮盐利甲天下，书院膏火资焉。故扬州之书院，与江宁省会相颉颃，其著名者有安定、梅花、广陵三书院，省内外人士咸得肄业焉。"正是由于盐商的大力资助，两淮书院的地位才能与南京不相上下。清代淮扬地区诗文之会大盛，也与盐商的推动有关。诗会以酒赋诗，以文会友，酒肴珍美，诗文酣畅，你来我往，酬唱应和，激发灵感，以奇争胜，形成一种欣欣向荣的文化景观。

与扬州南北相呼应，淮安文风亦堪称盛。据黄钧宰《金壶浪墨》卷一记载，淮安河下的盐商们"出则仆从如烟，骏马飞舆，互相矜尚，其黠者颇与文人相结纳，借以假借声誉，居然为风雅中人，一时宾客之豪，管弦之盛，谈者目为'小扬州'"。清代淮安的曲江楼、菰蒲曲和荻庄，成为淮扬地区著名的园林名胜，吸引着全国各地诗人墨客寓居淮安，《淮安河下志》卷一有云："其间风雅之士，倡文社，执牛耳，召集四方知名之士，联吟谈艺，坛坫之盛，甲于大江南北。"文人与盐商文酒之会，酬唱赋和，搜讨典籍，刊刻著述，促成了淮安文化的繁荣。明清时淮安诗歌十分繁荣，丁晏辑录的《山阳诗征》从汉到元仅列14个诗人，明清则有378人；王锡祺辑录的《山阳诗征续编》列明清诗人803人。《江苏艺文志·淮阴卷》提到的淮安诗人的诗歌集有440多种，数量蔚为壮观。顺治十三年前后，邱象随编《淮安诗城》一书，以"诗城"来形容淮安，这是对淮安诗歌繁盛景况的形象描绘。

2. 扬州"八怪"

明清苏北地区在中国绘画史上先后涌现出一批杰出的画家，清代画派中的扬州画派即是其中的代表。这个画派是由活跃在扬州的一群绘画艺术家形成的，代表人物有汪士慎、李鱓、金农、黄慎、高翔、郑燮、李方膺和罗聘八位，习称"扬州八怪"。"八怪"基本上是同时代的人，其艺术生涯经历了康熙后期、历雍正王朝而到乾隆中期，这也正是清代走向最欣欣向荣的时期。"八怪"大多出身贫寒，历经坎坷，有相近的生活体验，有相似的思想情感，有相同的处世态度和性格爱好，在艺术上都重视个性化的发挥，力求创新，强调书写自己的主观内心,赋予了作品以深刻的社会内容和思想内涵。正是因为"八怪"追求标新立异、清新狂放的画风,被世人视之为"怪"。其实他们的行为举止"没有什么违反人性的怪异之处,他们都是极为正常的人。但是他们所表现出来的价值观和艺术追求却大大地'不入流',不入当时社会的流俗。他们……强调人的生命价值,强调自我个性的张扬和解放,强调艺术的自我表现力。这大概正是他们的'怪'之所在"①。

因为淮扬一带盐商富有财力,且雅好书画,愿意付出重金来购买,故书画艺术市场兴旺,画家可以卖画为生。徐珂在《清稗类钞》中的《艺术类》里记载了画家边寿民以画为生的一则逸事,颇能反映盐商与艺术家之关系。

> 边寿民,字颐公,淮安人。善泼墨写芦雁,有声于江淮。尝语其友人王孟亭曰:"我以画为活,今年六十,老将至矣,为置一篑,外圆内方,虚其,封而窍之,及吾手能为时,得佳者,入窍而实之,以备吾老,名弄篑。"

3. 泰州学派、扬州学派

泰州学派是明代王阳明学派的一个分支、宋明理学的支脉,其创始者为泰州人王艮。王艮既是王阳明学派的重要传人及其思想的传播者,也是其思想的终结者。泰州学派是以王艮为中心的学术集团,除领袖王艮为泰州人外,其弟子 487 人中,出生于泰州者 89 人,占 18%。泰州学派的思想有别于程朱理学、陆王心学,它较多的是站在百姓的立场而阐扬自己的思想体系,因而具有背离正宗儒学的"异端"思想的特点,但这正是其重要价值所在。泰州学派在中国思想史及教育史上有较高的历史地位和社会影响。

扬州学派是清代乾嘉学派的重要分支,乾嘉时期的扬州地区,有一批杰出的学者,承袭惠栋、戴震为首的吴、皖两派的学风,再加上本身创新的治学取向和态度,衍成鼎足而立的另一重要支派——扬州学派。扬州学派最显著的学术特点是勇于创新和融会贯通。乾嘉以来,汪中、王念孙、刘台拱、朱彬、江藩、焦循、阮元、王引之、黄承吉、刘文淇、刘宝楠等大学者,相继而出,各自均有优秀的表现,使得扬州学派增添了无比的光辉。扬州学派的出现与盐业的昌盛、盐商的好客有直接关系。由于盐商财力雄厚可资养客,且大都好尚收藏金石

---

① 周时奋:《扬州八怪画传》,山东画报出版社 2003 年版,第 3 页。

书画,这就为研讨学问、撰述著作提供了极大的方便。

4.运河文化与明清小说

明清小说的代表作品多诞生在运河流域,并与运河文化有密切关系。《三国演义》作者罗贯中长期生活在杭州,在杭州期间完成创作。《水浒传》的作者施耐庵是明初扬州兴化人,为避祸而举家迁淮安。作品所写破辽和平方腊等情节在一定程度上反映了宋代运河风貌,鲁智深倒拔垂杨柳、林冲得罪高太尉、杨志押运花石纲、李逵元夜闹东京等情节,也带有北宋运河或运河重镇的浓重色彩。《西游记》作者吴承恩是江苏淮安人,孙悟空、二郎真君等形象以其家乡淮安、海州一带民间传说为基础,花果山、水帘洞以海州境内山水为原型写成,陈光蕊到长安应试和上任途中的遭遇反映了唐代运河文化,九至十二回表现了唐代运河重镇长安的繁华。《金瓶梅》作者兰陵笑笑生籍贯虽无定论,但为运河流域人是不争事实,作品所写的清河是运河商埠,西门庆商业活动以运河流域为背景也无争议。《红楼梦》作者曹雪芹先后在南京、北京生活,小说中甄士隐住阊门外葫芦庙旁,贾雨村原系湖州人氏,林如海在维扬做巡盐御史,贾府地在金陵石头城,贾家兴衰和大观园生活时有北国风情和北京背景,整体上反映运河流域生活无疑。《儒林外史》作者吴敬梓33岁移家金陵,小说素材主要来自作者在南京、扬州的经历见闻,反映了清代前期东南运河流域的士林人生。

苏北运河文化孕育了部分明清小说,明清小说也展现出苏北运河区域发达的工商业。例如,《儒林外史》第二十三回写徽人程明卿在扬州做盐商“折了本钱,回徽州去了”,而先前为他做“小司客”的当地人万雪斋却“先带小货,后来就弄窝子。不想他时运好,那几年窝价陡长,他就寻了四五万银子,便赎了身出来,买了这所房子,自己行盐,生意又好,就发起十几万来”。间接反映了清初徽州人在运河商埠经商致富并带动当地风气的事实。《金瓶梅》第二十五回写扬州盐商王四峰在清河打官司就花银两千两,反映了明代淮盐销售者的富有。《儒林外史》第四十三回写扬州盐商万雪斋往长江上游运盐被抢一空,反映了清代淮盐运销的不易。

总而言之,苏北运河城市在明清时代成为重要的文化中心之一,号称“文人寄迹,半于海内”,此种文化现象的出现,应该说与两淮盐商有至为密切的关系。此诚如王瑜等学者所指出的:“由于盐商们的厚实财力、热情邀请、真诚相待、众多的藏书、舒适的条件等多方面原因,使得盐商周围集结了一批又一批文人,其中不少是名盛一时的学者、诗人、画家。正是由于盐商们的召集与资助,使得他们在一种无忧的环境下舒畅生活和全心创作,也使得扬州形成了自己的画派和学派,文化显示出了空前的繁荣,扬州成了与其经济位置相称的文化中心,涌现了一批名垂千古的作品与著作,为后人积累了极丰富的精神文化遗产。"①此外,苏北运河城市工商业经济发达,市民生活逐渐摆脱农业社会的传统影响,开始呼唤富有时代特色的文化。在此背景下,反映市民心声的泰州学派、明清小说就应运而生了。无论是与盐商关系紧密的淮扬诗文、扬州画派、扬州学派,还是引领时代先河、反映市民诉求的泰州学派和明清小说,都流淌着浓厚的运河气息,也是苏北运河城市文化发展的历史见证。这些是城市发展的表现,也是城市发展的动力。运河城市吸引大量外来人口,运河的重要性促使国家机构驻扎于此,运河的交通地位便利了商品流通和产业发展,运河城市的发展促进了文化的繁荣。

---

① 王瑜、朱正海主编:《盐商与扬州》,江苏古籍出版社 2001 年版,第 243 页。

第四章 苏北运河城市发展的机制与动力

机制与动力都是推动事物运动变化的重要因素,深入了解和把握苏北运河城市发展的内部机制与外部动力,是推动城市史和运河史研究中不可或缺的重要内容。本章着眼于广阔的时空尺度,通过对明清时期近 600 年城市发展历史的长时段考察,逐一分析交通、制度、盐业、环境等动力要素,探讨运河和政治以及运河和经济的关系,旨在找出区域城市发展的驱动因子。

第一节 运河交通与苏北城市

交通运输是区域间联系的桥梁和纽带,在中国古代,依赖天然河流网络的水路运输是最便捷、最经济的运输手段。交通与城市有着密不可分、相互依托的关系,在城市发展过程中起着重要作用。一方面,交通为城市发展提供了条件,城市的形成、发展以及繁荣离不开交通区位条件,故很多城市又分布在江河水道沿线;另一方面,交通运输方式的变迁会对城市兴衰产生重大影响,尤其"工业革命以前,城市以水运为主要交通方式,使河流水系成为城市发展的主要动力因素且主导城市发展方向,决定城市整体空间结构"[①]。

中国地势西高东低,河流大多东西走向,于是人工的大运河应运而生,元明清时期的京杭大运河地跨五大水系,连接北京与杭州,是当时南北重要的交通要道,运河交通促进了运河沿线城市发展以及新的城镇的涌现。相反,清末运河断航、铁路等新兴的交通运输方式的兴起,对运河城市产生了不利影响。苏北城市的发展以及运河交通条件的不断完善,得益于恰当地利用该地区的水运区位优势,得益于妥善地处理好黄河与运河的关系。

---

① 邢忠、陈诚:《河流水系与城市空间结构》,《城市发展研究》2007 年第 1 期。

一、位于以运河为主干的河流、湖泊交汇处

河流与河流以及河流与湖泊交汇处,往往提供了便捷的水路交通的基础条件,城市得以在这些交通要道发展起来。苏北运河城市的发展就是这样,很多城市不仅位于运河沿线,而且还有河流、湖泊与运河相连接,以运河为纽带,形成了线性的城镇带。不仅徐州、淮安、扬州等苏北运河沿线的较大城市位于几条河流的交汇处,皂河、宝应、高邮、邵伯、瓜洲等苏北运河沿线稍小的城市,也位于运河与湖泊或河流的连接处。仅淮安末口至清口的五十余里间,就分布着淮城、河下、板闸、清江浦、王家营、西坝、杨庄、码头等十多个城镇。

1. 淮安

淮安地处徐州、扬州之间,位于黄河、淮河、运河交汇处,明代淮安卫、大河卫驻扎于此。清代治黄保运工程频频兴举,河道总督、漕运总督驻扎于此,是全国的河道治理指挥中心。淮安府城位于南北大运河的中段,南船北马,交通便利,"凡湖广、江西、浙江、江南之粮艘,衔尾而至山阳,漕督盘查,依次出运河"①。万历《淮安府志》卷三《形胜》评价说:

> 淮盖江北大都会云。二城雄峙,辅车相依。跨淮南北,沃野千里。淮泗环带于西北,湖海设险于东南。左襟吴越,右引汝汴,水陆交通,舟车辐辏。昔之献策乘吴者,屯以足食;誓清中原者,屯以铸兵。所谓中国得之可制江表,江表得之足患中国者。况盐、安濒大海,则维扬之藩屏也;沭、赣枕沂水,则齐鲁之门户也;海州东望无际,乃秦皇立石处,高丽、百济、日本诸国,风帆可达。孤屿绝岛,环列后先,东西二城,足备守御。清口、桃源、宿迁、睢宁,皆近下邳,下邳近彭城,唐晋以来英雄必争之地。此淮之大概也。

清代道光时期淮安举人丁晏,用简洁的语言高度概括了淮安在全国的交通地位、经济地位、政治地位和军事价值:

> 故淮阴一郡不过数百里之地,然无事则飞刍挽粟,引漕渠以供上都,而为西北之所仰给,如人身之有肠胃也;有事则秣马厉兵,设岩险以固中原,而为东南之所倚庇,如人身之有咽喉也。至于鬻盐榷关、商贾辐辏、转

---

① 光绪《淮安府志》卷8《漕运》。

输阜通、衣被宇内、财用赋籍于是乎在。①

2. 扬州

扬州位于运河与长江交汇处,南北向的运河与东西向的长江在这里交汇,水陆交通便利,是南来北往的枢纽。扬州的繁荣开始于隋唐大运河的开凿,宋代一度荒废。明清时期京杭大运河全线贯通,将长江下游地区与全国沟通起来,使扬州再次走上了辉煌。明代的扬州城,东临运河,南临长江,新城设城门七座,特定的地理环境决定着城市的发展空间和发展模式,扬州沿运河一带的区域得到了开发。新城成为扬州城市发展的重要标志,工商业在此崛起,而发达的商业与手工业难免对城市的布局、功能分区带来影响,大片街巷逐渐形成。扬州新城、旧城的双城格局,增加了容纳人口的空间,满足了城市功能的需要,成为长江下游地区最重要的城市。明初的扬州是一座非常普通的城市②,大约从 15 世纪末开始,扬州才有大的发展。扬州全盛,在乾隆四五十年间③。嘉庆《扬州府志》序载曰,“襟带淮泗,镇钥吴越,自荆襄而东下,屹为巨镇,漕艘贡箧,岁至京师者,必于此焉是达”,“广陵本盐荚要区,北距河淮,乃转输之咽吭”。便利的交通区位促进了扬州城市的发展,至乾隆年间,“四方豪商大贾鳞集麇至,侨寄户居者不下数十万”④。

3. 徐州

明代黄河与运河交汇于徐州的西北角,然后黄运合流,经徐州洪、吕梁洪至邳州、淮阴,然后会淮河入海,徐州成为重要的交通枢纽。明初,徐州修建了周长九里的新城,城墙高三丈三尺,护城河深宽各两丈。永乐年间还设立了号称运河四大仓之一的广运仓,故正统《彭城志》有“徐居南北水陆之要……凡江淮以来之贡赋及四夷之物上于京者,悉由于此,千艘万舸,昼夜罔息”的描述。成化年间,李东阳《吕梁洪修造记》中有“使船往来无虚日,民船、贾舶多不可籍数”的描述。弘治间朝鲜人崔溥《漂海录》称“徐州、济宁、临清,繁华丰

---

① 丁晏:《淮阴说》,载谭其骧主编:《清人文集地理类汇编》第 2 册,浙江人民出版社 1986 年版。

② [澳大利亚]安东篱:《说扬州:1550—1850 年的一座中国城市》,李霞译,中华书局 2007 年版,第 42 页。

③ (清)李斗:《扬州画舫录》,江苏广陵古籍刻印社 1984 年版,第 7 页。

④ 乾隆《淮安府志》卷 13《盐法》。

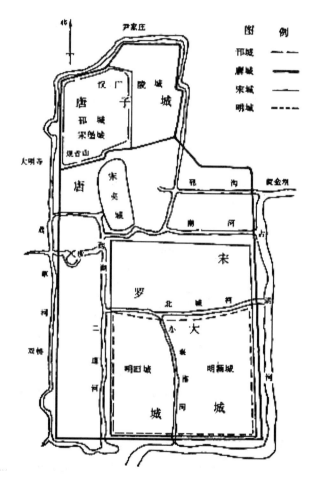

图 4-1　明代扬州新城与运河示意图①

_____

① 扬州市广陵区地方志编纂委员会编:《广陵区志》,中华书局 1993 年版,第 133 页。

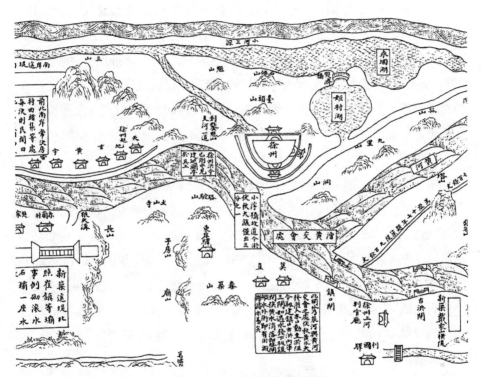

图 4-2　潘季驯《河防一览》中的明代徐州城

阜,无异江南"。嘉靖《吕梁洪志》记载:

> 江东民运白糙、粳、糯,每年过洪者,曰常州府及武进等四县,曰苏州府及吴江等六县、太仓州,曰松江府及华亭等二县,共粮一十八万八百六十余石,则以民舟运之,不下千余艘焉。

但是到明代后期伽河开凿后,运道不再经过徐州,而是取道山东台儿庄。此后徐州远离运河,单一的黄河虽然仍能发挥航运的作用,但交通地位大不如前,可以说伽河的开凿是徐州城市发展由盛转衰的一个转折点,一度呈现出"黄沙弥望,牢落无垠,舟车罕通"的衰败景象。不仅如此,运河的改道使徐州的河道管理工作深受影响,由于管理的放松,天启四年(1624年)徐州遭受到了历史上最为严重的黄河水患,使明代的徐州城被埋于现今十余米的地下。

4. 宿迁

宿迁位于骆马湖沿岸,地处黄河、大运河的交通要道,河湖密布,交通发达。明万历四年,为避开洪水侵扰,宿迁县城北移二里,新建的县城北靠马陵山,右傍运河,地势高亢,城墙为圆形,建有城门三座。万历二十二年(1594年),知县何东风捐俸维修县城,将三门改为四门。清乾隆后多次维修加固,嘉庆《宿迁县志》"序言"中称,"宿迁境界郯、邳之间……县居南北之交,负山临大河,于天下形势为要地"。县城主要街道,店铺林立,车水马龙,学校、书院数量不断增加。到咸丰年间,在城东又形成了新盛街、东下街、马路口等街道。

5. 众兴镇

桃源县众兴镇"为黄、运两河交汇之区,水陆衔接,南去北来之货,悉以该镇为转输之枢纽,商业因以繁盛"①。清初谈迁《北游录》中罗列了桃源县的来安集、众兴集、悦来集三处城镇,其中即包括众兴镇。雍正六年设立河营北岸守备署,驻扎众兴镇东门外,管理该段运河。当时的众兴镇"风景胜于王家营多矣"②,距离众兴镇不远处有乾隆皇帝南巡时驻跸的陈家庄行宫。众兴镇会馆、庙宇、桥梁众多,人员往来频繁,主要的庙宇有关帝庙、火神庙、三圣庵、天齐庙、天后宫、詹家庙等,著名的桥梁有东砖桥、南砖桥、运河南岸桥、朱公桥、蓝公桥、刘家桥、龙沟桥等。

---

① 陈时泌:《淮扬道区盐城县实业视察报告书》,《江苏实业月刊》1919年第2期。
② (清)张德彝:《航海述奇》卷8。

6. 马逻港

马逻港位于运河与射阳湖交汇处。南宋绍定三年(1230年)李全作乱,开马逻港,引淮船入射阳湖,沟通了淮河与射阳,城镇得以发展起来。明洪武中置马逻巡检司,清因之。为山阳县滨淮重地,是商贾云集的大镇。清康熙三十五年(1696年)黄河童营段溃决,冲毁了马逻镇,淤塞了射阳湖。马逻镇废,被阜宁县东沟镇所代替。

7. 瓜洲

瓜洲位于扬州西南长江北岸的运河与长江交汇处,地处扬州、镇江之间的水运交通要冲,是著名的古渡口和漕运咽喉。唐代在扬子镇以南开伊娄河,经瓜洲入江,将瓜洲运口与仪征运口并用。北来的运河船总要从瓜洲进入长江河道,然后再到对岸镇江。交通便利促进了瓜洲镇的发展。宋代仍然是过江南下的要冲,北宋王安石在这里留有著名的《泊船瓜洲》诗。明为抗倭要地,嘉靖三十五年(1556年)筑砖城。清康熙、乾隆间因盐、漕盛极一时,设瓜洲镇总兵驻此。《嘉庆瓜洲志》载曰:

> 瓜洲虽弹丸,然瞰京口、接建康、际沧海、襟大江,实七省咽喉、全扬保障也。且每岁漕舟数百万,浮江而至,百州贸易迁徙之人,往返络绎,必停于是。其为南北之利,讵可忽哉?

位于瓜洲镇的陈家湾,因陈姓定居运河湾而得名。陈家湾附近有运河闸,南北货物由陈家湾起卸过闸,然后分赴扬州、镇江以及里下河地区,此处人员往来频繁,各行各业汇聚于此。光绪二十一年(1895年)瓜洲全城沦入江中。现在的瓜洲城仅仅是原来瓜洲的北关,是在原四里铺镇基础上发展起来的新城。

8. 槐泗镇

槐泗镇位于扬州城东北部,东临京杭运河,南有东西流向的槐泗河,交通位置重要。据研究,早在唐代时,槐泗桥头就有集镇,镇上条石铺街,两旁商铺相连,多部扬州地方志都有唐末杨行密、张神剑屯兵之地的记载。明代万历《扬州府志》云,此地为清明前后郡人士女靓容冶服游集胜地①。

二、因运河改道兴起的城镇

运道的开挖或迁移,使一些偏僻的地区坐落到了运河沿线,改善了这些地

---

① 王克胜主编:《扬州地名掌故》,南京师范大学出版社2014年版,第151页。

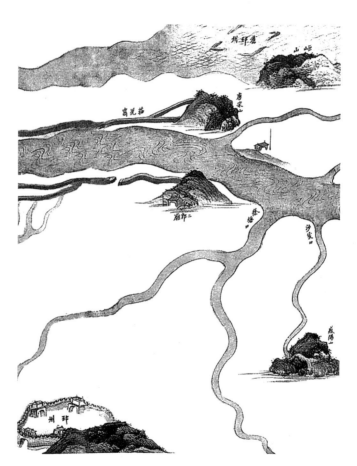

图 4-3　张鹏翮《治河全书》中的新、旧邳州城

区的交通条件,对城镇的发展无疑会带来一定的积极影响。

1. 南阳新河的开凿与夏镇

夏镇为徐州沛县与山东峄县共管之地。明隆庆元年(1576年)漕运新渠的开凿通航,使新运道由昭阳湖西移到湖东,减少了黄河对运河的直接侵扰。运道迁移新河以后,曾经偏僻的夏村(又名夏阳)自此交通发达,成为重要的运河码头,工商业日趋繁荣,遂于隆庆三年(1569年)改夏村为夏镇。管理运河的工部和户部分司也自沽头移驻夏镇。万历年间,夏镇建城,筑起四面土墙,建成四座城楼。明王世贞《夏镇》诗描写道:"一片云飞护夏阳,人传帝子大风乡。波分沂泗争大堙,沟号胭脂带汉妆。碧树断香销艳舞,青村含景入斜阳。年年飞鞭趋京洛,王气犹经水一方。"明末万寿祺《夏镇》诗曰:"夏阳全盛日,城阙半临河。夜月楼船满,春风环佩多。几人还梦寐,十载一蹉跎。处处蓬蒿偏,花时掩泪过。"清顺治间改土城为砖城,周长900余丈,高2丈5尺。明清时期,夏镇镇北属山东滕县地,镇南为江苏沛县辖,清人宋思仁《过夏镇》诗有"片帆风利挂残阳,一镇区分南北疆"的生动描述。夏镇两省分治的特点,反映出其作为运河城镇的重要地位。

2. 泇河的开凿与邳州、窑湾

明万历三十二年(1604年),总督李化龙开泇河,自夏镇经邳州泇口汇泇水,邳州成为运河沿岸的重要城镇。清康熙朝进士季运隆诗中描绘了邳州因运河而兴的繁华景象,诗曰:"沂武交流泗水通,巨峰独秀耸长空。地见虹霓千丈翠,渔艇晚照一江红。圯桥三进泥中履,羊寺遥闻夜后钟。陵台夜月依然在,惟有官湖景不同。"窑湾镇明代后期开通泇运河后,运河的水东南流,经窑湾会沂河南下直河口,南来的漕船需要经过窑湾逆流而上。窑湾镇因风平浪静,是过往船舶的停泊之所,船员水手可以借此采办补充生活必需品,商品交换频繁,小镇遂因漕运而兴起。

3. 中运河的开凿与皂河镇

宿迁皂河镇位于黄河与运河之间。清康熙十九年(1680年),河道总督靳辅在骆马湖西直河口与董口间开皂河40里,西北至窑湾接泇河,南至原皂河入黄河,两岸筑堤,以防骆马湖水、坡水干扰以及黄河水的倒灌,并于窑湾北的万庄、马庄和猫儿窝建三座减水坝,以减水入骆马湖。第二年,皂河口又淤,靳辅遂于皂河以东开支河20里,经龙冈岔路口至张庄,使泇河来水由张庄运口入黄,

帆留浦表

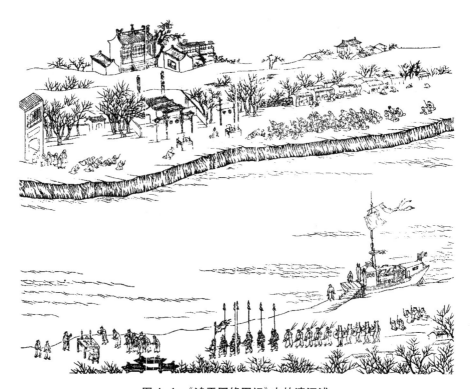

图4-4 《鸿雪因缘图记》中的清江浦

一时间"飞挽迅利,而地方宁息"①。皂河地区成为大运河上的重要码头集市,商贾行船不绝。位于皂河镇的安澜龙王庙的发展,是城镇发展的一个缩影。康熙以后,多次改建扩建安澜龙王庙,形成了占地三十多亩的规模,乾隆皇帝六下江南,五次驻跸于此,故龙王庙又称乾隆行宫。

4.清江浦河的开凿与淮安城、清江浦城以及河下镇的发展

永乐十三年(1415年),平江伯陈瑄循北宋乔维岳所开沙河故道,开清江浦河,自淮安城西管家湖至淮阴鸭陈口入淮河,置板闸、清江闸、福兴闸、新庄闸,四座闸统一管理,依次开闭,免去了盘剥末口五坝的劳费,自此往来淮安漕船畅通无阻。不仅对于淮安城的发展意义重大,确定了淮安城在全国的地位,还促进了清江浦城以及河下镇的发展。清江浦是商业中心和水陆交通枢纽。康熙《晚经淮阴》诗描写了清江浦的繁华,"淮水笼烟夜色横,栖鸦不定树头鸣。红灯十里帆樯满,风送前舟奏乐声"。乾隆二十五年,江苏巡抚陈宏谋将清河县县治由小清口西北移到清江浦,清江浦从此成为县城所在地,政治地位上升,极大地促进了城市的发展。河下镇位于淮安府城西北角,自明代以来尤其是清中期以来,因占"盐、漕、河、关"之利,成为造船物资的集散地和盐商的聚集区,至今仍保留钉铁巷、估衣巷、打铜巷、竹巷、绳巷等街巷名称。河下镇外来人口众多,餐饮、医药等服务业发达,文化事业昌盛,从隰西草堂、一草亭、茶坡草堂、止园、居易堂、听山堂、怡园、漪园、漱石轩、依绿园等百余座园林名称,可见当时繁盛情况之一斑。

5.白塔河重开与大桥镇

大桥镇位于扬州市东北的长江北岸。明宣德六年(1431年),平江伯陈瑄重开白塔河,建造新开、大桥、潘家、江口四闸。从此江南粮船从武进县孟渎河过江,经白塔河,入今通扬运河,至湾头进运河,不仅改变漕路,还省去瓜洲盘坝之费,又使邗沟多了一个扬州以东新的入江口门②。白塔河重开促进了仙女镇的发展,至今大桥镇还有一条连贯东西的石板长街,街两旁是古宅大院。

---

①　(清)傅洪泽:《行水金鉴》卷53,引《淮安府志》。
②　贾珺:《明清时期淮安府河下镇私家园林探析》,载王贵祥主编:《中国建筑史论汇刊》第三辑,清华大学出版社2010年版。

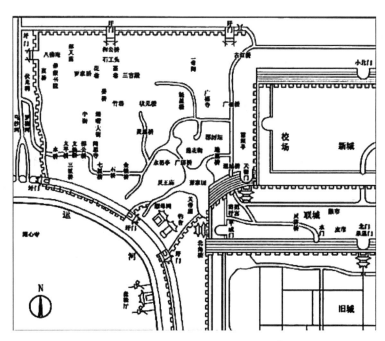

图 4-5　同治年间河下古镇平面图①

———————

① 徐炳顺:《扬州运河》,广陵书社 2011 年版,第 15 页。

6.马棚湾与马棚湾镇

清代扬州运河线路基本稳定,只在清水潭附近有局部改动。康熙十七年(1678年),河督靳辅在清水潭附近采取避深就浅的治河措施,重开新河道,使局部河道兜了一个大弯,称之为马棚湾。位于高邮城北15公里,逐渐发展成为运河线上的重要集镇之一,"街区沿运河南北延伸"[1]。

三、得益于避黄、避湖工程而兴起的城镇

1.黄河北徙与淮安联城

淮安联城是指旧城、新城、夹城三城相连、合为一体的奇特格局。淮安旧城建于南北朝时期,新城始建于宋代,元末修复,新城在旧城北一里。明初,新旧两城互不相连,中间的狭长空地为漕运通道,当时的淮安城"北枕黄河,西凭湖水,运河自南而东而西,引于新旧二城之间"[2]。运道由淮安旧城西折而东,由新、旧二城之间折而向北,至古末口入黄河。后由于黄河河道北移,运河遂改道城西,由清江浦入黄河。嘉靖三十九年(1560年)漕运都御史章焕奏准建造联城,以联贯新旧二城。联城在两城之间,"淮郡西湖嘴,正人烟稠密处所……中间联筑为道……则两城相通,粮草兼济,攻守有备矣"[3]。可以说,黄河北徙、运河改道促进了淮安联城格局的形成,使淮安城市规模扩大,而联城的形成又进一步方便了城池的保卫,促进了城市的整体发展。以河下莲花街为例,研究发现,莲花街为清雍正时徽州盐商所建,东起淮安联城天衢门,西止运河堤蜿蜒数里,势若长虹,街南北均为萧湖,中间跨三桥以通舟船。

2.运口改移与杨庄镇

杨庄西小盐河闸为中运河入黄要道,每当夏秋盛涨,中运河之水分由旧黄河东下入海,堰西即为中运入黄处,运水来自西北,复南出会淮入里运河。康熙四十二年(1703年),改移仲庄运口于杨家庄,冬春水小,筑坝堵闭蓄中河之水以济运,伏秋水盛,分中河之涨以保堤。杨庄成为漕运和盐运的必经通道,村落逐渐繁盛,"游手觅食者既日益滋多,远地大商,亦闻而走集"[4]。清代,杨

---

① 单树模主编:《中华人民共和国地名词典·江苏省》,商务印书馆1987年版,第307页。

② 同治《重修山阳县志》卷2《建置》。

③ (明)郑若曾:《筹海图编》卷6《直隶事宜·江北诸郡》,李致忠点校,中华书局2007年版。

④ 张煦侯:《淮阴风土记》第4章,方志出版社2008年版。

庄镇出现了江西会馆、大王庙等建筑。

3. 王营减坝与王营镇

乾隆五十年(1785年),黄水倒灌,清口淤平,开王营减坝。这里是清口驿所在地,是通京大道的起点,从清江浦登岸后都要到王营换乘车马。据《王家营志》记载,乾隆以后,王营镇商业最盛,居民2000余家,粮行、旅店、骡马厂林立,自清真寺以南至黄河堤,轿车厂有一百多家。尤其是会试之年,"南尽岭外,西则豫章,百道并发,朝于上京,而此为交衢"①。

4. 草湾河的开凿与河下镇

淮安运河古镇河下,其名称的出现与黄河(古淮河)有关,乃是紧靠黄河以南,位于河堤以下,地势相对低洼。到明万历十七年(1589年)开凿草湾河,黄河主流由草湾河入海,使草湾以南淮安城北的山阳湾主河道废弃,使河下镇更加远离了黄河(古淮河)的影响,有利于城镇的建设与发展。诚如清人王觐宸《淮安河下志》卷一记载:

> 明初运道仍由北闸,继运道改由城西,河下遂居黄、运之间,沙河五坝为民、商转搬之所,而船厂抽分复萃于是,钉、铁、绳、篷、百货骈集;及庙湾改道,河下无黄河工程。

最东边叫通城桥,稍西叫通惠桥,再往西一里有广济桥,又名通济桥,街东端通城桥处有慧照亭,慧照亭北边为石观音庵,西边为郡厉坛,郡厉坛往西半里有福建庵,过广济桥则到永裕。②

5. 康济河、澄子河、运盐河的开凿与高邮城

因高邮湖风大浪高,威胁着漕船安全。明弘治年间,侍郎白昂开凿高邮越河,北起杭家嘴,南至张家沟止,"长竟湖,广十丈,深一丈有奇。而两岸皆拥土为堤,椿木砖石之固如湖岸。首尾有闸与湖通,岸之东又为闸四,为涵洞一,每湖水盛时,使从减杀焉"。高邮甓社湖月河开通后,明孝宗皇帝赐名为"康济河"。从此出现了三道堤:西为老堤,中为土堤,东为东堤。船只行在中堤与东堤间,紧贴高邮城西经过,城与河仅一堤之隔。康济河的开凿是实施河湖

---

① 《王家营志》卷3《职业》。
② 胡健、杜涛:《车痕深陷的古石板路》,载淮安市政协文史委员会编:《古镇河下》,中国文史出版社2005年版,第53页。

分离的重要工程,"易风涛为坦途,以康济往来"①,船只人员往来频繁,大大促进了高邮城的发展。明代后期,城边界与河流的关系愈加密切……邮城的发展在井字构架中重心西渐,其边界形态也渐同河流构架嵌合。澄子河和运盐河对城市的意义在于:第一,二河将苏北东部纵深地区的粮食、食盐及其他物资由东向西运达邮城的西南角和西北角,后由运河转运北上,澄子河与运盐河形成了邮城的南北边界的限定方向,其与运河的交点在明清时期成为里下河地区粮食和食盐的集散地,并且是城市边界分别向南北沿运河呈线性延伸的发展点。第二,二河也是泄洪的通道,对于频发的高邮西部洪水,在城市的一南一北进行疏浚,使城市直接避开洪水的正面冲击,保障城市安全和运河航道的畅通。②

6. 弘济、界首月河开凿与宝应城

早在明洪武二十八年(1395年)开宝应直渠,自宝应槐楼至界首,沿湖筑堤四十里,不久废弃。万历十三年(1585年),鉴于宝应段运河借湖行运,不仅"雨霪风厉,辄冲决,阻坏运舟",而且"盐城、兴化、通、泰良田悉遭其害"③,在漕抚王廷瞻主持下,在宝应县的氾光湖东岸修筑月河,氾光湖月河工成,万历皇帝赐名弘济河,从此运道不再经过氾光湖。万历十七年(1589年),河臣潘季驯以原湖堤为东堤,从宝应南门外至黄浦再筑西堤二十里,实施河湖分离,运道从此脱离白马湖。万历二十六年(1598年),河臣刘东星开界首月河,继续实施河湖分离,运道与界首湖分离。万历四十一年(1613年),开宏济北月河和南月河,以杀河怒。河湖分离促进了宝应城市的发展,宝应月河开通后,"而氾水诸镇则开廛列肆、通阛带阓,商贾辐至而辐辏,诸方之货鸟集鳞萃,尤足以聚百族兴八宝之利"④。祭祠、庙宇、楼阁等围绕月河陆续而建,除崇报祠、关王庙外,还有金龙四大王庙、东岳庙、茶庵、怀阙楼、永明寺等⑤。

---

① (明)杨宏、谢纯:《漕运通志》卷10《高邮州新开康济河记》。
② 焦泽阳:《以运河、湖泊架构边界的城市——高邮》,载《建筑师》,中国建筑工业出版社2001年版,第59页。
③ 《明史》卷209《杨最列传》。
④ (明)吴敏道:《新开宏济河诸公生祠祭》,载道光《重修宝应县志》卷24。
⑤ 展龙、朱绍祖:《明代宝应地区水利事业研究》,《江南大学学报(人文社会科学版)》2014年第1期。

7. 邵伯月河与邵伯城

邵伯古称甘棠,位于扬州市区东北 15 公里处的运河东侧,邵伯得名于东晋谢安所率众修建的邵伯埭以及旁边的邵伯湖。自从隋唐大运河畅通,邵伯城镇得到发展,成为著名的大码头。明万历前期康济月河、弘济月河的开凿,实现了河湖分离。到万历二十八年(1600 年)刘东星开挖邵伯月河和界首月河,长 18 里,南北建闸,又建减水石坝各一座,其形制与康济河、弘济河相同,实现了运河与湖泊的分离,避开了邵伯湖与界首湖风涛之险。外地商人在邵伯兴建有中州、江西、彭城、句容等会所。1936 年,邵伯曾设新式船闸,以便船舶航行。古镇至今留有甘棠庙、斗野亭、云川阁、大马头、大王庙、石板街等历史文化遗迹。

8. 草河、稻河筑坝以及泰东河的开挖与泰州城

明洪武二十五年(1392 年)前后,为解决泰州的涝洼问题,在城北草河、稻河上分别筑土坝,将江水挡在坝南。大坝的修筑将河流一分为二,两坝以南称上河,两坝以北称下河。上下河形成后,因为土坝的阻隔,南北往来的船只都要至此盘坝搬运,土坝附近形成了码头,促进了城市的发展。

明永乐年间还开挖了一条泰州至东台的运盐河,称泰东河。运盐的船只可以从串场河进入泰东河,到达泰州码头。码头附近聚集了大量船只,兴起了商铺,人口数量增加。

第二节　漕河管理与苏北城市

城市发展是经济发展与社会发展相互作用的结果①。漕运是明清时期国家的命脉,为确保漕运的顺利进行,政府在沿线城市设立了许多河道漕运管理机构,驻扎了大批官员,对运河进行疏浚等整治,对沿途的仓储、税关等进行管理,这些运河城市被赋予了国家政治、军事功能。是否拥有这种管理职能,是否被置于漕运的咽喉地位,对于运河城市的发展至关重要,可以说,"漕运兴,城市兴;漕运衰,城市衰"。明清苏北地区因漕粮食盐转运而成为漕河管理的重点区域,运河沿线城市逐渐成为漕、河、盐三政中枢和榷关枢纽,政治地位突

---

① 李彦军:《城市转型的动因、内涵与支撑》,《中州学刊》2013 年第 8 期。

出,经济发达,文化繁荣。

一、漕运、河道等管理机构的设立与城镇发展

徐州设有工部分司以及徐州按察分司等机构。正统间选工部都水司主事督理徐州洪事宜,嘉靖二十年(1541年),徐州洪工部分司兼理徐州、境山二闸闸务。吕梁洪分司署在吕梁洪东岸,弘治十年主事来天球建。万历五年革吕梁洪主事,设中河郎中。万历六年革徐州洪主事,与吕梁洪并属中河郎中,钞务归并户部分司。徐州按察分司隶属山东按察使司,负责整饬徐州兵备兼督理屯田、河道。天启四年(1624年),为躲避黄河水灾,徐州户部分司署主事张璇为避水患迁往户部山上,有钱有势的官宦之家和富贾纷至沓来,徐州南关一带遂成为十分活跃的商业区,围绕户部山周围,形成了上街、下街、前街、后街、中枢街、大同街、铁货街、丰储街等重要的商贸集散地,于是有了"穷北关,富南关,有钱都住户部山"的俗语。今天的户部山仍保存大量的古民居,其中明清房屋400余间,民国房屋700余间,较为完整的院落20余处,成为古城徐州明清文化的缩影。

淮安府城早在元至元十九年(1282年),设漕运分司于淮安。明永乐二年(1404年)设立漕运总兵官掌漕运河道之事,以平江伯陈瑄负责,府署设于淮安,下辖漕军12总,共计143个卫,官兵12万余人。景泰二年(1451年)始设专职漕运官员,命副都御使王竑"总督漕运兼提督军务巡抚凤阳等处兼管河道",驻扎淮安府城。从此,漕运总督成为定职,与总兵、参将同理漕事,"凡湖广、江西、浙江、江南之粮艘,衔尾而至山阳,漕督盘查,依次出运河。虽山东、河南粮艘不经此地,亦皆遥禀戒约。故漕政通乎七省,而山阳实咽喉要地也"①。淮安成为漕运事务的中枢。除漕运总督、漕运总兵官、参将负责协理外,还有分管攒运、押运、监兑等官员,"攒运则有御史、郎中,押运则有参政,监兑、理刑、管洪、管厂、管闸、管泉、监仓则有主事,清江、卫河有提举"②。明万历年间,裁撤漕运总兵官,由文官总督漕运。

清初,漕粮官员设置仿明制。顺治二年(1645年)设漕运总督一员,驻扎淮安,为清代设置漕运总督之始。漕运总督外,雍正七年(1729年)设巡漕御

①　光绪《淮安府志》卷8《漕运》。
②　《钦定历代职官表》卷60《漕运各官》。

史二员,前往淮安"专司稽察"。乾隆二年(1737 年)设巡漕御史四员,"一驻淮安,巡察江南江口至山东交境;一驻济宁,巡察山东台庄至北直交境;一驻天津,巡察至山东交境;一驻通州,巡察至天津"①。总督"分其治于粮储道,道分其治于押运官以治运。总督、巡抚,分其治于粮储道,道分其治于府州县官督粮官以治饷。凡漕运总督一人,督粮道七人,粮储道以巡道守道兼者五人,监粮兼管者一人"②。

就漕运主要官员的职责而言,还负有建设城市、发展地方的责任。例如,漕运总督除漕运事务外,同时兼理河道治理、巡抚地方,"镇守淮安,抚安军民,修理城池,禁防盗贼"③。大量漕运管理人员的驻扎,构成了完备的漕运管理体系,增加了城市人口,活跃了城市商业,扩大了城市建设规模,使淮安成为全国的漕运指挥中心。

漕运机构外,明代淮安钞关是由户部所派主事和淮安府所委佐贰官共同管理,征收船钞商税。淮安府城和清江浦设有税课司,征收商税和门摊课税。景泰年间在淮安设立了抽分厂,天顺年间于淮安府税课司添设副使一员、吏二员,专理抽分事务。

清江浦城,康熙十六年(1677),勒辅出任总河后,即以清江浦为总河驻地。雍正七年(1729 年)正式设立江南河道总督衙署于清江浦,下设道厅等治河机构。这里还设有清江督造船厂,下辖京卫、中都、直隶、卫河四个船厂,雇用工匠达 8000 余人,每年制造平底浅船 500 余艘;此外还设有常盈仓、工部分司、户部分司等机构,常盈仓共计 80 区、800 余间,相关的管理人员众多。以上众多机构人员驻扎清江浦,负责漕船修造、漕河管理以及漕粮储运等工作,常住人口增加,官衙林立,促进了小镇的繁荣,乾隆年间淮安清江浦人口达 54 万人。乾隆《淮安府志》载曰:

> 明平江伯开运河,自故沙河西北至鸭陈口出,与淮通,建闸设坝,此地遂成重镇。国朝河院又移驻于此,舟车鳞集,冠盖喧阗,两河市肆栉此,数十里不绝。北负大河,南临运道,淮南扼塞,以此为最。④

---

① 《清史稿》卷 122《食货志三》。
② 《钦定大清会典》卷 6。
③ (明)杨宏、谢纯:《漕运通志》卷 3《漕职表》。
④ 乾隆《淮安府志》卷 5《城池》。

扬州城漕河管理一般包括河道管理、闸坝管理和水源管理。成化八年（1472 年）设立管河通判,驻扎扬州府,管理江、宝、高、仪四州县运河。景泰二年（1451 年）设漕运总督,每年正月,总督巡察扬州、瓜洲及淮安。弘治三年（1490 年）,命扬州管河通判驻扎瓜洲,管理闸坝。

高邮城明代运河实行分段管理,分为北段、中段、南段三部分。成化七年（1471 年）设立南河分司,驻地在高邮,官员为主事或郎中。成化十三年（1477 年）,运河分为两段管理,南段自济宁至仪征,设立郎中两名分理,驻地仍在高邮。正德元年（1506 年）设立南河郎中,驻扎高邮,负责辖区内河道、堤防的管理。万历时又将运河分为四段管理,分司驻扎高邮。康熙间设立八个河兵营,改河夫为河兵,其中扬州河营驻扎高邮,下辖宝应、氾水、永安、高邮、江都五汛,各汛设千总或把总一员。康熙三十二年（1693 年）,将扬州府管河通判移驻高邮,专管高、宝、江三段运河工程。雍正时将扬州河营分为上下河营,其中上营驻扎高邮州。乾隆时规定河道分为道、厅、汛三级管理,在扬州设立扬河厅、扬粮厅和江防同知,其中扬河厅在高邮城。

邵伯镇位于古运河东岸,明朝初年,在邵伯增设水驿,清代驿道利用运河堤防,北经清江浦,通往北京,南经扬州,可达南方各省。明弘治年间,邵伯船闸左右设坝共 4 座,作车盘船舶之用,同时设置了相关的管理机构。清乾隆时将驻扎泰州的扬粮厅扬粮通判迁往邵伯镇,扬粮厅下辖甘江汛,主簿 1 员,把总 1 员,驻扎邵伯镇。道光二十九年（1849 年）扬运厅与江防厅合并为江运厅,驻邵伯镇。

二、漕运仓储、榷关的设置与城镇发展

1. 水次仓

明初改海运为河运,设立德州、临清、徐州、淮安四大水次仓,然后由军船接运入京通二仓。其中有两座位于苏北地区,一座是徐州的广运仓,一座是淮安的常盈仓。

明代永乐十三年（1415 年）,在徐州城南设立了广运仓,东临运河,置大使、副使各一员,制定了相关的管理制度。宣德五年（1430 年）增置仓廒百余座。1989 年疏浚奎河时发现的广运仓碑,该碑为赐进士出身承德郎户部主事宝应冀绮撰文,乡贡进士莆田林杶书篆,碑文有助于我们对这座仓储的了解。

徐州广运仓在州治南二里许,百步洪环其左,云龙山耸其右,军屯亘乎前,市肆横于后。而仓岿然中立,雄壮阊阓,允为储蓄地。永乐初,文皇帝北上,命大臣营度,比部寻拓充广,为水次仓,盖转输法也。维时冬,官民既工备修造厫座。宣德中增之,通一亘连,计一千间,其广三百九步,袤过广一百一十步。仓外余地,戴诸州藉可徵。第是,仓厅促小,神庙隘陋。四门、门房总二十八间,墙下有堑,直宿有铺,共三十六间。九里沟瓦窑□座,地约廿亩,房廿间;仓门西地十亩,灰窑二座,烧造处也。仓门北地二段,官舍三,燕居所也。甫设判官一、大使二、副使四、攒典十二、斗级一百八十、仓夫一千九十。所贮粮一百万石,皆江浙直隶东南一带民运。数节支漕运,官军司其事者,出纳多弊。户部请于上,肆增部官一员,期年更代。未几,复设内臣二员恒兼之。迨景泰间,粮运直达于京,而所储减三分之二,官夫悉如其减。专之,则原增内、外官也。巡抚诸司无与焉。历天顺来,空敕数多,风雨摧圮,赤白漫漶,存者仅半,地亩榛芜。已而,内外相续者,咸同心勠力,存加修葺,旧者新之,隳者复之,小者大之。若神庙,则仪真柳公琰为之,重修门殿廊房,计十四间也。庙前甃井,为仓人济渴之需。若公厅,则武城高公弼为之,鼎建门堂厢房,计廿一间也。厅后筑山,为同寅游憩之所。墙高有内外之殊,沟深有萦纡之状,槐柳荟郁,松竹交加。凡若此,则中贵定州马公敬、象州韦公赞,襄区画之,功居多焉。成化丙申秋,余来徐州踵厥事。越明年秋,筑桥告成。请莆阳方公文中记之,因叹之:桥成尚记斯仓也。国家大务安得无记,余遂述其概以记。若夫前之有事,于仓内外官其姓名,悉列于碑阴云。

成化丁酉秋九月二日立

仓储的设立影响徐州的繁荣发展和城市规模,景泰五年(1454年),将原来在城外的广运仓扩进城内,徐州城南部规模扩大。

淮安常盈仓也建于永乐十三年(1415年),位于清江浦河南岸,仓厫80座,共800间,是四大水次仓中规模最大的一座。由户部漕运分司监理,置大使、副使各一员。明胡瓒《常盈仓周垣记》描述了弘治间仓储的规模。

仓俯临大淮,厫凡八十有一,联基广凡二百七十八步有奇,周凡一千五百四十四步有奇。廒自永乐壬辰陈恭襄创建……周垣则屹如城墉,色且积铁然,盖水次诸仓所未有者①。

常盈仓至嘉靖年间圮毁严重,隆庆六年都御史王宗沐重建。清嘉庆年间又严重圮毁,道光间重建并改名丰济仓。咸丰间老丰济仓被烧毁,后建造了新丰济仓。明代常盈仓由户部分司监理,清代改为河道总督署管理,今淮安清晏园即户部分司署旧址。常盈仓与清江督造船厂、淮安榷关齐名,在淮安运河史上占有重要地位,常盈仓的设置使淮安成为明代漕运重地,提升了城市地位。

2. 钞关

明初宣德四年在全国设立七大钞关,其中苏北地区就有三座,分别是徐州关、淮安关和扬州关。万历年间经过调整后的七大钞关,苏北地区变为两座,分别是淮安关和扬州关。

淮安税关位于府治西北 12 里的板闸镇。明永乐十四年(1416 年)设户部钞关于此,允许工部分司设卡抽分,并允许户部分司淮安转搬仓征收储粮税。到宣德四年(1429 年),"令南京至北京沿河漷县、临清州、济宁州、徐州、淮安府、扬州府、上新河客商辏集去处,设立钞关,差御史及户部官照钞法例,监收船料钞"。清朝,在此设有户部钞关,专收商品货物税,康熙九年(1670 年)清江闸户部储粮关和工部抽水关也并入了板闸钞关。《山阳县志》载曰:

> 凡湖广、江西、浙江、江南之粮艘,衔尾而至山阳,沿运河北运,虽山东、河南粮艘不经淮安板闸,亦皆遥禀戒约,故漕政通乎七省,而山阳板闸实咽喉要地也。

板闸钞关衙署内驻扎大批收税人员,南来北往船只纷纷前来缴税,逐渐促成了板闸的崛起,发展成为繁华的城镇。设在板闸镇的淮安榷关衙门高大雄伟,规模超过淮安府衙。《淮关小志》诗曰:"板闸人家水一湾,人家生计仗淮关;婢赊斗米奴骑马,笑指商船去又还"。

扬州钞关位于明代扬州新城南门,约在今文汇路与南通路交界处西侧。

---

① (明)胡瓘:《常盈仓周垣记》,载(明)杨宏、谢纯:《漕运通志》,荀德麟等点校,方志出版社 2006 年版,第 293 页。

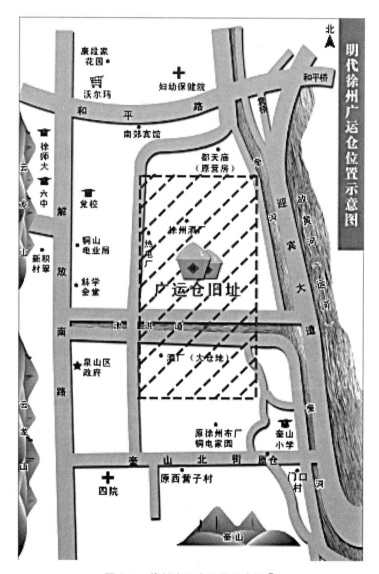

图 4-6　徐州广运仓位置示意图①

① 《彭城晚报》2011 年 2 月 21 日。

明初宣德四年在全国所设立七大钞关之一。万历年间,扬州钞关仍为调整后的七大钞关之一。清道光年间,江苏巡抚林则徐兼管扬州钞关。崇祯时扬州在城之东南七十里的茱萸湾设钞关收税。官署的设置增加了政府财源,提高了城市地位,聚集了南来北往的船只,增加了人员往来,到"明代后期,繁忙的钞关就成了游人欣赏扬州景物中不可缺少的一环……而钞关之夜堪称彼时扬州繁华绮丽展示最为集中的地方"①,从多个方面促进了城市的发展。扬州俗语"一关二盐务",即说明了钞关收入高于盐务的事实。

三、漕船往来以及人员流动与城镇发展

1. 人员往来

运河交通便利了人员的往来,在传统时代,水运交通是较为舒适的交通方式,上至皇亲国戚、政府官员,下至士绅、商人以及普通百姓,往往取道运河,往来其间。康熙六次下江南,往返十二次均取道运河;乾隆皇帝六次下江南,也是乘船顺运河南下。

官员士人上京或外出赴任,也往往利用运河交通,从现存的官员士人"旅行日记"可见当时关于行走运河的情况。例如,明代杨士奇的《北京纪行录》《南归纪行录》,记载了其永乐十二年(1414年)赴北京以及正统四年(1439年)自江西老家往返北京的见闻;明代吴宽的《乙亥上京录》,记载了其成化十五年(1479年)由运河乘船返京的见闻;明代李东阳的《纪行杂志》,记载了其由运河乘船至安山驿,然后自济宁登船返回北京的经过;明代严嵩的《北上志》和《西使志》,分别记载了其正德年间往返运河的见闻;明代杨一清撰《西征日录》,记载了其正德年间行走淮扬运河的情况;明代归有光的《壬戌纪行》,记载了其嘉靖四十一年(1562年)自苏州乘船沿运河赴京应试,次年四月返回的经过;清代谈迁的《北游录》记叙了其往返北京的见闻。

商人等也借助运河往来,将大量的会馆遍布运河沿线,即是一个明显的例子。上述皇亲国戚、官员士绅、商人百姓的往来流动,需要沿途休息游玩,补充给养,这就促进了运河城市的发展。

2. 土宜产品夹带

运河开通的目的是漕运,同时也允许随漕船携带土宜产品,允许运军和水

---

① 王克胜主编:《扬州地名掌故》,南京师范大学出版社2014年版,第325页。

手在沿途登岸进行贸易。明代规定,运军可以携带一定数量的土宜产品,沿途贸易。嘉靖以前,随船搭载的土宜货物有限,运军附载土宜始于洪武时期,①天顺以后,土宜免征税钞。成化、正德时规定了每船准带不超过 20 石的土宜数量。嘉靖以后,允许附带的土宜数量一再增加。天启间工部尚书王佐称:"每船正粮不过五六百石,乃装载私货,不啻数倍。"②到清代时,对携带数量逐渐放松,土宜产品的数量及类型大增,极大地促进了沿途的商品交易,丰富了城市的商品。雍正时增至 126 石,嘉庆时增至 150 石,道光时增至 180 石。③南下回空漕船的搭载也不断增加,"每丁兑完粮后,即满载私货以行,船重如山"④。私商利用运河进行的贸易主要是粮食,一是北方各地所产小麦运往北京,每年有 50 万—60 万石;二是北方的豆、麦通过运河运往南方,当为更多。⑤每年有上万艘漕船经过,大量的运军、水手随船而来,他们在沿途需要采购交换货物,这些贸易活动无疑会吸引众多商人汇集到运河沿岸城镇码头,给沿线城市带来商机。

第三节　盐业发展与苏北城市

在传统社会,盐税是国家经济的重要组成部分,在国家财政税收中占有相当大的比重,历代王朝对盐业的管理经营非常重视。明清时期,天下盐课以两淮最多,有"两淮盐课,足当天下之半"之说。"天下之盐利,莫大于两淮,而浙江次之,山东、长芦则其下者也。故其价,两淮最高,浙江次之,山东、长芦最下。所以然者,何也? 两淮当江河之中,四通八达,水运甚易,浙江则稍僻远,而山东、长芦又深入东偏,陆路数百余里,水路千里之远。故商人报中只于两淮,而浙江差少,长芦全无。"⑥嘉靖年间吏部尚书许瓒曾上奏称:

今长芦、山东、两浙盐利俱轻,惟淮盐为重。淮盐原额七十二万引,除

---

① 封越健:《明代漕船考》,载王春瑜主编:《明史论丛》,中国社会科学出版社 1997 年版。
② 《明熹宗实录》卷 15,"天启二年三月丁酉"条。
③ 光绪《大清会典事例》卷 207《漕运》。
④ (清)毛一鹭:《题为转饷竣事敬佐末议等事疏》,载《神庙留中奏疏汇要·户部》卷 4。
⑤ 邹逸麟:《山东运河开发史研究》,载陈桥驿主编:《中国运河开发史》,中华书局 2008 年版,第 193 页。
⑥ (明)陈仁锡:《皇明世法录》卷 29,学生书局 1965 年版。

原额正课之外,尚多余盐。商人利官掣以厚生殖,而官为掣价,每岁约可七十八万金,于官商两便。若禁而不行,则灶丁必兴贩私盐,非惟七十八万之掣价弃于无用,而一百余万引之余盐,又皆变而为私盐,私盐盛则官盐阻矣。①

苏北坐拥有盐场之利和运河交通之便,成为中国的盐业中心,吸引大批商人前来定居,促进了苏北运河城市的发展。盐与城市的关系主要体现在两个方面:一是位于产盐地;二是位于食盐集散中心,有大批盐商聚集。明清两淮都转运盐使司,治所在扬州城,下辖三个分司,分别为泰州、通州、淮安分司。

一、盐务管理机构的设立和盐商的聚集

元代对盐业十分重视,至正二十一年(1361 年)"议立盐法,置局设官以掌之"②。至正二十六年,置两淮都转运盐使司,设运使、同知、判官、经历、照磨、知事等职。明朝建立后,盐法日趋完备,明清全国有两淮、两浙、长芦、山东、福建、河东六个都转运盐使司,其中两淮盐区位于苏北,产盐量高,盐税丰厚,有"淮盐课额,甲于天下"的说法。明初朱元璋"始置两淮盐官"③,正统间诏令每年定差御史一员巡视两淮盐课。明代两淮都转运盐使司设于扬州城,下辖通州分司、泰州分司、淮安分司,还设有两个批验盐引所,辖有 30 个盐场、17个巡检司。明代两淮都转运盐使司机构庞大,设有各级别的官员,据《明史·职官志》记载:

> 都转运使一人,从三品。同知一人,从四品。副使一人,从五品。判官无定员,从六品;其属经历司经历一人,从七品。知事一人,从八品。库大使、库副使各一人。所辖各场盐课司大使、副使,各监仓大使、副使,各批验所大使、副使,并一人,俱未入流。④

清初的盐法制度大概因循明制,康熙年间经过多次改革,巡盐御史更名为盐政,两淮巡盐御史亦被称为两淮盐政,驻扎扬州。负责巡视两淮盐课,督查盐务群臣,"掌察群吏,纠其征收督催之不如法者,以时审其价而酌剂之,凡盐

---

① 《明世宗实录》卷 265,"嘉靖二十一年八月辛巳"条。
② 《明太祖实录》卷 9,辛丑年二月甲申。
③ 《明史》卷 80《食货志四》。
④ 《明史》卷 75《职官志四》。

赋之奏课与盐法之宜更者奏报以闻。"①两淮盐官除巡盐御史之外,还有盐运使、运同、副使、运判、监掣同知、盐引批验所大使、库大使、经历、知事、巡检盐课司大使等官。盐业在苏北城市发展史上占有重要的地位,盐业、盐商与运河紧密结合,盐商聚居最多的地方是扬州,其次为淮安,促进了明清时期扬州、淮安城市的发展,商人中尤其以徽商居多,其次是山陕商人。

扬州是一个移民的城市,"地当南北之冲,商贾辐辏,百货云集。在昔鹾业之盛,莫与伦比"②,"两淮盐业经济是扬州的传统产业,明清时期盐业成为这座城市赖以生存和发展的支柱产业"③。明代设立了管理两淮盐业的盐务衙门——两淮都转运盐使司,治所在扬州城,下辖 3 个分司,其中泰州、通州二分司皆位于淮南,淮安分司则地跨淮河南北,治所设在安东县。两淮之盐一般均由盐商经过运河运到扬州和淮安,然后贩运到各处销售,新城沿运河的河下街一带成了盐商的集中聚居区,来自陕西、山西、湖广、江西等地的商人纷纷来此经营,促进了城市的繁荣。清代前期,盐运数量达到高峰,乾隆、嘉庆时期,是扬州盐业的极盛时期,盐业对于扬州繁华的作用突出。清代所设立的两淮盐漕察院,是两淮盐区的最高长官巡盐御史的办公场所,位于开明桥东南。雍正九年改称两淮盐政,道光十二年两淮盐政由两江总督兼任。

盐商对扬州城市建设以及城市生活都带来了一定的影响,前者如盐商在园林建造、市政建设方面的行动,后者如对饮食、服饰等生活习俗的影响。当时的扬州,盐商云集、盐船如梭、店铺林立、会馆园林众多,创建了浙绍会馆、湖北会馆、湖南会馆、宁波会馆、岭南会馆、山陕会馆等地域性商人会馆二十余处,城内遍布盐商的豪宅、园林,黄钧宰《金壶浪墨》称:"天下殷富,莫逾于江浙;江浙繁丽,莫盛于苏扬。"盐商们积极投身市政建设,出资挖竣运盐河道,修桥补路,设立育婴堂、普济堂等慈善机构,捐资创办安定书院、梅花书院、敬亭书院、淮扬书院等,支持刻书藏书业的发展。尤其是大量建造园林别业,为迎合乾隆皇帝南巡,园林建设形成高潮,从御码头到平山堂,排列有江、程、洪、

---

① (清)王安定等:《重修两淮盐法志》卷 129《职官上》。
② 民国《续修江都县志》。
③ 王鑫磊:《一座世界名城的文明多元化——扬州瘦西湖景观历史演进的文化解读》,东南大学出版社 2013 年版,"序言"。

张、汪、周等诸家园林。有研究者指出："扬州和盐商是互为影响的两个层面，两者在不断地交互中共同得到发展。没有扬州的历史地理优势地位，盐商也就没有发展的基础，而盐商的发展壮大及其在扬州当地的政治、经济、文化、生活中产生的作用，也反过来进一步推动了扬州各方面的发展进步。"①扬州盐宗庙的创建，也从一个侧面反映了扬州盐业的发达。扬州盐宗庙建于同治十二年（1873年），为盐运使方浚颐所建。扬州盐宗庙长期不为人知的原因，是同治十三年将盐宗庙更名为曾公祠，曾公祠的名义掩盖了它。②

淮安是淮盐转运的一大枢纽，盐的转运以商运为主。明初两淮运司设有两个批验盐引所，一个在仪真，另一个在淮安。"淮北掣盐厂在山阳"，位于淮安山阳县城西北的河下镇，西、南两面临运河，北侧为古淮河山阳湾，是淮盐行销的重地，"自高堰而北，由板闸则通淮北诸盐场，自高堰而东，由泾河、黄浦则通淮南诸盐场，自堰而西则通盱眙，自堰而南则通天长，东西二百余里，南北四百里，其地至为要害"③。明中叶"开中法"的实施使"盐策富商挟资而来，家于河下，河下乃称极盛"④。在淮盐商中以徽商、晋商为主，徽商中的程氏曾长期担任盐务总商，除此以外，也有福建、浙江、江西及江苏本地商人⑤。山西、新安、河南来业盐者，有杜、阎、何、李、程、周诸姓。⑥ 而且还有部分盐商自扬州迁来，例如程氏、曹氏两支。河下镇发展形成"东襟新城，西控板闸，南带运河，北倚河北，舟车杂还，凤称要冲，沟渠外环，波流中贯，纵横衢路，东西广约五六里，南北袤约二里"的城镇。大量的会馆公所创建于此，例如润州会馆、福建会馆、四明会馆、江宁会馆、江西会馆、湖北公所等。当时的河下，有街22条，巷91条，坊13处，街衢巷陌十分繁密⑦。

泰州，洪武元年将两淮都转运盐使司设在泰州，还从江南苏州等地迁移人

---

① 王鑫磊：《一座世界名城的文明多元化——扬州瘦西湖景观历史演进的文化解读》，东南大学出版社2013年版，第59—60页。

② 韦明铧：《绿杨深巷——带一本书去扬州》，南京师范大学出版社2009年版，第32页。

③ （清）顾炎武：《天下郡国利病书》原编第10册《淮安》，《续修四库全书》卷596，《史部·地理类》。

④ （清）王觐宸：《淮安河下志》卷1。

⑤ 吴鼎新、张杭：《明清运河淮安段的社会经济效益评价研究》，《淮阴工学院学报》2009年第4期。

⑥ 程钟：《淮雨丛考考证类》。

⑦ 荀德麟：《河下兴衰》，《江苏地方志》2011年第5期。

口到泰州,盐船在泰州过坝时要进行停靠检查。于是城北地区变得异常繁忙,城北坡子街、东大街、西仓大街一带,商贾云集,居民增加,造船业、商业逐渐发展。

清咸丰年间,因太平军占据扬州,食盐不再转运,而是直接由泰州南部的龙窝口运出,大量船只聚集于此,促进了城市的发展。

西坝,淮阴西坝南临黄河与清江浦相望,清道光十一年(1831年),两江总督陶澍实行盐政改革,废"纲盐法",创"票盐法",打破了官商对食盐的垄断经营,将淮北掣验盐引所由河下迁至西坝。政府在此设立税卡,征收盐税,一时间聚集了18家盐栈、72家盐局,街道纵横,商铺林立,一派兴旺繁荣景象,偏僻郊野渐为闹市金窟,其繁富之名遂冠于淮上。地方志评价说,"西坝区区数里之地,管钥噤喉岂不重矣"。20世纪30年代,民国政府再改盐政,淮北盐场不再经西坝掣验,百年繁华至此遂衰。

二、产盐区或地处盐运要道的城镇

1. 淮安

淮安早在明代之前就是重要的食盐转运地,唐垂拱年间开凿的盐河,"通海、沂、密等州"。北宋间开凿了楚州支家河,"导涟水与淮通"。明代"开支家河接涟水,据十场津要,以通公私,舟楫往来,民甚便之"①。淮安分司原辖庙湾、白驹、刘庄、伍祐、新兴、板浦、莞渎、临洪、徐渎浦、兴庄团十座盐场。正统间以路途远近不同将两淮盐场分为两种类型,其中白驹、刘庄、伍祐、新兴为上场;正德年间又将盐场分为上、中、下三等,新兴、庙湾、伍祐、刘庄、白驹为中场,莞渎、临洪、板浦、徐渎为下场。明代后期,淮安城西北关厢最为繁华,就是运道变化和实行运司纳银制度后,吸引大批盐商到此居住所致②。

2. 板铺镇

板铺镇,位于海州"北有于公、白沟等浦,皆产盐"。海州板铺镇自唐代时就是著名的产盐区,元代设盐司令一员管理盐的生产和收储。至元朝末年,板浦位居海州四大盐场(板浦、莞渎、徐渎、临洪)之首,舟船云集,商旅往来频繁。明代板浦隶属淮安两淮都转运盐使司管辖,清康熙十七年(1678年),徐

---

① 万历《淮安府志》卷3《建置志·廨舍》。
② 高寿仙:《漕盐转运与明代淮安城镇经济的发展》,《学海》2007年第2期。

渎场并入板浦场。乾隆二十八年(1763年)改属海州盐运分司管辖,驻地板浦。清代板浦有盐场81处,总灶丁盐判及板浦盐场大使署驻扎于此。板铺镇地处灌河口通往淮安的运盐河沿岸,是运盐到淮安的重要集散地,有"淮北盐都""小上海"等称誉。据地方志记载,到嘉庆九年(1804年),板浦场户口灶籍2880户,男女共14534口。据统计,在一平方公里的古城区内,寺、庙、宫、堂、院、祠就有二三十处,主要的有"三堂、四宫、九寺庙,一观、二院、四名祠"①。

3. 盐城

盐城因产盐而得名,是名副其实的盐的城市,盐业历史悠久,战国时已经初具规模。宋代黄河夺淮以后,盐场自范公堤不断西移。明清淮安所属盐城县"东滨海,有盐场"。为保护盐业发展,永乐十六年(1418年)将土城改筑为砖城,周长七里多。明初大量人口前来从事盐业生产,带动了商业、运输业的发展,城市人口快速增加。据研究,在盐场地名当中,至今仍保留着"团""灶""总""仓"等与盐业生产管理相关的名称。

4. 东台镇

东台县东台镇东临大海、西接运河,地理优势明显。明初东台为泰州盐运分司所辖的九大盐课司之一,武宗正德十五年(1520年)泰州盐运分司署移置东台场。清雍正元年(1723年),置水利同知,驻东台,管理里下河水利。乾隆三十三年(1768年)分泰州东北九场、四乡设置东台县,治所在东台镇。据研究,明清两朝是两淮盐业的极盛时期,也是东台镇形成以盐业为中心的专业性市镇的时期。明万历末年,东台境内有盐商70多人,其中26人居住在东台镇。清代镇上有20多个商业行业,近200个商户,跟盐民生活和盐业营运密切相关的典当业、钱庄业和木业发展较快。②

5. 庙湾镇

阜宁县庙湾镇靠近运盐河与大海,在明初时仅仅是一座盐场,明代淮安分司下辖十处盐场(白驹场、刘庄场、五裙场、新兴场、庙湾场、莞渎场、板浦场、徐渎场、临洪场、兴庄场)之一。万历二十三年(1595年),漕抚李戴跨运盐河修筑城池,以运盐河是护城河,称庙湾镇,设城门5座:东为观海门,西为靖淮门,大南

---

①　姚祥麟、姚欢欢:《板浦春秋》,吉林文史出版社2012年版,第123页。

②　董德保:《串场河畔繁华市——东台镇商业小史》,载江苏省商业厅商业史志办公室编:《江苏名镇商业》,江苏人民出版社1991年版,第58页。

图 4-7 《两淮盐法志》所载泰坝过掣图

门名迎熏门,小南门名定海门,北为拱辰门。清雍正九年(1731 年)析山阳县东境马逻、羊寨等图,盐城北境仁义、长乐诸里,合场灶及海滩新涨之地,增设阜宁县,县城设在庙湾镇。庙湾镇政治地位提高,人口、机构增加,有利于城镇的发展。

　　总之,明清时期苏北运河城市的发展,是自然与人文诸多因素共同作用的结果,明清京杭运河带城镇经济呈现出显著的共性特征:优越的水环境、便捷的交通网络以及国家漕运政策、盐务政策的实施等,推动了苏北运河城镇的发展。河工、漕运、盐务都是国家财政的重要内容,反映了运河城镇发展与王朝政治的密切联系。由于交通的便捷,沿运城镇无不人口众多,物资充盈,商贩云集,市肆栉比,是当时全国商业活动最频仍、交易量最大、经济最繁华的地带。明清时期沿运河一线形成了一条以运河商路为依托,以沿运城镇为载体的商贸经济带,城镇的商贸经济繁荣且活跃,而这些运河城镇便共同构成了全国性的运河城市群带。被称为运河沿线四大都市的淮安、扬州、苏州和杭州,实际上就是整个运河城市群的核心城市。所可注意的是,运河四大都市中,江苏占了3 个,其中苏北就有 2 个,此等形势,足以说明苏北在京杭运河中的地位和作用。从中观视域来看,苏北运河城市自成体系,构成了一个相对独立的运河城市群,其核心城市即为淮安和扬州。明清时期苏北运河城市群最终形成,并且取得了突破性成就,达到了历史时期最高的发展水平。

第五章 苏北运河城市的衰落及转型发展

运河是苏北沿河城市发展的灵魂。在现代化的苏北城市发展进程中,运河作为重要的自然资源和环境载体,不仅关系到城市的生存,同时也制约着城市的发展,成为影响城市风格内涵和美化城市环境所不可忽视的重要因素。在中国传统社会,由于国家政治、经济及军事等方面的考量,运河担负着重要的交通运输功能,成为封建王朝的重要生命线,沿线城市的兴衰与之相伴随。步入近代社会以后,河道变迁、新式交通工具的传入使运河旧有的交通运输功能发生了嬗变。特别是在当前苏北城市现代化的发展进程中,其所发挥的功能更加多元化,不仅成为城市的水源地、交通水道、旅游景区、历史文化遗产,而且在城市生态环境改善、拓展城市发展空间等方面也显示出其不可替代的作用。

第一节 苏北运河城市的衰落

"漕运乃中国大政",自秦汉以来,漕运一直是中国古代政治、经济生活领域中最重要的大事之一,直接关系国家命脉。但到晚清时期的光绪二十八年(1902年)正月,清政府宣布废除漕运制度,运行了两千多年的运河漕运最终成为历史记忆。漕运走向没落,有着深刻的制度、政治、社会和自然等诸多方面原因。交通地位下降以及军事战争的影响,是城市衰落的直接原因,但前者的影响更加深远,后者的影响相当短暂。而社会结构的变化,则是苏北运河城市衰落的间接原因,具体表现为社会的结构性缺陷、社会应灾能力下降以及失业人口的增加。

一、交通地位下降与城市衰落

轮船、火车等新式交通工具的使用对运河漕运产生了强大的冲击力。清道光二十八年(1848年)首次采用海运运输漕粮,咸丰二年(1852年)江浙漕粮改为海运,咸丰三年湖北、湖南、江西、安徽四省漕粮改折,光绪二十六年(1900年)南漕(此指从湖北荆州地区征收的官米)改用火车由天津运往北京。至此,漕运几乎完全被海运、铁路取代,进入了名存实亡的时期。黄河是中国的一条泥龙,以"善淤、善决、善徙"闻名,自1128年长期夺淮以来,运河漕运与黄河关系至为密切,但也因此而备受黄河淤积、决徙之害。黄河泛滥,不断地淤塞京杭大运河的河道,直接影响正常的漕运。1855年黄河在河南兰阳铜瓦厢决口北徙,改由山东利津入海,从此结束了长达727年的夺淮历史,但这也在一定程度上动摇了运河漕运。

明清时期苏北城市之中,淮安的地位格外重要,最具典型性和象征意义。淮安不仅是苏北运河城市的代表,也是整个京杭运河沿线城市的缩影,因此以淮安为个案和突破口,探索苏北运河城市的兴衰起落是比较恰当的。淮安处于京杭大运河中点,明清时期黄、淮、运交汇于清口一带,淮安因此成为整个京杭运河的咽喉和天下交通的枢纽,成为明清时期全国漕运指挥中心、河道治理中心、漕粮转输中心、漕船制造中心、淮北食盐集散中心,这一切给淮安带来了高度的繁荣。无论是河道治理、漕船制造、榷关收税,还是食盐运输,均与运河及漕运密切相关,因此淮安的兴盛完全是在漕运的刺激下出现的。而当清末漕运式微并最终废止后,淮安地位急遽下降,经济迅速走向衰败,漕运兴盛时的繁盛场景成为明日黄花。可以说,淮安城市的命运是与运河漕运紧紧捆绑在一起的,运河漕运通,则淮安城市兴;运河漕运塞,则淮安城市衰。在苏北运河沿线,也有一些因运河、漕运而兴起的城镇,典型者如窑湾古镇。下面即以淮安、窑湾为例,具体说明运河漕运与明清时期苏北城市兴衰之间的互动关系。

与其他运河城市一样,淮安的兴衰起落无不与运河及漕运紧密地联系在一起,运河及漕运的每一点变化,都会直接地反映到淮安城市经济发展上来。运河畅通,漕运兴盛,则淮安繁荣;运河阻塞,漕运不振,则淮安衰败。海运兴起之后,使得淮安丧失了漕粮南北转运枢纽的独特地位,这是淮安走向衰落的关键因素。对于这一点,江太新、苏金玉二位先生曾有精到的分析:道光二十八年,清政府举办第二次海运,将苏、松、常、太四府应征漕粮100多万石由海路运往天津。咸丰元年,又将苏、松、常、太四府白粮数万石改行海运,咸丰二年,苏、松、常、镇、太五府漕粮 100 万石改行海运,此后苏松粮道所属数十州县漕粮以海运为常制。咸丰二年,浙江省漕粮也改行海运。咸丰三年,湖北、湖南、江西、安徽四省漕粮实行改折,以征收银两代替征收粮食。此后,长江流域征实起运的漕粮,只有改行海运的江苏、浙江两省了。江浙漕粮改由海运后,以及湖北、湖南、江西、安徽四省漕粮改折后,长江以南六省区就没有漕船经过淮安了。历年来由江南各省携带来的大量货物也就没有了,几万漕船水手、舵工、运丁也不再往来淮安了,为漕运服务的数量巨大的各类人员也少了。这使得淮安市场商品出现严重短缺,数十万计的消费者消失。这给昔日商品充足,人流如织的淮安带来了巨大的打击。① 咸丰五年(1855 年)黄河北决而去,主要负责治理江苏境内黄河与运河的江南河道总督随之被裁撤,而由漕运总督兼领。但随着大量漕粮经由海运,漕运总督也成为闲职,昔日从一品之大员如此凋零,淮安之政治地位亦大大降低。

近代以来,火车、轮船等交通运输工具传入中国,对中国传统的水陆交通运输体系产生了巨大的冲击,这无疑是一场中国交通运输史上的革命。这场革命使得传统城市格局和城市体系受到了严峻挑战,而作为运河之都的淮安首当其冲。随着海运的兴盛与津浦铁路、陇海铁路的通车,淮安彻底丧失了南船北马的水陆交通枢纽地位,从而迅速地走向衰落。对此,文献中多有记载,如光绪《淮安府志》云:"云帆转海,河运单微,贸易衰而物价兹。"又云"漕艘停运,江海通轮,舟车罕至,遂日即凋敝,而莫之或卹。"其一落千丈、凋残枯萎之情景可以想见矣!

造成窑湾衰落的主要原因是运河的淤塞和衰落,新型运输工具铁路的代替。民国时期,新型交通运输方式的出现,即公路和铁路,使运河的运输功能相对于其他运输方式呈逐渐减弱趋势,不再占据主导地位。清末至民国,京津铁路、津浦铁路、沪宁铁路、东陇海铁路等的修建,此时的运河却已经残破不堪,而铁路交通又是迅速易达,既和运河平行,自然夺取运河的运输。到抗战时期,运河则完全淤塞。民国中后期以后,窑湾开始逐渐衰落。抗战以后,运河完全淤塞,运河在窑湾境内的经济功能消失了,遂使这个自发形成的商品贸易集散地顿时丧失经济地理位置优势,逐渐走向了衰落,趋于沉寂。窑湾也像

---

① 江太新、苏金玉:《漕运与淮安清代经济》,《学海》2007 年第 2 期。

运河沿岸其他城市那样,因为运河的淤塞而衰败。但窑湾的衰败有着自身的特点,即缓慢的衰败,具有滞后性,区别于其他城市因运河的淤塞而迅速衰落。窑湾是商品经济的集散点,具有多向性,所以在失去运河的优势后,又借助千年古盐道和商道及骆马湖的水运,成为周边地区的集散点,艰难地维持着发展。面对新式交通工具的变革,公路和铁路代替了运河成为主要的交通运输方式,窑湾从此更是一蹶不振。新中国成立之后,计划经济为主体,取代了商业的自由贸易,窑湾也日益边缘化了。

二、战争与城市衰落

晚清时期动荡的社会局势对漕运极为不利,尤其是声势浩大的太平天国革命和捻军起义给漕运以沉重的打击。此诚如张强先生所说,在长达十四年的太平天国运动中,两湖、江浙地区或为太平天国所控制,或为太平天国与清政府重点争夺的地区,这些地区既是清王朝漕粮的征集地,同时也是清政府漕运的重要地区,因战争频仍,清政府在江浙一带的漕运几乎处于瘫痪的状态。战争对苏北城市造成了重大破坏。

扬州作为太平军与清军的主战场,清军的江北大营就设在扬州城外,双方曾经在扬州一带展开反复争夺。太平军先后三次攻占扬州城,分别是咸丰三年二月、咸丰六年三月、咸丰八年九月,但并未做长期占领的准备,第一次时间最长有九个月,后两次则为十余天。战争对扬州的破坏极大,双方均大肆抢劫,昔日豪宅连云,均成断墙残垣,扬州著名的藏书楼文汇阁即毁于战火之中。太平军每次撤出时均裹挟大量民众,十室九空。此虽力图恢复,但由于盐业衰败,城市日趋萧条。时人在诗歌中抒发感慨:"繁华旧说扬州好,我生扬州苦不早。"

淮安的衰落不仅因为太平天国农民战争造成的漕运停顿,还与皖北的捻军攻掠有直接关系。咸丰十年(1860年)捻军进攻淮安,清江浦、河下、板闸、西坝等地均横遭焚掠,夷平城镇,荼毒生灵。特别是攻掠清江浦,焚毁了清江浦二十里长的街市、户部粮仓和四大船厂。"纵火焚烧,三日不绝,焦烟墨土中繁华皆尽"。城内建筑几乎尽数被焚,南河总督署被烧得只剩下临水的荷芳书院,其余官署无一幸免,就连普通人家亦被洗劫一空。河下镇盐商兴筑的大小园林皆成灰烬瓦砾。这给淮安带来了巨大冲击,淮安顿时陷于萧条。太平天国失败后,1864—1868年的捻军起义虽遭到清政府的残酷镇压,但他们纵横驰骋于河北、山东、山西、陕西、河南、湖北、安徽、江苏八省之间,也在一定程度上打乱了清政府的漕运秩序。如捻军曾一度进攻漕运重镇淮安府等,虽然因为淮安三城城防坚固,捻军未能得手,但都给清政府的漕运造成重创。①

除了优越的经济地理地位逐渐丧失而外,窑湾同时遭遇了此起彼伏的战乱的摧残和打击,这对于窑湾社会的由盛转衰无疑是雪上加霜。1932 年,上海一·二八事变使窑湾经济受到一次打击。1937 年,全面抗日战争爆发,不久,战火烧到新沂附近,正常生活秩序全被打乱,从此窑湾的商业就日益萧条。② 战争固然是其中的因素,但不是主要导致窑湾衰落的原因。如果是战争或者自然灾害迫使一个镇经济遭到破坏,那么它可以在一定的时间内得到恢复与发展,尤其像窑湾这样拥有雄厚经济基础的地方。

三、社会结构缺陷与城市衰落

漕运征收实行定额制,国家财政机构只关注漕粮税收的征集与解运,忽视在中间层次上建立起高效的后勤保障;官员们只关心完成定额,无成本意识,无长远规划;上下级部门在权利、义务之间没有形成良性互动;耗费巨资运来的漕粮主要供给京师八旗官兵俸甲开支,而于国家财政无补。可见漕运制度内部存在着结构性缺陷和矛盾,而这种矛盾在清代愈来愈表现得突出而严峻,这是造成漕运衰落的制度原因③。清嘉、道时期,随着吏治的腐败,漕运官员贪污腐败成风,其严重程度远超于其他政府机构,漕官的贪渎行为极大地危害了漕运秩序的正常运作。史称:

> 凡漕兑,首重米色。如有仓蠹作奸,挽和滋弊,及潮湿霉变,未受兑前,责成州县,既受兑后,责在弁军,核验之责,监兑官任之。如县卫因米色争持,即将现兑米面同封固,送总漕巡抚查验,果系潮湿挽杂,都令赔换筛扬,乃将米样封送总漕,俟过淮后,盘查比较,分别纠劾。然运军勒索州县,即借米色为由。州县开仓旬日,米多廒少,势须先兑。运军逐船挑剔,不肯受兑,致粮户无廒输纳,因之滋事。运军乘机恣索,或所索未遂,船竟

---

① 张强:《漕运与淮安》,《东南大学学报(哲学社会科学版)》2008 年第 4 期。

② 炳南:《窑湾为什么叫小上海》,载新沂县政协文史资料研究委员会编:《新沂文史资料》第 1 辑,第 132 页。

③ 倪玉平、荀德麟:《明清时期的全国漕运中枢淮安》,中国书籍出版社 2008 年版,第 269—289 页。

开行,累州县以随帮交兑之苦。及漕米兑竣,运弁应给通关。通关出自尖丁。尖丁者,积年办事运丁也,他运丁及运弁皆听其指挥。尖丁索费州县,不遂其欲,则靳通关不与,使州县枉罹迟延处分。运军运弁沆瀣一气,州县惟恐误兑,势不得不浮收勒折以供其求。上官虽明知其弊,而惮于改作。且虑运军裁革,遗误漕运,于是含容隐忍,莫之禁诘。州县既多浮收,则米色难于精择。运军既有贴费,受兑亦不复深求。及至通州,贿卖仓书经纪,通挪交卸,米色潮湿不纯之弊,率由于此。积重难返,而漕政日坏矣。①

四、应灾能力下降与城市衰落

漕运、河工、盐务三大政衰败给苏北社会带来了相当不利的影响,使苏北成为一个衰败地区。因漕、河两政的裁废,使苏北地区在清王朝整个版图中的战略地位急剧下降,财政拨款急剧减少,明清两代兴建的各种水利设施管理废弛,抗灾能力下降,同时朝廷对苏北的赈济和蠲免也大大减少。明清两代兴建的各种水利设施管理废弛,抗灾能力下降,水旱灾害不断。《续纂山阳县志》分析说:

> 历代因漕运节节置闸束水,以利航行,而灌溉亦借资其利。自漕运废,沿运闸坝不修,水失节宣之用,病一;微山湖淤浅,湖壖放垦,水少停蓄之地,病二;三河坝启闭失节,水无容留之时,病三。于是,夏秋则任其宣泄,冬春遂苦其浅涸。②

《民国续纂清河县志》也称:

> 黄水侵入洪泽湖,湖益淤垫,淮无所潴。逮庚子以后,运河停办,十余间工钜币绌,运道维浚不时,闸坝亦渐倾圮。每伏秋汛涨,蒙沂诸水,直趋运河,宣泄不及,则分灌旧黄河、盐河、六塘河,拍岸稽天,时虞溃决。若冬春水涸,运河枯竭,交通灌溉兼受其弊。③

1906 年苏北大水,“受灾之处,计长八百里,阔五百里。彼此民人约四百万,如此巨灾,为近来四十年中所未有”④。另外,河工、漕运、盐务鼎盛时,清

---

① 《清史稿》卷 122《食货志三》。
② 《续纂山阳县志》卷 3。
③ 《民国续纂清河县志》卷 3。
④ 《时报》,光绪三十二年十月二十八日。

王朝为了河、漕、盐三大政的安宁,对灾民的赈济和蠲免措施也比较及时。由冯煦总纂的《民国宿迁县志》说:"本朝二百年来,国有凶荒,蠲贷立沛,虽饥不害。"①虽系夸大其词,但亦非空穴来风。可是,"自兵变后(太平天国后),赈给之举久已无闻。蠲缓亦成故事"②。

五、失业人口增加与城市衰败

苏北城市和市镇是靠服务河工、漕运、盐运发展起来的,扬州城的"二分明月"、清江浦的"十里长街"、淮安城的"百货山列";典雅秀美的园林、名闻遐迩的淮扬菜、独树一帜的花灯风筝,都是在盐商财富和南河、漕运两大督府的支撑下发展和兴盛起来的。河工和漕运造成的物资和服务的机会还扩散到广阔的乡村。《光绪阜宁县志》称:"尔时河工厢埽,岁需芦苇数百万束,苇利尤厚。""乾嘉以降,缘以兴家者甚众。""南河盛时,三厅七汛,取多用宏,贫民不无溉润。"③由于苏北灾害频繁,"地不足以养生"的情况比较普遍,河工、漕运和盐运给大量的人口带来"力食致饱"的机会。地处漕运中枢的清河县,"春夏有粮艘之载挽,秋冬有盐引之经道,河防草土之事,四时之中无日休息。贫民失业,力食致饱,或白手空游而得厚实"。④ 在宿迁县,"当河漕全盛之日,岁有修防,蝇集蚁附。挽输所至,百货充盈。末技游食之民,谋升斗为活。及时移势异,徒噪空仓,私贷竟趋,官征无偿,转徙日众,莫之或拯也"⑤。

黄河北徙、漕运改道、盐业衰败则使堡夫、浅夫、闸夫、汛兵、河营、漕夫等"官司夫役"失去了工作机会和收入来源,附近贫民也失去"力食致饱"的工作机会。"自河流北徙,漕运改章,向之千指万插者,今则悉成游手"⑥。地方志中也说,"自票运经西坝而纲盐废,河决铜瓦厢而漕运停。居民峕一弦诵佃作,无他冀倖"⑦。"居民峕一弦诵佃作,无他冀倖"意味着"佃作"遇到自然灾害袭击后,河、漕、盐再也不能提供"力食致饱"度过灾荒的机会了。故时人感

① 《民国宿迁县志》卷7。
② 《光绪清河县志》卷7。
③ 《光绪阜宁县志》卷1。
④ 《光绪丙子清河县志》卷1。
⑤ 《民国宿迁县志》卷2。
⑥ (清)刘锦藻:《清朝续文献通考》卷378《实业一》。
⑦ 《同治山阳县志》卷1。

叹道：淮安"河下自盐务改票，贫民失业，生无以养，死无以葬"①。

城市衰落使得原有服务于奢侈消费的职业丧失。著名作家陈白尘的父亲早年曾以扎花灯为业。其父亲扎一盏"水漫金山"或"孙悟空大闹天宫"的花灯在扬州的灯会上要卖几石米。"那里的盐商有钱，才能买得起。可如今扬州也不行了。"扎花灯的生计弥于无形②。

河、漕、盐鼎盛时期，极少出现苏北饥民"蜂拥渡江，就食江南"的情形，因为一方面河工、漕运可以安排大量灾民工赈；另一方面扬州、淮安等城市对饥民、流民也有较强的赈济和留养功能。但是，河、漕、盐三大政衰败后，城市自身，"贫民失业，生无以养，死无以葬"；"冗食之人多"，"而治生之源窘"。城市本身人口都无力养活，当然无力赈济留养大批灾民。

《光绪盐城县志》说，过去每次灾害的发生都伴随着大量失业灾民出外就食，一般均就食江南。

> 盐邑流民多逃往山阳，皆无渡江而南之说。路近则邦族易复，途远则乡间难归，其时尤有安土重迁之思。今则每遇水旱，穷佃隐民，竟弃田庐，携妇孺过江乞食。③

又如据《申报》记载，1876年江苏水灾后，"江北被灾之老幼男女出境就食者，不下20万人"④。1910年，"淮安、扬州、江宁、平湖、海州等处，老弱流亡，络绎道路，或数百人为一起，或数千人至万人为一起。汉口地方乃聚至20余万人"⑤。

第二节 城市水运交通的转型

在传统的苏北城市社会中，在使用自然动力的交通工具受到工业文明冲击前，运河主要承担着基本的粮运、盐运及旅客往来的功能。西方交通运输文明和新式交通运输工具传入后，苏北运河城市传统交通运输受到巨大冲击，打

---

① 《淮安河下志》卷3。
② 陈白尘：《对人世的告别》，生活·读书·新知三联书店1997年版，第25页。
③ 《光绪盐城县志》卷2。
④ 《申报》，光绪二年（1876年）十二月二十八日。
⑤ 李文治：《中国近代农业史资料》，生活·读书·新知三联书店1957年版，第723页。

破了以运河为中心的交通地理格局,传统功能走向衰落。随着现代城市的急剧发展以及人口、物资的汇聚,运河与沿江、沿海港口联系的拓展以及运输成本的低廉,使其在未来苏北社会经济发展中扮演着越来越重要的角色。

一、传统水运交通的转型与顿挫

水是生命之源,河流是人类文明的发祥地和城市的摇篮,历史上几乎所有城市都和河流有关。早期河流主要向城市提供饮水,后来随着社会的发展,人口大量向城市集聚,而城市本身又不具备生产消费品的功能,因此为沟通城市与乡村或与其他城市交换商品,人们开始频繁往返于城市或城乡之间。原本主要向城市提供饮水功能的河流,逐渐增加了交通和运输功能。和平时期城市依靠河道运输自身所需要的消费品,战争时期则通过河道输送军队所需要的粮秣器械物资,因此水运交通变迁直接影响沿线城市的兴衰,这在人工河流上表现得更为明显。

苏北地处江淮下游,气候温和适宜,雨量充沛,地势较平坦,自然环境较为优越。苏北平原为中国东部沿海大平原的重要组成部分,平原上河川纵横,湖荡密布,水运资源十分丰富,主要有沂沭泗水系、淮河水系以及濒临的长江水系。沂沭泗水系发源于山东沂蒙山区,流经鲁、苏两省,泗水是该水系中最主要的河流,经鲁西南平原地区进入江苏,流经徐州、宿迁、泗阳、淮阴,注入淮河。沂河、沭河发源于泰沂山脉,两河相距约20公里,从沂蒙山区并行南流,至苏北入海。沂沭河原是泗河的两大支流,本互不相干,二者发生联系继而影响运河河道,是明中期以后的事,且与沭河上的禹王台工程有直接关系。研究发现,从12世纪末至19世纪中期,黄河南徙夺泗水徐州以下水道,过淮河下游入海。由于黄河时常泛滥,泥沙淤积,打乱了沂沭泗等河流入淮路线。在新中国成立前,水灾在淮北地区频现。[①]

淮河水系位于苏北中部,横贯苏中,独流入海,河宽水深,是江苏沟通中原的重要交通水道。历史上多次受到黄河夺淮的影响,尤其是宋金以后黄河长期夺淮,淮河下游尾闾不畅,水患频发。古淮河下游湖泊众多,有射阳湖、大纵湖、洪泽湖、白马湖、宝应湖、高邮湖、邵伯湖等,密布的湖泊成为重要的水运资源,人工开凿的邗沟、山阳渎、淮扬运河、里运河均是利用湖泊水运资源的重要

---

① 邱树森主编:《江苏航运史(古代部分)》,人民交通出版社1989年版,第10页。

交通水道,故淮扬间运河在明代时又称"湖漕"。明清以后为解决淮河洪泽湖的泄水问题,实施了归江入海工程,洪泽湖向南入长江为主。

　　除自然水系外,苏北地区还有重要的人工河道大运河,具体包括中运河、里运河两个河段。中运河是京杭运河苏北段中的重要组成部分,由历史上的通济新河、皂河、中河、新中河等一系列河工组成,前后历经近80年,中运河水系最终形成,运河与黄河脱离了关系。中运河由山东台儿庄入苏北境内,经邳州、宿迁、泗阳至淮安市,与里运河相连接,全长187公里。中运河南半段河面较宽,河床较深,北半段河道较浅窄,水量不足。① 中运河从西北至东南,贯通江苏境内淮北地区,沟通徐淮地区内诸水系,使京杭运河苏北段一线贯通,成为重要的交通运输水道。淮安至扬州一段运河称里运河,北起淮安清口,南至扬州瓜洲。里运河最早称里河,里河的名称是相对于外河而言的,黄河位于北面,故称北河;淮河位于南面,故称南河,二者又称外河,运河则称里河。里河与外河之间不相通,需要盘坝通过。里河的名称最早见于元代,里运河的说法最早见于清代。

　　在中国古代传统社会,水运具有承载量大、输送成本低廉等优势,苏北境内丰富的河流资源为水运交通的发展提供了有利的环境,成为长江流域大批量货物进入中原政治中心的必经之路,即由江入海,由海溯淮水、泗水而上。《尚书》中就记载了九州贡道中徐扬二州贡道以淮安境内淮、泗水交汇的泗口为转轴,而北运物资。② 水运交通的发达带动了沿线城镇的繁荣兴盛,地处淮、泗交汇的淮阴故城,凭借水运交通枢纽的优势最早兴起并繁盛起来,同时兴起的还有泗水入淮处大清口的泗口镇。公元前486年吴王夫差开邗沟后,在其入淮处的末口兴起了北辰镇。先秦两汉时期,淮阴城、泗口镇、北辰镇各据交通要冲,成为淮、泗水系下游地区的经济文化中心。

　　在传统社会,城市的发展更多仰赖于水路交通的便利,因此当水道发生淤塞、治理乏术时,都会对水运功能产生影响,进而影响到沿河城市的发展。传统封建王朝长期对地租和田赋征收实物的做法,加上大多王朝政治中心地处

---

　　① 1958年中运河北段改线,从微山湖西侧,经蔺家坝、徐州市北郊东行,至蔺上会中运河旧道。

　　② 《尚书·禹贡》载扬州贡道是"沿于江海,达于淮泗";徐州贡道是"浮于淮泗,达于河"。淮安境内的水道枢纽泗口成为徐扬贡道的中转站。

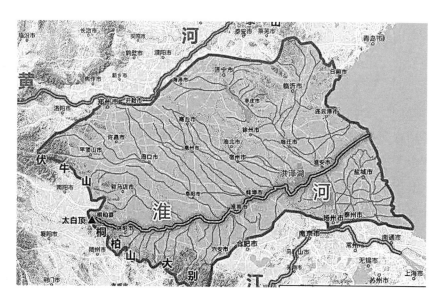

图 5-1　淮河流域水系示意图

北方或西北,粮食缺乏,需要将其他地区征收的调运至京城。这也成为历代封建统治者所极为重视的一项政治措施。① 它催生了漕运制度的实施,即利用水道(河道或海道)调运粮食的一种专业运输。秦汉一统后,苏北地区开凿了西起广陵茱萸湾、东通海陵及如皋磻溪的运盐河,沟通了淮南产盐区与邗沟的联系。隋、唐、宋时期,长期的政治统一局面及安定的社会环境,推动了社会经济的发展和城市的繁荣。隋代在历代水利经营的基础上开挖了通济渠,全面整治山阳渎,改道取直,同时对江南运河浚深拓宽。中唐以后,"天下大计,仰于东南"②。经济重心的南移和经济政策的开放,不仅使漕运量猛增,南北物资交流也空前活跃。运河上的漕船、盐船和其他商船络绎不绝,与运河并行的陆道也是"商旅辐辏其途"。交通之利使苏北运河沿岸城市繁盛一时,逐渐形成了从扬州、楚州到泗州及徐州的"运河城镇带"③。尤其是扬州,崛起为扬名中外的著名城市。

元代对运河河段进一步改造,从杭州直达大都,形成了今日的京杭大运河。淮河以北的运河仍由泗水北上,此时泗水为黄河所夺,泗口至徐州的运道实为黄河故道,元、明、清时期称此段漕运为"河漕"。尽管此时粮赋以海运为主,河运为辅,但淮安作为南方贡品、漕粮北运要津,漕粮转海运的枢纽,使之成为百货辐辏都会。马可波罗在其游记中描述道:

> 其城有船舶甚众,并在黄色大河之上,又不少城市运货来此,由此运往不少城市,惟意所欲。应知此城制盐甚多,供给其他四十城市之用,由是大汗收入之额甚丰。④

明清时期对运河维护有加,直至 19 世纪中期因黄河改道而止。明成祖朱棣迁都北京后,确立了以内河为主的漕粮运输制度,并将主管全国漕运的理漕长官设立在淮安,直至清末漕运总督裁撤,历时 500 年之久。中央政府为保证漕运畅通,将"治河、导淮、济运三策,毕萃于淮安清口一隅"⑤,淮安成为黄、

---

① 徐潜主编:《中国古代水路交通》,吉林文史出版社 2014 年版,第 129 页。
② 《新唐书》卷 165《权德舆传》。
③ 江苏省住房和城乡建设厅:《江苏城市文化的空间表达——空间特色·建筑品质·园林艺术》,中国城市出版社 2011 年版,第 36 页。
④ [意]马可波罗著,[法]沙海昂注:《马可波罗行纪》,冯承钧译,中华书局 2004 年版,第535 页。
⑤ 《清史稿》卷 127《河渠志二》。

淮、运治理中心。明清两代在黄、淮、运治理方面所采取的"束水攻沙""蓄清刷黄"之策,在较长时期内保证了漕运的畅通,稳定了运河政治性、军事性运输功能的发挥。

明万历年间潘季驯创行"束水攻沙""蓄清、刷黄、济运"之策后,这些治河举措为运河交通运输功能的有效发挥提供了基本条件,并为清代治河官员所遵循。但黄河带来的泥沙的危害日益凸显,至清道光年间,苏北漕运常因黄河频繁决溢及河床淤垫日益艰阻。1825 年黄河大水倒灌洪泽湖,冲入里运河,使运口受淤,从清江浦自高邮粮船均陷入泥淖中,漕运受阻。次年清政府将江南漕粮部分改由海运。① 1851 年淮河洪水冲决洪泽湖堤,主流入江,成为长江支流。1855 年黄河在河南铜瓦厢决口,夺大清河由山东利津入海,黄河北徙后,山东境内运河受黄水冲击,南运河河道浅涸,失去运输价值。清政府忙于镇压太平军和捻军起义,无暇旁顾,任运河梗塞,"停止河运者十数年"②,漕粮遂转由海运,运河每年仅保留少量的运输任务,以防列强扼断海运通道。③ 运河水运功能的丧失,成为沿河城市在近代发展的转折点,由繁盛走向衰败。徐州此后逐步陷于"黄沙弥望,牢落无垠,舟车罕通,闾阎雕敝"的惨象。④

黄河改道北徙及漕运转海政策的实施,使运河历时数百年的传统的粮运、盐运等功能丧失,连带沿河城市地位下降。尽管运河传统运输功能的衰落与自身航道的淤塞有关,但近代中国由传统农业社会向现代工业社会转变的趋势,则是其功能丧失的更为重要的因素。工业时代的到来,使运河遭遇空前挑战,特别是传统水运功能漕运的结束。代之以铁路、公路等新的工业化交通运输方式。从宏观上看,运河功能的转变实际上反映了每个时代国家振兴的不同方式。在明清时代,"兴漕""兴运"就是国家发展的根本大计。步入近代以后,工业化则事关国家的兴亡。

晚清末期,随着西方列强对中国交通运输事业的侵入,刺激了江苏地方官、民营新式交通运输业的兴起与发展,铁路为极其重要的新式运输工具之一。在西式近代交通运输工具火车、汽车传入苏北地区前,坐船沿运河往来南

① 《淮安》,当代中国出版社 2012 年版,第 30 页。
② 光绪《山东通志》卷 126《运河考》。
③ 《淮安》,当代中国出版社 2012 年版,第 31 页。
④ 邓毓崑、李银德主编:《徐州史话》,江苏古籍出版社 1990 年版,第 71 页。

北依旧是官商客旅的出行选择。沿河城市地位尽管不如往昔,但作为水陆交通枢纽,依旧起着咽喉作用,城市中的客货运输业、饮食服务业还能够得以维持。贯通南北的津浦线以及横贯东西的陇海线均穿过苏北,其中津浦铁路可追溯至光绪六年(1880 年)刘铭传倡议兴建江苏至直隶之间的铁道,光绪三十三年改津镇路为津浦路。1908 年津浦路南北段开工,至 1912 年南北接轨通车。该路的通车便利了南北之间的客货运输,推动了苏鲁等地的经济发展。

随着津浦铁路和陇海铁路相继建成并在徐州交会,在黄河改道后一度衰败的城市徐州发展起来。运输量大、速度快的铁路取代了传统的驿站和漕运,纵贯徐州境内 180 多公里的京杭大运河逐渐弃置不用,河道淤积,沿岸城镇衰落。同时,铁路也冲击了地方自然经济和城乡手工业的基础,使城市现代工商业也随之逐渐兴旺起来。在铁路修建的影响之下,1928 年开始以徐州为中心围绕铁路线延伸向徐州各线修建公路以通汽车运输的规划,并逐步进行实现。① 淮安在津浦铁路通车后,水运交通枢纽地位遭到动摇,往来官旅客商不再经由清江浦和王家营换乘慢悠悠的木帆船和马车,而改乘快捷方便的火车。运河客运遭受冲击后,淮安原本依存于水运的客货运输、住宿、餐饮等服务业迅速衰落,诸多商业门类渐行萎缩。特别是 1931 年国民政府实施盐政改革,规定各地所需食盐自行负责运销后,进一步削弱了淮安城市发展赖以依存的水运优势。当时陇海铁路早已通车,安徽、河南两岸食盐均改由铁路运输,长江沿岸的省份运盐船由赣榆青口出海入江,淮安的西坝、杨庄、王营等城镇随之萧条。另外,淮安榷关的裁撤以及近百年战火的频繁破坏,也加速了淮安的衰败。②

西方新式交通运输工具火车、汽车等传入苏北地区,传统水运交通运输功能遭到彻底打击,打破了苏北城市原有的以运河为中心的交通地理格局,使其传统功能走向衰落。因此从民国初年至南京国民政府成立,治理淮河、疏浚苏北运河的呼声不断,但因军阀混战而未见实施。1928 年后国民政府成立了"导淮委员会",制订了导淮入江计划。其中为改变苏北运河主航道淤塞状

---

① 王林绪、孙茂洪主编:《徐州交通史》,中国矿业大学出版社 1988 年版,第 128 页。
② 《淮安》,当代中国出版社 2012 年版,第 32—33 页。

况,计划在中运河和里运河上兴建邵伯、淮阴、刘老涧三座新式船闸,以及高邮运河东堤支线航道上的高邮船闸。1934 年,四座船闸全部竣工。特别是淮阴船闸的建成,彻底改变了中运河、里运河交界处运道迂缓艰险的局面,缩短了12 公里水程。但是由于运河弯道多,河床狭窄,最窄处高邮界首至马棚湾段仅 10 米左右,浅水段较多,因此仅靠新式船闸并不能完全解决运河的畅达问题,致其年航运量仅百万吨左右。① 此后,因抗日战争影响,运河连年失修,航运衰败,河运的运量大幅缩减,沿岸过去的繁荣市镇渐趋衰落。盛极一时的扬州在新中国成立前夕,仅剩下两个半工厂及不足 400 名的工人,以及两所小学,成为典型的衰败城市。②

二、苏北城市现代化建设中的运河

早在 1948 年 12 月,淮阴、淮安先后解放,成立了两淮市,辖淮城市和城中区、长街区等 6 个直辖区。其后城市辖区及名称多次调整。③ 淮阴城解放之初,人口仅 3.6 万人,面积不足 4 平方公里。城市街道狭小、破旧,能通汽车的道路仅 3 条,其中最宽的南门北街仅 7 米宽,其余为两三米宽的石板街。城市街道排水系统缺乏,污水横流,环境卫生极其恶劣。人民政府接管城市后,对市容市貌进行了整治。

新中国成立以后,随着社会的安定以及苏北沿河城市对市政建设的重视,现代化的市政建设有序开展,城市的基础服务设施不断得到开拓与完善,新式住宅、马路、下水道、桥梁、公厕、绿地公园、自来水等成为现代城市的重要外在特征。由于公路、铁路等交通的改善以及民航机场的兴建、通航,使城市工商业逐步发展。工业的发展、人口的快速增长,又使城区范围进一步扩展。淮安清江市、徐州市、扬州市都经历了这样一个过程。

淮安清江市最初因运河开凿而兴,城市形态沿里运河呈带状分布。1949

---

① 江苏省政协文史资料委员会、扬州市政协文史和学习委员会编:《扬州交通今昔》,载《回眸扬州 50 年》,《江苏文史资料》编辑部 1999 年版,第 179 页。

② 储东涛主编:《江苏经济史稿》,南京大学出版社 1992 年版,第 479 页。

③ 1949 年 3 月两淮市撤销,所辖淮城市并入淮安县,改称淮城镇,为淮安县政府机关驻地。两淮市其余 6 个直辖区合并为清江区等三个区,划归淮阴县。1950 年 12 月在清江区基础上成立清江市,划清江城区和淮阴县王营镇、水渡街及靠近运河左堤的居民区为市区。1958 年 9 月清江市和淮阴县合并成立淮阴市,1964 年 10 月淮阴市实行市、县分置,淮阴市改称清江市,恢复淮阴县。1983 年清江市更名为淮阴市,升为省辖市。2001 年 2 月淮阴市更名为淮安市。

年以后,城市形态开始由带状经星状向团块状放射性发展,城市发展也由1949年前的消费性商业城市转变为生产性工业城市。1951年,清江市提出发展生产、繁荣经济,改善交通、改善环境、改善人民生活的号召,专门设立城市建设科,负责城建工作。一五计划期间,政府先后投入30余万元,用于道路建设、下水道新建改造、环城河整修、西北引河开挖等市政工程,建成大小桥梁7座。至1957年一五计划结束时,城市人口达9万余人,面积近10平方公里,道路交通由1949年前的3.41公里增加到11.71公里。① 1961年,新开挖的大运河通航后,运河北岸成为工业选址地,一些码头、仓库、船厂相继建立。至1978年,清江市城区向北推进至废黄河,向东扩展至大口子,向南扩展至大运河,大致形成三个工业集中区。这一时期的工业分布主要在穿过市区的河道沿岸,由于交通道路布局不合理,且修筑等级较低,使市内工业发展不得不托里运河、大运河等河道水运交通的便利。改革开放后,淮安城市基础设施建设随着国民经济的发展而日益现代化。城区建设规模进一步扩大。中心城区建成面积增加到100平方公里,人口增加到100万人,城市化水平提高至43.5%。②

徐州是苏北地区历史悠久的古城之一。民国初年,徐州老城区面积只有2.62平方公里,城内街巷80余条。到1948年年底,城区有人口29.9万人,建成区面积只有12平方公里,城内道路路况较差,排水沟渠淤塞坍塌,桥梁失修,日常电力和供水缺乏,交通工具更是落后,只有人力车可供包用或租用。③整个城市的市政和公用设施残缺不全,落后陈旧,距离现代化都市的水准相去甚远。陇海、津浦两条铁路兴建后,城区跨越古黄河向东扩展,同时沿铁路两侧蔓延。改革开放以后,徐州城市现代化的步伐加快,城市空间向北部、西部、南部等方向扩展。特别是20世纪80年代徐州借国家对国民经济调整之际,充分发挥地理、交通优势,发展流通,安排就业等,加强了城市的现代化建设。④

---

① 《淮安》,当代中国出版社2012年版,第43—45页。
② 《淮安》,当代中国出版社2012年版,第67页。
③ 陈德新:《徐州城建志(1911—1985)》,内部刊印1988年版。
④ 沈山、林立伟、江国逊:《城乡规划评估理论与实证研究》,东南大学出版社2012年版,第53—56页。

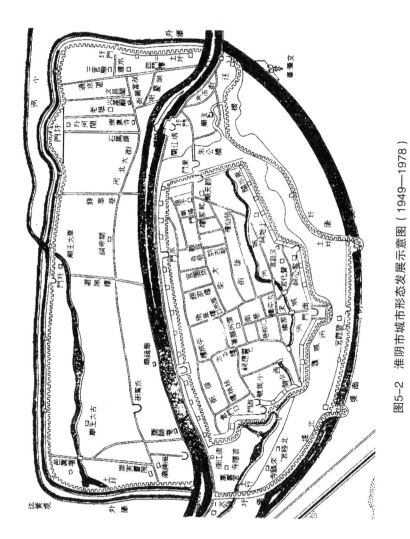

图5-2　淮阴市城市形态发展示意图（1949—1978）

晚清末期的扬州破败不堪,城区规模也仅有 5 平方公里。新中国成立初期,通过拆除明清旧城墙,整修道路、架设桥梁,使建成面积扩大至 8.4 平方公里。改革开放前为国民经济调整及发展时期,扬州在工业快速发展的带动下,城市现代化速度逐渐加快,居民区及配套基础设施开始兴建。工业区在老城区边缘或古运河沿岸分布,主要依托传统水运的交通之便。改革开放以后,城区发展逐渐加速,先后建成西部新市区和南部经济开发区。至 20 世纪 90 年代中期,城市建设用地规模达到 43.2 平方公里,城市人口达到 44 万余人,成为中等规模城市。①

如前所述,20 世纪下半叶以来,随着苏北沿河城市的现代化建设,市区人口、商品物资的往来流动量呈爆炸式增长,而城市现代交通运力的不足与经济发展的巨大需求不相适用,矛盾逐渐凸显。这种情况下,传统水运资源再利用成为破解这一难题的重要途径,运河在苏北城市现代化建设大潮下,开始发挥其主要为城市社会经济发展服务的功能。

新中国成立之初,京杭运河航道仅有江、浙两省尚能全年通航。运河苏北段由于历史上黄河夺淮,受到泥沙侵害,通运条件远逊于江南运河。1952 年交通部组织人员对京杭运河进行勘察。1957 年编制了《发展大运河庙山子至杭州段航运方案》,提出治理京杭运河,解决北煤南运,分解津浦路运输紧张状况。同年成立大运河建设委员会,提出分期治理运河的任务和"统一规划,综合利用,分期建设,保证重点,依靠群众"的方针,决定扩建京杭运河。

运河苏北段扩建规划之初,江苏省交通水利部门便将运河与沿岸城市现代经济发展联系在一起。具体指导思想就是航运交通结合洪涝旱治理,以及解决工业发展和民众饮水问题,实行综合整治,达到一河多用,充分发挥运河的潜在能力,最大限度地为沿线城市现代化服务。对于徐州段运河,将不牢河作为运河一段延伸至矿区,利于煤炭外运,把运河与徐州市区联系起来,为市区发展提供排水、给水基础设施和水运通道,同时解决丰、沛、铜地区灌溉、防洪、排涝、航运等问题。② 对于淮安、扬州段运河,鉴于淮阴、扬州原运河穿城而过,拆迁任务重,采取局部改道。1959 年,淮阴为避免大量拆迁,将运河南

---

① 《论中国城市发展规划史——以扬州市为例》,豆丁网,http://www.docin.com/p-509278481.html。

② 徐从法:《京杭大运河史略》,广陵书社 2013 年版,第 125 页。

移 3 公里,历时两年,从淮阴船闸到运东闸新开运河长 20 公里,河口宽 160 米左右。该段运河代替里运河成为新的水上交通要道。① 1959 年因盲目"跃进"引起的后果影响,根据中央压缩基建项目精神,运河工程仅保留徐州蔺家坝至扬州长江口 404 公里的苏北段,且以粗通为目标,致使苏北段部分航段标准降低,仅达四级航道,个别河段甚至更低。② 因此,首期苏北运河的整治,由于受生产力水平的影响和工程标准的下调,运河运输能力受到很大局限。

20 世纪 80 年代,国家把能源和交通作为发展国民经济的重点,京杭运河苏北段以北、以西的晋、陕、豫和枣庄、兖州、徐州,以及安徽的淮南、淮北等地都是国家重要的煤炭基地;而长三角地区又是我国重要工业区,所用煤炭等能源均来自北方,因此国家非常重视解决北煤南运问题。由于津浦铁路南段运量饱和,通过海运转运晋煤不仅绕道过远,而且许多城市用户还需再用船转入内河。因此,利用苏北段运河分流北煤南运以及解决运河腹地物资运输势在必行。改革开放以后,苏北段运河续建工程出现转机。国家为减轻动脉铁路运输紧张及沿海港口负担,决定对苏北运河进行续建、拓浚工程,以分解陇海路、津浦路及连云港港口运输压力。运河续建成为苏北沿河城市在改革开放以后从交通区位上获得快速发展的契机。1981 年 9 月江苏省组建运河续建工程指挥部,组织工程实施,至 1988 年 12 月竣工验收。

在此期间,徐州市相继对市内水道进行整治,如疏浚市区黄河故道,改建了束水桥梁,整治奎河,新建了拦洪闸和泵站,开挖了丁万河、徐运新河等。③ 淮阴市境内运河也经过两次拓宽疏浚,淮阴、淮安两座船闸建成复线船闸,货运量成倍提高。④ 扬州境内运河续建项目主要有埂切除、航道拓宽及疏浚、新设及复线船闸建设、运河公路桥建设等工程。此次续建堪称是"脱胎换骨的改造",河段经过拓宽、疏浚、裁弯后,基本符合二级航道标准,可通航 2000 吨级顶推船队。航道上复线船闸的添设,使其年通过量成倍增长,成为苏北水运网的主骨干。⑤ 运河河道的整治以及与沿江、沿海港口联系的拓展,以及运输

① 《淮安》,当代中国出版社 2012 年版,第 45 页。

② 徐从法:《京杭大运河史略》,广陵书社 2013 年版,第 126 页。

③ 沈山、林立伟、江国逊:《城乡规划评估理论与实证研究》,东南大学出版社 2012 年版,第 56 页。

④ 《淮安》,当代中国出版社 2012 年版,第 63 页。

⑤ 曹永森主编:《扬州特色文化》,苏州大学出版社 2006 年版,第 34 页。

成本的低廉,使其在当代苏北城市社会经济发展中,扮演着越来越重要的角色。到 20 世纪末,苏北段运河经过治理,已成为集通航、灌溉、城市供水、防洪、排涝、旅游、养殖等系列功能于一身的综合性"黄金水道"。

三、运河城市水运交通的前瞻

进入 21 世纪以来,随着苏北全面小康建设的深入推进,苏北的发展动力、模式和路径正在发生着深刻变化,正处在经济快速增长的发展期、转变发展方式的关键期、全面小康建设的攻坚期,突出表现为五大趋势:一是由主攻工业发展逐步向新型工业化、农业现代化、城乡发展一体化同步推进转变;二是由劳动力、土地投入为主逐步向资本、技术投入为主转变;三是由生产要素流出逐步向生产要素集聚转变;四是由相对封闭逐步向全方位开放转变;五是由经济发展洼地逐步向创业创新热土转变。[①] 苏北经济发展的内生动力不断加强,在地区经济发展的区位优势上有自己的特点。

第一,地理区位比较优越。苏北五市东处黄海之滨,西依中原经济区,南临发达的长三角,北接环渤海经济圈,具有承东接西、沟通南北、双向开放、梯度推进的独特区位优势。这一优势赋予了苏北既可以壮大陆地产业,也可以发展海洋经济;既可以参与国际分工,也可以承接周边发达地区的辐射。苏北区位优势之所以能够成为优势,首要在于交通、能源、通信等基础设施建设的完善。以交通为例,"要想富,先修路",实际上其蕴含了丰富的经济学原理,即"交通是国民经济的重要基础之一"。交通的发达与便捷,在节约时间成本的同时,还降低了市场交易的成本,从而极大地促进了资金、劳动、技术、管理、信息等生产要素的自由流动。在此基础上,推动了产业市场规模与范围的扩大,从而为激活当地已有的区位优势,为落后地区追赶先进地区提供了必要的前提和条件。

第二,航运发展是苏北地区吸引投资和产业转移的重要因素。航运的发展是苏北地区发展腹地经济的重要推动力,高度发达的交通运输干线是引导和推动区域经济发展的经济增长轴。纵观江苏北部地区,其运河航道北起徐州蔺家坝,南至扬州六圩口,沟通了江、淮、沂、泗水系,常年有 13 个省、市的船舶运输航行,是沿线 4 个市、14 个县区的经济联系通道。各种经济要素、产业

---

① 《坚决打好苏北全面小康建设攻坚战》,《新华日报》2012 年 4 月 16 日。

和劳动力受到运河航运干线的吸引,向苏北运河航运轴线集聚,沿着航道流动扩散,形成了以苏北运河干线航道为依托,融合了人口、产业、城镇、物流的线状空间地域综合体,即沿运河经济带。同时苏北航运的发展把干线上的中心城市、运河两翼地区和下游的长三角地区联系起来,推动了上下游的资金、技术、人才、自然资源等流动的进程,增强了沿河产业带的辐射作用,为促进地区经济社会发展和生产力合理布局发挥了重要作用。

第三,"一带一路"倡议的提出为苏北城市水运交通建设开拓了广阔的空间。"一带一路"是依靠中国与有关国家既有的双多边机制,借助行之有效的区域合作平台,借用古代丝绸之路的历史符号,高举和平发展旗帜,主动地发展与沿线国家的经济合作伙伴关系,共同打造政治互信、经济融合、文化包容的利益共同体、命运共同体和责任共同体。[1] 建设好"一带一路"对于营造有利的周边环境,构建开放型经济新体制,形成全方位开放格局具有重要意义。

国家"一带一路"倡议提出后,江苏省积极推进"一带一路"和长江经济带建设,强调地方政府要自觉践行"五大发展"理念,抓住机遇积极作为,主动融入"一带一路"建设大局。[2] 水运必将成为推进苏北城市发展的重要动力传输带,作为"一带一路"交汇点的连云港周边的苏北沿河城市,通过运河及其河流作为纽带,成为融入这一建设大局的关键。苏北沿河城市要想在国家经济发展战略布局中紧跟形势,必然要加快推进内河航道网络互联互通,畅通港口与长江、运河的水运联系,使长江经济带与"一带一路"倡议有效衔接。

为主动融入"一带一路"倡议,徐州抓住"三重一大",即重大产业项目、重大基础设施项目、重大城建项目及民生实事工程、事关改革发展稳定全局的大事,通过转变经济发展方式,强势推进新型工业化。淮安围绕苏北重要中心城市建设,瞄准"主导产业全国创一流,传统产业全省有优势,新兴产业苏北争领先"的目标,实施产业升级,打造具有淮安特色的新型工业化体系。

淮安以水运发展为突破,全面推进航道项目建设,加快建设干支直达通江达海的高等级航道网络,积极对接长江经济带和江苏沿海开发等战略,基本建成了以京杭运河为主干,以淮河、盐河为两翼的密集的航道运输网络。2012

---

[1] 姜春媛:《发改委透露正在抓紧编制"一带一路"总体规划》,新华网,2014 年 6 月 10 日。
[2] 《落实一带一路战略 推进长江经济带建设》,《新华日报》2015 年 11 月 19 日。

年盐河航道整治工程和高良涧船闸扩容工程,1000 吨级船舶可以从淮安经盐河直达连云港港,淮安及苏北地区出海通道实现全线无"瓶颈"畅通。高良涧船闸是连接淮河、洪泽湖、苏北灌溉总渠、京杭运河苏北段航道的综合枢纽,建成后的高良涧船闸将有效打通淮河干线通江达海的水运"瓶颈",促进区域经济协调发展。淮河出海航道整治工程西起洪泽湖二河闸,东至滨海县扁担港入黄海,为国务院 172 项重大水利工程项目,将在"十三五"期间重点实施,该航道规划等级由三级上升为二级,淮安又新增一条高速出海通道。①

扬州市为充分发挥长江、运河交汇中心的区位优势,对运河实施"三改二工程"重点改造,打造长三角地区的水上高速。该工程的实施使运河扬州段年水运货物通过量达 1.5 亿吨,实现了沿线航道、船闸通过量以年均 17% 的速度递增。② 在国家实施的"一带一路"倡议的机遇期,扬州应结合自身地理区位优势,在交通、产业、经济文化交流等多个方面抢抓机遇。其中在综合运输体系中,建议进一步提升水运口岸发展水平,借助长江经济带,打造长江运河集散中心,提升城市的核心竞争力。③ 扬州运河沿岸相关码头设施的不断完善,可为城市经济的发展增添新的后劲。

连云港市作为"一带一路"的交汇点和新亚欧大陆桥经济走廊的重要节点,早在 2010 年底就启动了内河码头建设工程,寻求与淮安、盐城等苏北区域的海河联运。相关数据显示,2014 年全年连云港港海河联运量达到近 200 万吨,在维持传统货源地区的同时,将业务范围拓宽到了淮河以上乃至中原腹地。其中,铁矿石成为重要的基础货源,货运量接近百万吨。2015 年连云港港提出了海河联运冲刺 300 万吨的目标任务。作为一种极为低碳节能的运输方式,开发运河水运交通运输网成为苏北沿河城市社会经济发展的重要抓手。

海河联运升级不仅在客户成本控制上有优越性,更是连云港港打造低碳示范港的有力手段。上千吨级的内河船舶,通过盐河、灌河等黄金水道进入京杭大运河、淮河、洪泽湖和长江等水系,将货物运送到苏中、苏南等地。经连云港港运输的淮安货物来说,内河运输费用每吨比汽车减少一半,如果形成对

---

① 《淮安借力"一带一路"加速出海》,中国淮安网,2015 年 11 月 20 日。
② 《扬州十大交通标志工程出炉　它们见证新世纪扬州交通巨变》,《扬州晚报》2015 年 4 月 30 日。
③ 《扬州对接"一带一路""长江经济带"抢抓战略机遇》,中国江苏网,2015 年 4 月 25 日。

流,成本更低。以淮钢集团为例,如果选择连云港港,通过海河联运方式走盐河航道,一年他们省下的运费可以达到近两亿元。据资料显示,物流成本中普通公路每吨 0.3 元、高速公路每吨 0.4 元、铁路每吨 0.17 元,而水路每吨仅为 0.07 元。[①] 有专家指出,海河联运、内河运输已经成为港航集疏运的新方式,特别是内河发展集装箱运输更是下一步发展的重点,如果能进一步理顺港际体制机制,实现统筹有序发展,盘活连云港港既有资源,无疑将对海河联运是个极大助推。[②]

总之,当前在国家"一带一路"倡议的推进下,运河将以新的身份融入国家经济发展的大潮。中央和省级政府及相关交通运输部门对水运交通的重视,以及对内河水运基础设施建设的重大投入,为新世纪运河水运交通功能的再度发挥奠定了基础。苏北沿河城市积极抢抓发展机遇期,不断加大对水运交通资源的开发利用,为城市社会经济的发展再添新的羽翼。

第三节　运河影响下的滨水城市建设

城市具有居住、工作、游憩和交通四大功能,市民除工作外,对休闲的要求也逐步提高。当今城市非常强调人居环境建设,提高城市的吸引力和竞争力,宜居极为重要。以水文化展现的运河城市,就是要让人们在生活空间中感受和体验到这种文化气息,因此在城市规划中建设滨水景观是重要的途径。苏北沿河城市发展通过建立以城市为核心、以县区为纽带、以城镇为基础的城乡协调发展体系,必须发挥运河沿线生态环境优势,提升其在大环境中的地位。

一、运河城市景观建设

景观规划与建设思想源于 19 世纪初,景观规划先驱者 F.L.Olmsted 在 1863 年提出了风景园林的概念,将生态思想与景观设计结合起来。随着社会经济的发展,景观规划的内容也进一步扩展。F.L.Olmsted 提出城市景观规划,将生态原则与景观设计相结合,使自然与城市生活相融合。英国著名城市

---

① 颜旻、王从旻:《海河联运:两大国家战略的衔接者连云港港独特品牌》,连云港港网,2015 年 3 月 26 日。

② 淮安市交通局、淮阴师范学院城环学院编:《盐河航道航运效益研究项目报告》(打印稿),2015 年 6 月,第 23 页。

学家、风景规划与设计师 Ebenezer Howard 在其 1902 年出版的《明日的田园城市》一书中描绘了理想城市景观应该的样子,这个城市具有自然美、富于社会机遇、接近田园公园、有明亮的住宅和花院、无污染等。① 1933 年国际现代建筑会议通过了著名的《雅典宪章》,提出城市规划的目的是保障人们居住、工作、交通、游憩四大活动的正常进行。中国科学家钱学森提出建设"山水城市"的构想,即建造一个宜居、利于人的一切活动、有益于健康成长的、生态平衡和环境优美的城市。②

　　河流是城市诞生的摇篮,一座著名的城市可能会有一条著名的河流或者多条河流穿城而过,它们随着历史的变迁很大程度上积淀了色彩厚重的城市人文,甚至可能决定着城市的命运,它们的生长沉浮和城市的发展变迁有着密切的联系。③ 因此河流景观是城市景观建设中的重要组成部分。国外河流景观开发得较早,如法国巴黎的塞纳河文化景观、英国伦敦的泰晤士河文化景观、韩国首尔的汉江文化景观等,都是围绕着河流、湖泊等优良的生态环境资源所打造的滨水城市特色景观文化。但多为商业与旅游相结合的综合游憩商业区,重组了滨水地带的用地功能,但过于商业化,缺乏城市应有的历史沧桑感;注重对历史景观的保护与利用,将一些历史滨水区归到遗产廊道体系中加以保护;水上活动丰富,人们可享用的亲水空间较多等。④ 这也为中国的城市河流景观建设提供了经验和教训。

　　随着西方国家滨水地区开发的热潮,近年来我国许多城市也认识到,滨水区开发将对城市形象的塑造和城市旅游业及经济发展等带来重要契机。我国滨水地带的建设相对于西方国家起步较晚,但也取得了一些成绩,如上海外滩、苏州河、南京秦淮河、内蒙古小黑河等。丰厚的水文化是运河城市历史文脉的特色,对于苏北腹地沿河城市来讲,流经千年、穿城而过的运河为当代城市景观建设提供了优越的条件。通过城市景观建设,将城市中的自然环境特征纳入城市设计之中,也就是对运河城市历史文脉的传承与复兴。在这种形

---

① ［英］埃比尼泽·霍华德:《明日的田园城市》,金经元译,商务印书馆 2010 年版。
② 宇振荣主编:《景观生态学》,化学工业出版社 2008 年版,第 279 页。
③ 杨山:《城市历史文脉的传承与复兴——以徐州故黄河历史文化景观规划为例》,中国矿业大学硕士学位论文,2014 年。
④ 杨山:《城市历史文脉的传承与复兴——以徐州故黄河历史文化景观规划为例》,中国矿业大学硕士学位论文,2014 年。

图 5-3　苏北灌溉总渠

势下,苏北沿河城市如何规划城市景观就显得尤为必要。

运河城市徐州山水秀丽,人文积淀丰富,自然与人文景观极其丰富,低山丘陵俯瞰徐州故城,黄河故道斜穿城市东西,大运河纵贯南北,这为滨河城市景观建设提供了大量资源,给徐州城市空间特色的架构提供了较为广阔的发展空间。黄河故道、运河等河流使徐州可以立足于厚重的水文化历史积淀,故黄河从西北向东南流经徐州市区,对市区生态环境、自然景观、旅游事业、生活饮水等都有着举足轻重的作用。徐州市政部门近年来在加强对故黄河环境污染治理、景观绿化美化的同时,也日益重视对其文化资源的开发。目前已将故黄河初步建成徐州城市一条重要的景观绿色廊道和休闲风光带,从历史传说、历史故事、河流变迁等角度,围绕"河流文化和人类文明"的故黄河文化主题,发掘与提升其生态价值和文化休闲价值。[①] 在当下申遗成功的背景之下,徐州城市景观建设可以不拘泥于历史发展的局限,创造属于自己的城市空间特色,为建设具有水文化历史特色的生态山水城市,创造优良的城市空间质量提供了宝贵的机遇。

宿迁在 20 世纪 90 年代后期升级为地级市,2001 年制订了"北扩西进、南拓东延、引山纳湖"的建设规划,以便形成北有骆马湖、南有成子湖、运河、古黄河贯穿其间的滨湖新城。[②] 在城市景观建设中充分利用自身的生态资源、水环境资源,围绕两河两湖(即大运河、故黄河、洪泽湖、骆马湖)景观建设入手,形成了古运河风光带、古黄河风光带、骆马湖风景区、洪泽湖景区等文化景观,充分展示了宿迁的绿色生态品牌。

淮安围绕"绿水城市"的建设目标,对城区内的河道绿化及相关文化景观建设进行大力推进。目前已建成了黄河故道绿化风光带、古黄河生态民俗园、盐河风光带、楚州里运河风光带,以及清晏园、总督漕运府署遗址公园、钵池山公园、石塔湖公园、中洲公园、大运河广场、复建河道总督府等黄淮运故道景观建设。除中心主城区对运河城市进行打造外,所属区县也充分利用运河资源这一自然优势进行了城镇运河景观规划与建设。淮安通过对运河文化景观的建设,彰显了运河城市文化特色,使城市地位和知名度也进一步提高。

---

① 杨山:《城市历史文脉的传承与复兴——以徐州故黄河历史文化景观规划为例》,中国矿业大学硕士学位论文,2014 年。

② 《宿迁》,当代中国出版社 2011 年版,第 48—49 页。

扬州城市自古与水密不可分,自隋代隋炀帝在城内修建运河,城市就跃为南北交通枢纽,拥有得天独厚的运河水资源,因此运河对扬州城市景观建设有着重要的支撑作用。扬州城区段形成了知名的扬州三湾,沿岸历史遗迹众多,人文景观荟萃,它对扬州城区历史的形成发挥了巨大的作用。2003 年以后,引入投资 20 亿元,扮靓扬州城区的古运河东岸,将其雕琢成集旅游、文化、休闲、商贸等于一体的"扬州外滩"①。

总之,在当今经济快速发展、生活水平不断提高的社会大环境下,滨水景观建设越来越受到城市设计者的重视。城市居民也迫切需要提高自身的生活品质,通过与水的亲近,满足不断高涨的休闲娱乐和精神层面上的需求。运河廊道空间是苏北城市重要的公共空间,使人们有条件更多地接近自然。河道城市景观在为居民提供亲水、近水空间的同时,还为他们体验河道景观时进行的活动提供了可能。

二、运河绿色宜居城镇带建设

伴随着中国经济的快速发展,城市化进程日益加速,2014 年江苏城市化水平已达到 65.2%,预计到 2030 年达到 80%。② 改善城市居住环境、提高城市的宜居性已成为城市开发和建设的主要议题。③ 这就要求将城市水体景观作为一个重要的自然要素融于景观学中,与城市绿地规划、城市旅游规划、城市土地利用规划等相关知识相结合进行统一规划和建设,实现城市的可持续发展。

城市中的水系是城市生态与景观条件较佳的地域之一,随着城市化进程的推进和城市人口的增加,水系在城市中占据越来越重要的地位,城市水景观建设也是城市景观建设的重要组成部分。从江苏社会经济发展的整体上看,苏北沿河地区是省内最为落后的地区之一,同时也是生态环境较为敏感且污染较小的地区,沿河地区最大的优势就是其优良的生态环境,这也是相比苏南地区的优势所在。当今城市非常强调人居环境建设,要想增强城市吸引力,必

---

① 李晓储、裴建文、赵御龙:《扬州市古运河生态环境林观光休闲型绿化模式营建研究》,《江苏林业科技》2001 年第 4 期。

② 数据来源主要参考:《2014 年常州市城镇化率达 68.7%》,江苏省人民政府网,2015 年 2 月 25 日;《江苏省城镇体系规划(2015—2030 年)获批,2030 年我省城镇化水平将达 80%左右》,光明网,2015 年 8 月 11 日。

③ 刘滨谊:《城市滨水区发展的景观化思路与实践》,《建筑学报》2007 年第 7 期。

须以宜居为前提,因此必须发挥沿河地区生态环境的比较优势,努力建成苏北运河绿色宜居城镇带,使之成为江苏西部的绿色风景线,提升整个沿河地区在江苏省内的地位。①

淮安位于淮河下游,河湖水网密布,京杭大运河、里运河、古黄河、盐河四条河流穿城而过。淮安自2002年开展创建国家园林城市以来,市政建设坚持"经济、实用、生态"的原则,进行高效益的苏北城市园林建设。② 根据现有的地域、历史、自然、经济等条件,初步建成了"以水为主线、以文为灵魂、以绿为情趣"的城市特色,彰显了"水绿相映、城在园中、水在城中、人在景中"的绿色宜居生态环境。

扬州地处长江下游地区,京杭运河穿城而过。扬州市制定了《扬州市城市总体规划(2011—2020年)》,明确提出在城市空间发展上,市域将形成沿长江的沿江城城镇带和沿淮安—江都交通廊道的城镇发展轴等总体空间布局。在空间开发中,提出整体保护历史城区的景观特征及周边环境,小规模渐进式推进老城区有机更新的规划对策,形成人文景观和自然景观有机交融,打造古城风貌与现代文明相结合的水绿交融的宜居城市。③ 全市建有6处天然"氧吧",空气质量宜人,2006年成为第7个获得"联合国人居奖"的中国城市。据媒体报道,在扬州不管是洋房别墅,还是青砖旧屋,只要一开窗户,就是扑面而来的清新水气;一出大门,便是温柔婉约的江南水乡,如今这一点也吸引了越来越多的外地人,尤其是上海人、浙江人在扬州买房置业,作为自己的度假之地、养老之所。④

在运河成功申遗后,宿迁市也着手对运河沿线进行综合整治,建设运河两岸宜居生活片区,加强水质监测断面保护,修复提升两侧景观带和滨河慢行系统等,提升运河沿岸文化功能,强化商贸服务功能,使其成为文化旅游产业的聚集带,重现运河繁华风貌。⑤ 该市希望通过对运河环境整治,充分发挥生态、景观、文化等多重功能,构建优质的运河资源公共空间,让两岸居民共享美好生活。

---

① 甄峰等:《苏北运河经济带构建的初步研究》,《人文地理》2009年第3期。
② 《淮安》,当代中国出版社2012年版,第240页。
③ 《国务院办公厅印发〈关于批准扬州市城市总体规划的通知〉》,新华网,2015年11月6日。
④ 《扬州拥有浓厚文化底蕴的城市》,中国园林网,2012年10月12日。
⑤ 《市政府办公室关于印发中心城市运河沿线综合整治方案的通知》(宿迁办发〔2015〕46号)。

第六章　大运河文化带建设与苏北运河城市

中国大运河是线性的世界文化遗产,是中国优秀传统文化的生动体现。2014 年 6 月 22 日,中国大运河成功入选世界文化遗产名录后,运河获得了"金名片"。运河申遗成功后,打造文化运河、生态运河、旅游运河日益引起重视,大运河的海内外知名度大大提升,掀起一股研究运河、宣传运河、体验运河的热潮,研究者对运河遗产保护与开发、运河旅游规划、运河可持续发展的重视不断提高。

2017 年 2 月和 6 月,习近平两次就大运河文化带建设作出指示和批示,要求"统筹保护好、传承好、利用好"祖先留给我们的这份宝贵遗产。2019 年 2 月中办、国办公布了《大运河文化保护传承利用规划纲要》,这是关于大运河文化遗产保护传承的纲领性文件,明确提出了重大意义:一是有利于推动优秀传统文化保护传承,二是有利于促进区域创新融合协调发展,三是有利于深化国内外文化交流与合作,四是有利于中华文明增强文化自信。当前,"大运河文化带"建设已上升为国家战略,在大运河文化带建设工作蓬勃开展之际,如何更好地保护好、传承好中国大运河作为活态世界文化遗产内在的文化价值,是值得思考的现实问题。

第一节　运河申遗及其后申遗时代的保护开发

运河是人类改造和利用自然的伟大奇迹,是祖先赐予的宝贵物质财富和文化遗产,这些遗产为沿线城市申请世界遗产提供了基本的支撑点。历史遗迹一旦被成功申请成为世界遗产,将大大提高所在城市的国际知名度和美誉度,运河城市必将走向新的辉煌。世界遗产之列的"活态"运河在全世界人类的关注下,将获得更加科学的保护与管理,继续书写着它的青春与活力。

一、中国大运河申遗与苏北运河城市

中国大运河是世界上开凿最早、里程最长的人工运河,自春秋开凿邗沟以来,经过以洛阳为中心的隋唐大运河、以开封为中心的北宋漕运四渠,再到元代"弃弓走弦",开凿了穿越山东的京杭运河。大运河是古代社会经济发展的大动脉,也是封建国家的生命线,沿岸许多城镇因此而历经兴衰变迁。运河是沟通南北方的桥梁和纽带,为流经区域留下了无数的历史文化遗存,成为中国两千多年历史的见证,成为古今大量文学作品中的历史记忆。"活态"的运河以沿途城镇为点,串联形成了一条辉煌的"运河文化带"。这为其申报世界文化遗产构成了最基本的要件。

文化被誉为经济发展的原动力,作为城市发展独特见证的文化遗产资源,更具有多方面的资源效应,如在城市形象宣传、历史文化教育、乡土情结的维系、文化身份的认同、生态环境的建设、和谐人居环境的建构等多方面的价值。① 另外在遗产资源丰富的城市,有文化遗产带动的相关产业已成为当地经济发展的重要支柱。从历史经验来看,列入世界遗产都极大提升了所在地的全球影响力。对于沿河城市而言,以运河申遗为桥梁,可以拓宽城市建设和发展的全球视野。大运河申遗是传承运河文化、促进交流合作的新起点,依靠城市深厚的文化底蕴,为城市的发展带来更多的资金、资源和机遇。运河城市通过召开世界级运河大会或博览会,从全球视野的角度审视自身的城市价值,以创新的理念、包容的精神促进发展,有助于使苏北沿河城市华丽转身成为世界运河名城,提升其在世界范围内的知名度和美誉度。

与长城一样,中国大运河是世界最为宏大的工程之一,同时也是全人类共同的文化财产,它的存在极大地丰富了世界文明,也为其发展作出了重大贡献。联合国教科文组织在《保护世界文化和自然遗产公约》中,已明确将遗产运河和文化线路作为新的遗产种类,联合国教科文组织把大运河文化特点归结为:

　　它代表了人类的迁徙和流动,代表了多维度的商品、思想、知识和价值的互惠和持续不断的交流,并代表了因此产生的文化在时间和空间上

---

① 朱云瑛:《浅谈文化遗产保护对提升城市品质的作用——以"中国大运河第一城"扬州为例》,《赤字(上中旬)》2015 年第 15 期。

的交流与相互滋养。①

根据公约的定义及要求,我们认为应针对差异极大的运河保存现状,紧紧围绕运河文化遗产的"真实性"与"完整性",多学科并举,在具体的时空架构内复原其演变过程,分析其遗产价值,完善遗产的评估、保护以及管理体系。

世界遗产资源是不可多得的旅游资源。旅游开发是世界遗产地资源利用的主导方面。运河申遗成功必将促进遗产所在地游客持续增加和旅游经济的持续发展。截至目前,在我国凡列入《世界遗产名录》的"世界遗产地"无一例外地在大力发展旅游业。因为"世界遗产"是以其丰富而独特的科学、历史、文化、美学、艺术等多方面的价值而引起世人关注。另外世界级的品牌也使其为越来越多的人所认可。② 运河一旦申遗成功,遗产点段所在的城市旅游业将增加"金字招牌",大运河世界遗产也将成为城市形象的新名片。城市的发展演变过程如同人的成长,有其诞生、发展、消亡的历史过程。运河遗产是沿河城市建设国际知名城市的基石,忠实地记录了这一过程。遗产的独特性、不可复制性及不可再生性,往往成为一座城市唯一的历史见证和重要象征。对于苏北沿河城市而言,保护运河文化遗产就是在保护城市记忆,大运河文化遗产就是城市品牌和个性、财富和实力,创造和建设国际名城的基础。

目前大运河仅济宁以南通航,航道里程 900 多公里,其中绝大部分位于江苏境内。江苏位于南北大运河的中段,地势低平,水网密集,水源丰富,今江苏运河北起苏鲁交界的微山湖二级坝,南至苏浙交界的苏州鸭子坝,全长约 680 公里,自北向南流经徐州、宿迁、淮安、扬州、镇江、常州、无锡、苏州八个地级市。且江苏段运河河道标准高,苏北运河全部为二级航道,苏南运河也基本达到了三级航道。自古至今,江苏运河都是不折不扣的"黄金水道",促进了南北的经济文化交流,表现出了其地域特色。其中,苏北运河主要包括历史上的里运河、中运河,特色最为突出,运河遗产也最为丰富,全

---

① 陈文海主编:《世界文化遗产导论》,长春出版社 2013 年版,第 109、115 页。
② 孟华:《"世界遗产地"利益相关者图谱构建——以泰山为例》,《泰山学院学报》2008 年第 5 期。

省有 7 个遗产区、6 条河道、22 处历史遗存列入运河世界遗产名单,遗产点数量约占大运河全线的 40%。① 而运河苏北段沿线又是申报世界文化遗产的遗产点段集中区,为实现大运河列入《世界遗产名录》的目标,在大运河申遗过程中,苏北运河沿线城市应当身先士卒,走在全国运河城市的前列。

苏北沿河城市为实现运河遗产点段的成功申请,进行了历时数年的运河综合整治与保护管理:2003 年 7 月明孝陵等申报世界文化遗产成功之后,各地掀起了申报世界文化遗产的热潮,大运河的申报也被提上日程。2005 年 12 月,郑孝燮、罗哲文和朱炳仁三位专家发表了致运河沿线城市市长的公开信。大运河申遗开始走入人们的视野。② 2006 年 3 月,58 位全国政协委员联名向全国政协十届四次会议提交了《高度重视京杭大运河的保护和启动申遗工作的提案》,标志着申遗开始转化为国家行为。大运河申遗自此进入了加速跑的时代。5 月,国务院将大运河公布为全国重点文物保护单位。同年 11 月,国家文物局公布了重新设定的《中国世界文化遗产预备名单》,将大运河列入其中。

为推动大运河申遗工作,2007 年 9 月 26 日至 28 日在扬州举办了“2007 中国·扬州世界运河名城博览会暨运河名城市长论坛”,与会代表就如何进一步加强运河及其名城保护,促进运河城市的可持续发展等问题进行了深入探讨,还签署了世界运河名城可持续发展的《扬州宣言》。国家文物局决定由江苏扬州市作为京杭大运河申遗牵头城市,运河沿线城市共同参加,申遗办事机构中国大运河联合申遗办公室在扬州落址。③ 2009 年 4 月,国务院牵头大运河申遗工作,正式建立省部际协调机制,标志着大运河联合申遗上升为国家的意志和行动。

运河沿线城市均高度重视运河申遗工作,扬州市明确提出城市建设服从古城保护,古城保护服从遗产保护,对境内的河段进行了全面整治,对近百处文物古迹修缮保护,对影响运河遗产真实性、完整性的项目,坚决叫停。在资

---

① 《大运河江苏段旅游规划 6 月出炉“长江名城之旅”畅游 8 市》,新华报业网,2015 年 1 月 31 日。

② 《大运河的申遗之路》,宿迁网,2014 年 6 月 23 日。

③ 刘怀玉:《中国大运河申遗大事记》,参见吴楠、王广禄:《申遗成功是大运河保护和开发的新起点》,中国社会科学网,2014 年 6 月 23 日。

源调查、保护规划、文物整体保护、环境整治、编制规划等方面均取得实效。①全市所有建设项目在开工之初,规划部门必须书面征求文物部门意见,涉及运河遗产保护区域及历史遗存的,一票否决。市民在宣传影响下,也积极投入保护运河行动中。2011 年 10 月 29 日,"中国大运河国际青年百里毅行"活动在扬州举行,近 2000 名青年从东关古渡出发,沿古运河和京杭大运河徒步前往高邮和江都,捡拾两岸垃圾,发放运河资料。2013 年扬州在全国率先成立大运河保护志愿者总队,扬州市民踊跃参与。

大运河申遗启动后,"运河之都"淮安充分发挥运河遗产集中的优势,经过国家申遗办的多次遴选,最终确定最能反映运河历史文化价值的清口枢纽、总督漕运公署遗址 2 处遗产片区和清口枢纽、双金闸、清江大闸、洪泽湖大堤、总督漕运公署遗址 5 个点参加申报。其中"清口枢纽"是为解决运河会淮穿黄的难题而建设的大型综合性水利枢纽,在工程规划、设计、工艺等方面都代表了农业文明时代的最高科技价值,成为大运河申遗中证明大运河价值的一个重要佐证;总督漕运公署遗址则是现存最重要的国家级漕运管理机构遗址。② 宿迁市积极发挥运河保护和申遗领导小组的作用,切实把全市大运河保护与申遗的各项目标任务落到实处,并于 2011 年出台了《大运河(宿迁段)遗产保护规划》。此后该市大力实施大运河沿线重要区域的环境整治,做好沿线重要文物点的保护和管理工作,开展大运河本体及周边环境的景观保护、展示和相关的整治工作,建立大运河(宿迁段)遗产监测预警平台,开展大运河(宿迁段)档案资料系统建设。截至 2014 年申遗成功前夕,该市投入约3000 万元资金,对首批列入申报遗产点龙王庙行宫文物本体进行了大规模修复,开展了基础设施工程、油漆彩绘保护工程、内涵提升等多项工程。③

2012 年 6 月,运河沿岸城市完成申报遗产点段的"四有"基础工作,即有保护标志、有保护区划、有保护管理机构、有遗产档案资料。2013 年 1 月,大运河正式申报文本送达世界遗产中心。同年 9 月,联合国教科文组织世界遗

---

① 东南大学建筑设计研究院:《大运河遗产保护规划(扬州段)文本》(打印稿),2009 年 6月,第 17 页。

② 《世界文化遗产:中国大运河淮安段概览》,中国文史出版社 2016 年版,第 174—175 页。

③ 《宿迁也有了世界文化遗产 我市为全国唯一拥有大运河三个历史阶段不同主航道的城市》,宿迁新闻网,2014 年 6 月 23 日。

产中心的国际专家完成了对大运河全线遗产点段的现场评估。2014 年 6 月，第 38 届世界遗产大会在西亚国家卡塔尔首都多哈召开。我国专门派出了由中国联合国教科文组织全国委员会、国家文物局、住建部、外交部等部门和中国古迹遗址保护协会等单位组成的代表团参加。大会在审议的过程中，由国际古迹遗址保护协会（ICOMOS）代表国际评估机构对中国大运河内涵、价值及保护管理情况、评估意见和结论进行了介绍，世界遗产委员会委员国的代表对大运河给出了高度的评价。有的代表用"震撼""令人印象深刻"等语言来形容对中国大运河的感受，最后各成员国代表通过投票表决的方式一致赞同将其列入《世界遗产名录》。

二、后申遗时代运河文化遗产的保护与开发

运河的成功申遗使千年运河获得了一张"金名片"，证明了其突出的普遍价值，也为今后的发展带来了新机遇。申遗成功后，运河保护可充分利用国际遗产保护平台，集中全人类的智慧，研究与保护工作将得到进一步推进。申遗成功固然令人欢欣鼓舞，但后申遗时代的大运河机遇与挑战并存，因此如何保护好、利用好大运河，是后申遗时代不可回避的问题。

城市是人类文明的重要载体，文化名城更是在历史的发展积淀中储存了大量的历史文化信息，这些信息不仅是城市的历史记忆，而且也是人类的共有财富。这些信息有利于人类子孙认识自己的文化，推进人类文明的不断进步。同时它们又极其脆弱，环境的历史文化生态具有不可再生性，一旦破坏即无从恢复。[1] 运河文化是中华民族文化的重要组成部分，反映的是民族的智慧和发展轨迹，向世界展示着我们的经济和文化，是我国古代劳动人民创造的伟大工程，是祖先留给我们的宝贵物质和精神财富。保护和利用好大运河，是运河沿线城市实现城市复兴，再现名城胜景，是镌刻于所有运河人灵魂深处的梦。运河城市的复兴，是所有运河沿线城市的目标。但同时运河城市也要进一步加大对运河遗产的保护与利用，以保护为目的，以利用为手段，通过适度利用实现真正的保护，实现保护和发展双赢。[2] 因此在后申遗时代，苏北运河沿岸城市世界遗产的保护与开发问题并存。如何解决好这一问题，不仅是观念问

---

[1]　任云英、陈方：《徐州城市景观特色及其创新性初探》，载《中国古都研究》第 17 辑，三秦出版社 2001 年版，第 313—314 页。
[2]　《活态保护大运河申遗之本》，《扬州时报》2013 年 3 月 12 日。

题,而且是当前所面临的实践问题。

首先,以国际法则为准绳,按照联合国教科文组织的要求,并运用现代技术对大运河加以保护利用。世界文化遗产的保护与管理在《世界遗产公约》及其操作指南中有着极其严格的规范。早在大运河成功申遗前的 2010 年上海世博会期间,联合国教科文组织世界遗产中心主任弗朗切斯科·班德林,在世博论坛分论坛"物质文化遗产保护:寻找城市的个性与标识讨论"互动环节中接受东方卫视采访时即表示,"不是反对对遗址的维修工作。但是你要做的正确,需要以一种科学的方式、有结构的方式,把这些古迹的维护、保养工作做好","真实性或正宗性,这是保护工作的重中之重。具体来说,并不是你说你根本不能去修复古迹,你可以动,但要按照一定的保护、维修的原则去做才可以"。① 因此,2014 年 6 月大运河申遗成功以后,国家文物局副局长童明康即在世界遗产大会中就将来我国大运河这一世界遗产保护与管理对国内外媒体第一时间作出表示,中国政府将恪守《世界遗产公约》及其操作指南的有关要求,继续为大运河珍贵文化遗产提供最好的保护,并将继续团结各利益相关方,进一步巩固跨地区跨行业对话和协调机制,深入探讨巨型线性文化遗产,尤其是活态文化遗产的保护、管理和利用模式,让蕴含丰富精神内涵的大运河流淌向可持续发展的未来。②

苏北参与运河申遗的城市,也在相关运河遗产点段的后续保护方面采取了相应的规划与举措。例如,淮安针对运河遗产区面积最大,但多地处荒郊野外,呈散落状态,保护难度大的现状,相关部门表示:"对世界遗产的保护需更新理念,应尽最大努力保护遗产点的原有风貌,保护其真实性和完整性。"③扬州则不仅关注大运河遗产本身,还提出创新打造大运河数字管理平台,构建文化保护体系和长效机制,这样通过现代理念和技术的嫁接,不仅使这一文化遗产得以焕发青春,而且能更好地发挥水利、通航、运输等重要功能。④

---

① 中国 2010 年上海世博会论坛文集编辑委员会编:《中国 2010 年上海世博会论坛文集 主题论坛 城市更新与文化传承》,东方出版中心 2011 年版,第 88 页。
② 《宿迁也有了世界文化遗产 我市为全国唯一拥有大运河三个历史阶段不同主航道的城市》,宿迁新闻网,2014 年 6 月 23 日。
③ 《淮安专家:大运河申遗后遗产点保护须原汁原味》,人民网,2014 年 7 月 5 日。
④ 《扬州融入"一带一路"实现古代文化与现代文明完美融合》,国际在线,2015 年 5 月 16 日。

其次,通过水环境治理和运河遗产的园式展示,吸引国内外人士关注运河、保护运河。运河沿岸城市在积极宣传、保护运河的同时,也借助运河提升自身在国内外城市中的地位和知名度。例如,淮安市政府对运河遗产的保护和可持续性发展高度重视,将如何保护好运河遗存,传承好运河文化,发展好运河经济作为淮安地方政府的一项重要工作。早在 2013 年,淮安市就启动了"里运河文化长廊"和世界运河文化旅游区建设,大手笔打造淮安版"清明上河图"。据了解,此项工程以提升淮安市苏北重要中心城市品质为导向,通过理水、营城、聚人、兴文等四大策略,将里运河文化长廊打造成集文化创意、生态旅游、康体养生、商务休闲以及特色主题乐园多功能于一体的"运河文化国际交流经典空间"①。2014 年 9 月,淮安举办了"中国大运河世界遗产保护与可持续发展研讨会",邀请了数十位国内专家、学者共商运河遗产保护与可持续性发展大计,以推动淮安里运河文化长廊和世界运河文化旅游区的建设,增强城市文化软实力和影响力。淮安城市围绕"水"的特色,通过对运河整治、疏浚河道、绿化工程等,把开发水文化摆在重要位置,建成了樱花园、中洲公园、苏北野生动物驯养中心等特色旅游项目,完成了古黄河绿化风光带、里运河两淮段及城区段绿化风光带,为淮安成为一个独具特色的"水中城、城中水,绿中城、城中绿"的自然生态城市,营造了一个优美舒适的水环境。

扬州依水而建,缘水而兴,水是扬州的灵气所在,也是扬州城市功能的重要承载。江河之水孕育了城市的文明,见证了它的繁荣。在运河成功申遗后,扬州为扩大其社会效应,加强与故宫博物院的合作,高水平组织运作大运河沿线城市及世界城市文物巡展活动,积极筹建国家级大运河遗产展示园,推动成立中国大运河遗产保护管理联盟、中国古迹遗址保护协会运河专业委员会等专业组织,认真谋划和承办以运河为主题的国际性论坛和研讨会,以巩固和提升扬州在大运河文化遗产保护和复兴工作中的牵头城市地位。②

扬州襟江枕淮,京杭大运河纵贯南北,水域面积约占四分之一。扬州城外大河贯通,城内河道纵横,呈现滨水而建、房舍临水而筑的空间布局和建筑特色,展现出"千户人家尽枕河,万户商埠向水开"和"邻里漾船过,车马少于船"

---

① 《淮安打造中国运河文化五大中心》,新华网,2014 年 9 月 28 日。
② 《扬州定 6 大工程迎建城 2500 年　拟建大运河遗产园》,人民网,2014 年 7 月 24 日。

的水城风情。扬州以园林胜,扬州园林最大的特点便是与水交融,几乎是无水不建园,园林必依水。水塑造了城市形态,良好的水环境已经成为扬州的一块"金字招牌"。扬州先后实施了淮河入江水道治理、引江河改造和长江干堤加固等城市外围水利和城市防洪体系工程。整治城市水环境,实施了古运河综合整治工程、瘦西湖水环境整治工程、"古运河—邗沟—瘦西湖"水上游览线基础设施项目、城河综合整治工程等。市区瘦西湖水系的河道整治率为100%;古运河城区段已全部整治;整治后的沿山河既解决了城市西区防洪排涝的难题,增加了水体空间,也改善了西部新区的环境,同时还建设了污水处理厂和污水截流工程。[1] 近几年,通过加强水环境的综合治理,城市环境质量有了明显提升,通过精心打造水环境,城市水环境得到明显改善,初步展开了"夹岸垂柳桃花,小桥流水人家"的优美画卷,再现了碧水绕城郭的美景,显现了人与自然的和谐统一。

在水环境治理中,扬州注重延伸水环境的内涵,拓展水环境的功能,达到人与水、自然和文化的和谐,形成具有个性魅力的城市水环境。在整治水环境的过程中,扬州充分运用"以人为本、尊重规律、人水和谐"的治水理念。既注意尊重自然所具有的多样性,又注重保障和创造满足自然条件的良好的水循环,同时又使水和绿洲形成网络,避免生态体系的互相孤立存在。对于二道河等处在居民新村附近的内河,规划设计首先考虑为附近城市居民创建优美的滨水人居环境。在漕河风光带公共绿地空间中,临水安排了大量的铺装广场,设置了较舒适的座椅,让人近水观赏,游赏水景。按照人体行为工程学原理,安排了多种健身设施与器具,创造了舒适的休闲健身空间环境。大量水岸服务设施的设置,如曲艺广场、水上廊桥、观景廊架、亲水平台、河滨散步道、自行车道、护岸、栈桥、微型泊船码头、河滨主题公园等等,借此形成因水成街、因水成路、因水成市、因水成景、因水成园的构架,体现拓展水岸艺术空间的景观构想,让市民、游人能与水亲密接触,满足人们对亲水性的要求。

再次,将运河遗产之利惠及民众,唤起大众的生态保护意识,打造绿色城市。2014 年 6 月,大运河被列入世界文化遗产名录,既是一座里程碑,更是新起点,如何在严格保护的基础上,充分挖掘运河文化资源,实现较为科学、有价

① 《水环境成"金字招牌"扬州人水和谐显魅力》,中国水网,2005 年 5 月 31 日。

值、可持续的保护与发展,对苏北运河沿线城市仍是非常重要的课题。在当今21 世纪,苏北区域内运河的整治,把文化传承、城市蜕变和生活品质提升融为一体。2014 年,时任故宫博物院院长、中国文物学会会长的单霁翔在接受媒体采访时表示,对运河的保护和利用,一定不要将其作为一个封闭的系统保存起来,而是要使文化遗产积极融入当前的经济社会发展中,融入民众的日常生活中去。这样文化遗产的保护才能得到更多的理解和支持。他还指出,大运河的合理利用是多方面的,不仅仅是搞旅游,也不仅仅是为了开展旅游,或者在运河边搞很多大广场、绿地。大运河的情感价值的开发也很重要。世代生活在运河沿岸的民众是运河遗产的所有者,是遗产最重要的守护者,也是运河遗产保护的主要力量。他们与千古流淌的大运河有着深厚的感情,也蕴藏着保护运河、维护精神家园的热情和无穷智慧。在运河遗产保护过程中要充分发挥广大民众的积极作用,环境整治中要妥善处理保护与民生的关系。做好大运河保护的宣传工作,向民众介绍运河保护工作的意义和影响,取得民众的理解和支持,将民众的利益放在至关重要的位置上。将运河遗产的保护与当地民众生活的改善结合起来,在恢复古运河历史风貌的同时,改善民众生活环境,提高其生活水平,使运河保护真正地惠及民生。① 自 20 世纪 90 年代后期建市以来,宿迁在城市建设方面始终将保护生态作为治市执政理念,综合推进水生态修复、水环境改善等系列工程,全力打磨出"烟波水世界、绿色梦田园"的生态文明"金字招牌",提炼出了"生态为归宿、创业求变迁"的城市精神。2015 年宿迁进一步筹划未来将通过对生态空间划定、水源地保护、湖泊湿地修复、绿色灌区建设和运河文化提升等,努力建设成为全国水生态文明之城。②

　　总之,运河是文化的源泉,沿线城市是文化的结晶,生活在城市中的人是文化的载体。运河不仅滋养了苏北沿河城市的有形生命,同时也孕育着人与自然和谐共生的情感。大运河成功申遗后,苏北沿河城市地方相关管理部门对运河的整治与保护措施不断推进,大大改善了沿河城市的生态环境。沿河城市生态环境不断优化,发展空间不断拓展,使居民精神面貌更加自信、昂扬,

---

　　① 《保护中国大运河世界遗产　开启大运河城市历史新篇》,《中国文化报》2014 年 9 月 18 日。

　　② 《宿迁全力打造水生态文明城》,中国江苏网,2015 年 9 月 17 日。

对城市的责任心也不断提升,实际上也就是悄然提升着沿河城市的软环境及其内在的魅力。

第二节　打造运河文化旅游的魅力城市

大运河是一条绚丽鲜明的文化长廊,它见证了沿河城镇的兴衰,也积淀了深厚的历史文化底蕴。伴随着运河的兴衰,千百年来积淀了许多有价值的内涵极其丰富的文化遗产,表现形式包罗万象,既包括有形的物质文化遗产,又包括无形的非物质文化遗产。运河的各类设施,如河道、码头、闸坝以及附属建筑;作为各类古城街区、特色民居、道观庙宇、地方会馆、皇家园林、官商庭院、名人遗迹等,构成了运河沿线独具特色的建筑群落和文物名胜,展现了绚丽多彩的运河文化风貌。《大运河文化保护传承利用规划纲要》中明确提出,"在实现保护要求的前提下,合理利用文化生态资源,促进文化旅游及相关产业高质量发展"。

旅游业已成为地区经济发展的重要支柱性产业之一,不仅有助于提高就业、优化产业结构、提高市民素质,还有助于加强国内外交流与合作,对提升城市形象与魅力也发挥着巨大的作用。在沿河城市旅游资源中,运河本身及其历史资源的整理与形式多样的开发,不仅推进了城市旅游经济的发展,还无形中提升了城市的美誉度与知名度,形成了特色鲜明的运河魅力城市。

一、运河与苏北城市旅游资源的积淀

历史上,苏北运河在南北运输中发挥了重要作用,促进了沿河城镇经济的繁荣和文化的兴盛。随着近代以来其他运输方式的兴起,运河的交通地位迅速下降,苏北运河沿线城镇与码头曾经的热闹与繁华逐渐远去,代之以衰败和萧条的景象。但同时运河也为沿线城市留下了丰富的水工遗存、管理机构遗址、标志性建筑物、古城遗址等文化遗产。文化是一个地方的灵魂,文化遗产是一个地方文化的根,厚重的历史是文化凝聚的土壤。千百年来,大运河在养育沿岸人们的同时,也造就了灿烂辉煌的运河文化,为沿河城市的旅游发展积淀了丰富的资源。

地处大运河中段的淮安,号称"南北襟喉,江淮要冲",黄、淮、运交汇于此,明清时期淮安因中枢漕运、集散淮盐、漕船制造、粮食储备、河道治理等而

地位显赫,在大运河发展史上具有特别重要的地位,因运河而滋养的运河文化成为淮安最具代表性的文化。在 2008 年 9 月全国政协文史和学习委员会主办的"第四届中国大运河文化节大运河保护与申遗高峰论坛"上,中国古都学会授予了淮安"运河之都"的牌匾。① 目前淮安与大运河直接关联的遗存众多,有清江大闸、清口枢纽、洪泽湖大堤、镇水铁牛、双金闸、淮安钞关遗址等。其中 16 处被列入全国重点文物保护单位京杭大运河(江苏段)的重要节点。2014 年大运河成功申遗后,淮安市古代运河遗址有 2 处遗产区、1 段河道、5 处遗产点被列入世界遗产名录。②

闸坝工程遗址方面。清江大闸始建于明代,明永乐十三年(1415 年)平江伯陈瑄开清江浦后,为了节制水位,在清江浦上建了移风、清江、福兴、新庄四闸,按时启闭。上述做法有利于充分节约南来的湖水水源,用以调控运河水流,便于漕运船只穿行。洪泽湖大堤始建于东汉,历经明代陈瑄、潘季驯的治理,到清乾隆时期形成了现在的规模。大堤造就了巨大的平原水库,有效地发挥了蓄清刷黄的功能,显示了我国古代水利工程的高超技艺。洪泽湖大堤上的镇水铁牛是大运河的重要文化景观,建造于康熙四十年(1701 年),希望达到镇压水患的目的,民间还有"九牛二虎一鸡"的传说。中外合璧的双金门大闸始建于清康熙年间,简称"双金闸",位于淮安市淮阴区凌桥乡双闸村,是古代河道变迁的历史证物。为解决黄流倒灌清口,康熙二十四年(1685 年)河督靳辅奏请于淮安府清河县西的运河东岸建双金门大闸一座,如遇黄河异涨,分减黄水入海。1921 年,双金闸被大水冲坏,次年聘请英国工程师莱茵重新设计,利用西方的新技术、新材料进行修复,形成了我们今天所见到的中西合璧的格局。

古建筑遗址方面,主要包括古衙署、古楼阁等。衙署建筑有淮安府署、总督漕运公署。淮安府署坐落在淮安老城淮安区东门大街,其建筑历史可追溯到南宋,元为沂郯万户府,明洪武元年增修为府署,是目前中国保存最完好的古代地方府衙,面积超过 500 平方米,有房屋 50 余幢、600 余间,现为国家4A 级旅游景区。总督漕运部院公署位于淮安府署以南,是明清两代管理全

---

① 《第四届中国大运河文化节大运河保护与申遗高峰论坛在淮隆重举行》,淮安城管网,2008 年 9 月 25 日。

② 《淮安打造中国运河文化五大中心》,新华网,2014 年 9 月 28 日。

国漕运事务的官署。因漕运总督的地位高于淮安知府,故总督漕运部院占据全城的中心位置。漕运部院遗址发现于 2002 年 8 月,2012 年申报为 4A 级景区。

楼阁建筑主要有镇淮楼、清江浦楼和淮安钞关。镇淮楼始建于南宋,为城门上的瞭望楼,又称鼓楼、谯楼,清道光十八年(1838 年)改名镇淮楼,至今已有 1000 多年的历史。巍峨高大的镇淮楼位于总督漕运公署南面,为砖木结构城楼式单体建筑物,下层为台基,上层为二层山楼,中有城门洞可通过,与淮安府署、总督漕运公署在同一中轴线上。清江浦楼目前在淮安有两座,古清江浦楼坐落在运河南岸,建于清雍正七年(1729 年),为青砖灰瓦的两层小楼,是当时清江浦城市繁荣的见证。新清江浦楼位于今清江浦城北中洲岛上,为 2003 年在修建中洲公园时重建,现辟为淮安市楹联博物馆。淮安钞关又称淮安榷关,简称"淮关",位于淮安板闸,是明清时期中国运河八大钞关之一,也是运河沿线最大的钞关。钞关作为中央设在地方的税务机构,负责向运河上来往的船只收税,据史料记载,淮安关税收"居天下强半",关税占全国的一半。

淮安古城镇最具代表性的是河下镇、码头镇。河下古镇有 2500 多年的历史,文化底蕴丰厚,名人辈出。该镇也是淮扬菜的发源地之一,淮安茶馓、文楼汤包、长鱼宴皆出于此。目前河下古镇七成以上为清代以前的建筑,九成路面为石板路,旅游开发价值高。码头古镇位于历史上黄、淮、运交汇区,有 2300 多年的历史,有淮阴故城遗址、秦甘罗城遗址,有码头三闸、天妃坝、顺黄坝、惠济祠等河工遗址,出过韩信、枚乘、枚皋等名人,更有淮扬名菜之一的码头牛羊肉。

古代园林建筑主要有清晏园。清晏园即清代河道总督府后花园,距今已有 300 多年的历史,是苏北地区最具代表性的古典园林,也是运河沿线唯一留存的官宦园林。园内的荷芳书院兴建于乾隆十五年(1750 年),是当年河督游憩之处,也是最具有特色的建筑。目前院内的碑亭和碑廊内,保存了大量的御制碑,是不可多得的运河文化遗产。

古城遗址有泗州城遗址和明祖陵。位于今江苏省盱眙县境内的泗州城,始建于北周时期,因处于隋唐大运河与淮河交汇处,水路交通便利,是历史上淮河下游的一座重要都市。宋代的泗州城十分繁华,明代更为繁盛,城中店铺林立,商贾云集。清康熙十九年(1680 年)大水,泗州城被淹没于洪泽湖底。

其遗址完整地保存了三百多年,因而有"东方庞贝城"之称。2000 年实施了勘探,初步确定古泗州城的范围,2002 年又对泗州古城实施密探工程,终于揭开了水下泗州城的神秘面纱。2013 年 5 月,泗州城遗址被国务院公布为第七批全国重点文物保护单位。

明祖陵位于今盱眙县洪泽湖西岸,是朱元璋高祖朱百六、曾祖朱四九的衣冠冢以及祖父朱初一的实际安葬地。明代保漕与护陵问题交结在一起,为保陵寝,治水者不惜以牺牲里下河、高宝地区为代价。清代治河摆脱了护陵的束缚,洪泽湖水位不断攀升,导致了更大区域受灾,泗州城、明祖陵遂沉没湖底。沉睡于洪泽湖水下 300 年之久的明祖陵,直到 1963 年 5 月大旱才逐渐露出水面,1996 年被公布为全国重点文物保护单位。明祖陵现存神道石刻 21 对,已成为一处游览胜地,基本做到了保护与利用的有机结合,沉没湖中 300 余载的文物瑰宝重见天日。

淮左名都扬州是与古运河共生共长的城市,历史上古运河穿城而过。运河扬州段是南北大运河中最古老的一段,其历史可追溯至 2500 年前吴王夫差开凿的邗沟。隋代以后,运河被全线打通,沟通了海河、黄河、淮河、长江和钱塘江五大水系。目前扬州境内的运河与古邗沟路线大部分吻合,与隋炀帝开凿的山阳渎运河则完全契合。

历史上运河的畅通,使扬州成为江、海、运河等交汇点和南北水上交通枢纽。运河沿途从瓜洲与长江交汇处开始,在湾头与京杭大运河汇合,经过邵伯湖、高邮湖、宝应湖、白马湖,北至淮阴清口接里运河。扬州城市建设开启于春秋时期,汉代时发展成为区域中心城市,隋唐时期成为漕运和盐运中心,当时有"扬一益二"之美誉。晚唐以后,扬州成为海上丝绸之路的重要节点城市,号称"淮左名都"。明清时期,扬州因漕运和盐业而闻名全国,吸引大批外地商人前来,称得上是一座国际化的大都市。

扬州运河城市的历史,同时也是这个城市的人民对运河保护开发和利用的历史。悠久而丰厚的历史积淀,注定了今日扬州的社会生活、城市建设与往日文化的密切关联①。扬州运河沿线历史遗迹甚多,提供了丰富的旅游资源。

----

① 全国政协文史和学习委员会、政协江苏省扬州市委员会编:《运河名城扬州》,中国文史出版社 2009 年版,"序言"第 2 页。

历史人文景观中,有扬州段运河游世界三大宗教文化活动景观高旻寺、普哈丁墓园和天主教堂,三者分别为隋代佛教、宋代伊斯兰教、清代天主教建筑的代表;有反映扬州古港、水利和城池建筑的遗址水斗门、钞关、东关古渡和古湾头闸;有古代帝王南巡留下的御碑、御码头遗迹;还有体现富甲一方的扬州盐商园林何园、个园;有大量历史文化名人在这条河道上留下历史遗迹和人文资源,有古纤道及田野风情景观,还有自然生态景观等。①

徐淮段运道北自徐州北部的微山湖口,南至淮安黄、淮、运交汇的清口,自古水系发达,运道历史悠久。就城镇特色而言,前期城市兴衰多受军事战争的影响,后期商业特色渐浓。徐淮段运河城镇的迁徙,与水的关系密切,伴随着水运交通条件的变化,城镇兴衰更替,城镇形态和功能结构也不断发生变化。

宿迁地处淮、沂沭泗水系下游,因交通之便,军事战略地位重要,万历《宿迁县志》称其"北瞰泰岱,南控江淮,西襟大河,东连渤海,盖两京之咽喉,全齐鲁之门户"。元代京杭运河开通后,形成了一定规模的城市街区和市镇聚落。清代先后开凿了皂河、中河,宿迁成为重要的河道治理中心,宿迁及其所属皂河、白洋河等地成为运河沿线重要的商业城镇。大运河宿迁段分布着十分丰富的文化遗产,据统计,水利工程及相关文化遗产计有水道5项,即中运河宿迁段、黄河故道宿迁段、老汴河、龙窝塘、龙门口;水源工程2项,即洪泽湖、骆马湖;水利工程设施5项,即归仁堤、皂河枢纽工程、泗阳枢纽工程、刘老涧枢纽工程、宿迁枢纽工程;航运工程设施2项,即皂河老船闸、刘老涧老船闸;古代运河设施和管理机构遗存1项,即关坝台;与运河相关的古代祭祀文化遗存3项,即龙王庙行宫、大王庙、天后宫。另外还有与运河相关的大量非物质文化遗产,其中与运河及治河相关的神话及民间传说4项,即康乾治河传说、宿迁大王庙靳辅的传说、张庙的传说以及黄河故道、中运河、洪泽湖、骆马湖、六塘河相关的传说;运河相关民俗3项,即金龙四大王崇拜、皂河正月初九庙会、洪泽湖渔民婚嫁习俗;运河相关戏剧曲艺舞蹈5项,即宿迁琴书、淮剧、淮海戏、淮红戏、洪泽湖渔鼓舞;运河相关传统技艺6项,即湖鱼锅贴制作技艺、黄

---

① 东南大学旅游学系等编著:《扬州市旅游发展总体规划(2002—2020)》,东南大学出版社2006年版,第86页。

狗猪头肉烹饪技艺、乾隆贡酥制作技艺、车轮饼制作技艺、洋河酒酿造技艺、双沟酒酿造技艺。

运河流经的徐州也留存了不少的文化古迹和历史遗存,徐州为古九州之一,自古水运交通条件便利,城市发展与运河交通密不可分,素有"五省通衢"之称。南宋黄河夺淮以后,此段运河地处黄、运交汇地段,为确保漕运畅通,明代时大力疏凿该段运道,但终无法根除黄河二洪之险,于是采取了避黄改运的措施,开凿伽河运道。伽河开通后,徐州段运河交通地位有所下降,但仍是重要的运河城市之一。大运河徐州至邳州段废弃较早,明后期为避黄行运而另开伽河,再加上黄河泥沙淤积,故地面遗存相对较少,但仍然留有很多关于运河的遗迹。如窑湾古镇、汴水故道、泗水故道、清河门遗址、广运仓遗址、徐州卫遗址、疏凿吕梁洪记碑、奎山塔遗址、沽头分司遗址、徐州三洪、乾隆行宫、荆山桥、户部山古民居、良王城遗址、戏马台、徐州古城墙、云龙山石佛等。

二、开发旅游资源,建设魅力城市

苏北运河沿河城市的旅游业发展自新中国建立以来至今,经历了曲折的发展阶段。在党的十一届三中全会前,苏北运河城市的旅游发展同省内其他城市一样,处于接待事业型阶段,即旅游业在性质上为非营利性事业。改革开放以后至 1990 年为转型阶段,开始向产业型发展转变,旅游发展加快。自1991 年以后至今,苏北运河城市旅游业实现了产业化发展。①

就苏北地区而言,江苏省旅游主管部门制定了针对苏北地区的旅游规划。从 20 世纪 70 年代末苏北运河沿线城市旅游业转向产业化以来,二十余年中,省旅游主管部门围绕运河这一主题开掘旅游资源,规划苏北旅游业发展方面较为滞后,使苏北沿河城市运河旅游资源开发较为欠缺。如江苏省旅游局在省旅游业发展"十五"计划中,准备确立"四区一带"的旅游发展总体布局,着力构建环太湖、宁镇扬、东部沿海、徐宿淮旅游区和沿长江旅游带。苏北沿河四市中,只有涉及扬州旅游区时,提出重点开发古运河等世界独特的文化遗产为主的旅游资源。其他三座城市则重点开发以两汉文化为主体的文化观光、

---

① 《江苏省政府关于印发江苏省旅游发展总体规划(2001—2020 年)的通知》(苏政发〔2002〕90 号)。

以林果花卉田园为主体的农业观光以及名人探访、民俗旅游等专项旅游,运河资源尚未纳入旅游开发的规划。① 步入 21 世纪以来,从沿河城市对运河文化资源的调查、保护、修复,以及成功申遗,运河成为沿河城市旅游的重要文化品牌之一。低碳绿色产业及其带来的巨额经济效益、城市的品牌效应等,也推动苏北沿河地方政府积极参与运河旅游资源的大规模开发。2014 年 6 月,全国运河沿线 18 座城市旅游局召开联席会议,成立"京杭大运河城市旅游推广联盟",商讨运河旅游项目的推广。2015 年江苏省政府工作报告中首次提出打造"畅游江苏"品牌,运河文化之旅成为规划的重要组成部分。江苏省内运河沿线城市通过对运河文化资源的挖掘与打造,将有众多的旅游"大餐"可供选择。

号称"运河之都"的淮安市,为提升苏北运河遗产城市旅游形象,塑造运河文化旅游品牌,2013 年年初推出里运河文化长廊建设工程。自 2013 年 3 月正式启动后,在各有关县区、部门的通力协作和加速推进下,取得了显著进展。这一重点工程的基本规划是由上海世博园总规划师、同济大学副校长吴志强教授亲自领衔,国家历史文化名城研究中心主任阮仪三教授担纲总规划师,上海世博园规划团队全程精心设计。规划设计方案充分吸纳了专家学者和社会各界的意见和建议,体现了规划的前瞻性、引领性和长远性,展现了千年运河文化和淮安地域文化的独特魅力。据报道,里运河文化长廊文化工程以提升淮安市苏北重要中心城市品质为导向,以创建国家 5A 级旅游景区为抓手,通过理水、营城、聚人、兴文四大策略,将里运河文化长廊打造成集高端论坛、文化旅游、生态养生、商务休闲以及特色主题乐园多功能于一体的运河文化国际交流经典空间。根据已公布的古运河东段规划,其主体区段分为 4 个部分,组成起、承、转、合四个篇章序列,凸显古今融合发展。具体而言,缘"起"清江浦,围绕中洲岛清江浦楼、慈云寺国师塔、文庙商业文化水街等标志性重点项目,突出清江浦文化旅游品牌,打造文化旅游新商圈功能区;传"承"荟萃,围绕运河之光观光塔、天下粮仓、运河小镇、博物馆群等标志性重点项目,突出漕运文化旅游品牌,打造漕运文化展示窗口;"转"型创新,围绕运河之门、运河文化国际交流中心、榷关体验园、板闸风情街、山阳湖水秀、低碳科

---

① 《省政府办公厅转发省旅游局关于江苏省旅游业发展"十五"计划和 2020 年远景目标纲要的通知》(苏政办发〔2001〕163 号)。

技馆、运河国际街区等标志性重点项目,突出山阳湖文化交流、生态创新的国际化品牌,重点打造山阳湖运河文化国际交流中心;融"合"发展,围绕萧湖盐商园林、状元阁、古城墙、盐晶堡等标志性重点项目,突出淮安古城文化品牌,打造古今辉映的休闲旅游发展集聚区。组织文化、产业、旅游、生态贯穿四区,激发城市滨水活力。① 这些项目的开展将成为展示运河文化的空间、奠定智慧生态城市的基础、实现淮安市 5A 级景区零的突破的载体,最终把城市打造成为世界关注的运河文化之都。

运河沿岸城市旅游业迎来重要的机遇期。一是在 2014 年的卡塔尔多哈世界遗产大会上京杭运河入选"世界文化遗产名录"。二是国家提出了"一带一路"倡议。这为苏北运河城市旅游业提供了走出国门、走向世界的重要战略平台。在 2014 年淮安市政府与民资企业联合,准备共同打造"中国淮安—世界运河文化旅游区"项目。根据相关资料介绍,该项目位于里运河文化长廊中段,即"起承转合"中的"承、转"两大片区,具体为通甫路、翔宇大道、怡园路、京杭大运河围合区域。用地面积约 3200 亩左右,以里运河文化长廊为轴线,连接世界运河水城、水上乐园两大旅游吸引核,通过"一心、两河、三大特色游线、四园、五城、六大主题、七大功能区"的空间结构,让游客领略世界运河文化世界之最的无穷魅力,是一个集文化主题旅游、休闲度假、康体养生、文化交流、展览博览、旅游购物、市民休闲于一体的 5A 级国际旅游目的地。②

根据《扬州旅游业发展总体规划 2009—2030》,扬州旅游发展总体布局规划为"一城一轴四片"的样态。扬州主城区"一城"是旅游资源最为集中的区域,运河沿线风光和古运河轴"一轴"以运河为纽带,连接沿岸周边地区景点,形成一条较具特色的水上旅游路线。"四片"则是市域范围的重要分区,分别为北片环湖自然生态旅游区、南片滨江时尚休闲度假区、东片养生休闲度假区和西片运动健身休闲体验区③。扬州市在运河成功申遗后,为进一步提升旅

① 《淮安里运河文化长廊方案确定:建设四大景区》,人民网,2013 年 12 月 5 日。
② 《中国淮安—世界运河文化旅游区项目签约　重大实质性进展》,中国江苏网,2014 年 3 月 20 日。
③ 周嘉:《江苏省运河旅游发展报告》,载吴欣主编:《中国大运河发展报告(2018)》,社会科学文献出版社 2018 年版,第 136—137 页。

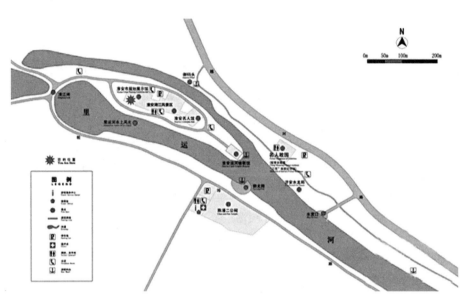

图 6-1　淮安里运河文化景区规划图①

---

① 图片来源:http://img.huaian.com/attachment/。

游城市形象,筹划按照世界文化名城和旅游名城的标准,高标准推进城市标识系统、智慧查询系统、医疗急救系统建设,进一步完善旅游、文化、体育、卫生等配套设施,为市民和游客提供规范、便捷、高效的公共服务。为对接"一带一路"倡议,紧抓机遇,扬州在旅游发展城市定位上,提升至国际文化旅游城市的高度,在国内成为国家级休闲旅游度假示范城市。这实际上主要得益于运河文化为扬州提供了丰富的旅游资源,如国内外知名的瘦西湖、大明寺等,著名历史人物鉴真、崔致远、普哈丁、马可波罗等,将成为吸引世界各地游客的重要资源。为建成全国休闲度假示范城市,扬州市还加快推动瘦西湖旅游度假区、瓜洲国际旅游度假区、凤凰岛旅游度假区、江都邵伯湖旅游度假区、仪征枣林湾旅游度假区、高邮清水潭旅游度假区、宝应湖旅游度假区等7个旅游度假区的建设。为开发运河河道旅游,借助"南京都市圈"旅游合作带头效应,扬州市计划逐步与国内外旅行社合作开发国际国内邮轮旅游产品,倡导运河全线"文化休闲走廊"的打造。①

2019年9月23日,《大运河扬州段文化旅游带概念规划》专家论证会举行。专家组认为,扬州不仅要重视大运河流域生态系统保育和沿线历史文化保护,坚持生态优先、绿色发展,进一步促进生态空间与城乡功能的有机衔接,还要加强大运河沿线产业功能的研究,明确大运河各段产业定位,促进大运河核心区与外围城乡功能的整合。此外,还要充分考虑大运河的世界文化遗产特性以及扬州传统城市空间特质,做好运河两岸空间、建筑、环境的加减法,适当留白、适量控制②。

2019年12月,中共中央办公厅、国务院办公厅印发《长城、大运河、长征国家文化公园建设方案》,明确提出开展大运河国家文化公园建设:

> 要坚持保护优先、强化传承,文化引领、彰显特色,总体设计、统筹规划,积极稳妥、改革创新,因地制宜、分类指导,根据文物和文化资源的整体布局、禀赋差异及周边人居环境、自然条件、配套设施等情况,重点建设管控保护、主题展示、文旅融合、传统利用4类主体功能区。

2019年12月5日下午,江苏省文化和旅游厅召开了《大运河江苏段文化

---

① 《扬州对接"一带一路""长江经济带"抢抓战略机遇》,中国江苏网,2015年4月25日。
② 《专家把脉扬州大运河文化旅游带规划》,《扬州日报》2019年9月24日。

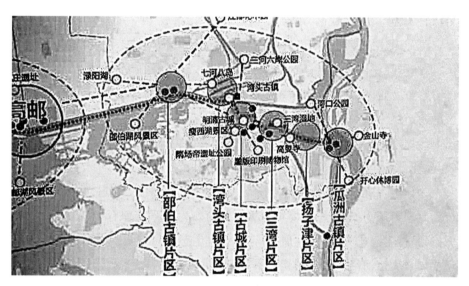

图 6-2 扬州大运河规划图①

---

① 图片来源:https://item.btime.com/429tki0lsoe8608307q362am5r3。

和旅游融合发展规划》（以下简称《规划》）编制工作会议。《规划》作为江苏大运河文化带建设"1+1+6+11"规划体系中的 6 个省级专项规划之一，编制工作由江苏省文化和旅游厅承担。江苏省文化和旅游厅将规划内容与厅重点工作、政策措施紧密结合，确定规划基本思路、内容框架、重点工程、重大项目等核心内容。江苏省文化和旅游厅政策法规处牵头成立由厅相关处室和单位工作团队和专家团队组成的编制工作小组，并遴选具备相应规划资质的知名专家团队，配合厅编制工作小组开展工作①。

在国家和地方政府政策的支持与推动下，苏北沿运城市旅游业发展前景更加广阔。千年运河在苏北沿线城市流淌所形成的丰富历史文化资源，在当代经济社会中成为城市旅游业兴起的宝贵财富。在沿线地方政府对运河文化资源的挖掘打造之下，运河文化旅游已成为沿线城市旅游业发展中的特色品牌。穿城而过的运河在改善城市自然生态环境的同时，还为城市旅游业提供了大量的资源。加上目前国内外游客对文化旅游、生态旅游等休闲旅游的追崇，苏北沿河如能够借鉴西方国家如法国塞纳河、英国泰晤士河沿岸城市旅游开发的经验，提供满足不同层次游客需求的游览方式，合力打造苏北运河旅游黄金区。使运河游成为中国入境游产品的重要补充，共同推进旅游产品、线路、市场、服务等方面的一体化进程，协力将运河的经济外展功能充分发挥，区域优势互补，促进区域旅游经济协调发展，实现共赢。这样不仅能够推进城市旅游经济的发展，还将无形中提升城市的美誉度与知名度，形成特色鲜明的运河魅力城市。

---

① 《江苏召开〈大运河江苏段文旅融合发展规划〉会议》，《中国网》，2019 年 12 月 10 日。

结　　论

　　水是生命之源。水环境是认识苏北城市、了解苏北城市的一把钥匙,水资源是建设苏北城市、发展苏北城市的一大抓手。苏北地区水系复杂,历史上的"江淮河济"四渎影响都涉及该地区。仅就运河而言,苏北地区的运河是网状结构、互相连通的,非单纯的线性结构,这在所有运河地区是非常突出的。在这样一个背景下,苏北运河城市的兴衰变迁有其自身的特色,明显区别于其他运河城市。徐、宿、淮、扬等因运河而兴衰的城市,在现代化建设大潮中,经历了西方现代化进程中共有的现象,如环境污染、生态失衡、人口现代文明素质低下等问题。通过运河沿线生产生活方式的转变,开发科教资源、完善生态网络、提升市民素质,实现人水和谐共生的生态理念,这一理念也是水体城市文化的重要组成部分。本书专门选取苏北地区的"运河城市"为研究对象,旨在抓住本地区最具代表性的水体,揭示本地区盛衰变迁最根本的要素,有助于全面深入地审视苏北城市。

　　从时间上看,苏北运河城市的发展历史久长。两千年前邗沟运道的开凿,初步显示了运河对于城市发展的促进作用。隋唐大运河的开凿,更是加强了苏北沿运城市的发展。元明清时期,纵贯南北的京杭大运河的开通,使苏北运河城市的发展进入快车道,这一时期堪称城市发展的黄金时代。清末漕运废止、交通方式发生转变,大部分运河城市随之衰落。不过就具体城市而言,不同时期还呈现出不同的个性特征,仍有部分城市借助局部的优越条件,持续乃至进一步发展繁荣。例如,窑湾在清代末叶至民国时期再次繁荣,情况远超越康熙时期,有"小上海"之称。从空间上看,扬州、淮安并驾齐驱,为苏北运河城市的"领头羊",为第一层次的运河城市;分布其间的徐州、高邮、宝应、桃源等为第二层次的城市;点缀其中的窑湾、皂河、邵伯、瓜洲等小城镇为第三层次。

　　综观苏北运河城市发展的表现,无不表现为经济繁荣、人口增加、规模扩大、文化昌盛等,城市逐渐由闭塞到开放,不断吸收融合其他地区的物质和精神的精华,形成自身的特色。这些运河城市发展的原因,可归纳为河道交通、漕运管理、盐业发展等方面所带来的周而复始的物资人员流动。可以说,苏北城市兴衰、城市群形成与发展均与流动的运河及漕运息息相关。明清时期是苏北运河城市群最后形成、城市得到空前发展的时期。而对于运河城市的衰落,既有交通地位丧失、军事影响等直接原因,也有社会结构变化等间接原因。其对区域社会的影响是深远的,导致社会应对灾荒的能力下降以及失业人口增加。例如淮安,其地位和繁荣完全是建立在运河漕运基础之上的,一旦运河不畅、漕运衰落,淮安便迅速凋敝,走向无可挽回的衰败。

苏北运河城市的兴衰历史,有许多地方值得认真反思,这对于今后制定城市发展战略具有重大的现实意义。

第一,交通是城市兴起和繁荣最重要的因素,但苏北运河城市主要是依靠单一的运河而发展起来的,这就存在着极大的风险和不稳定性,一旦运河出现问题,城市的脆弱性随即充分暴露。基于此,未来苏北城市的发展应该在修复、维护运河航道的基础上,大力发展公路、铁路、航空与海上运输,构建多种运输方式并存的交通运输网络体系。

第二,漕运枢纽与食盐集散中心是拉动苏北运河城市发展的"两驾马车"。运河城市大都有着相似的成长经历,但也不可否认城市的区域特色,就扬州、淮安而言,运河漕运枢纽与食盐集散中心是拉动苏北运河城市发展的"两驾马车"。明清时期的扬州与淮安,正是因为兼具漕运、盐业两个条件而发展成为运河沿线的大城市,地处南北水运之咽喉、淮盐产销之要津,城市规模扩大,人口增多,经济繁荣。反之,仅具备一个条件的城市,其发展势头则会大打折扣,徐州、宿迁等城市便是如此。

第三,国家政策的影响是第一位的。更进一步讲,无论是交通还是盐业,都是由国家的政策所决定的,政治性是第一位的,经济性是第二位的,一旦政策发生变化,城市的发展会立即作出反应。其一,中国的城市多为行政中心,城市的兴衰变化受到政治行政因素的影响较大,淮安、扬州因政治优势而成为区域中心城市,盐城、泰州则是政治因素欠缺。河下与西坝的兴衰交替则是另一个明显的例子。由于受到政治、经济、文化等诸多因素的制约和影响,苏北运河城市呈现出明显的差异性。其二,官员属于政治的范畴,明清苏北城市举足轻重的官员群体,必定会对城市发展产生一定的影响,或者影响财政收入和商品流通,或者影响地区政治地位和国家对地方的控制,或者影响城市规模和社会慈善等事业的发展。其三,明清时期苏北城市的繁荣与其特殊的政治地位和国家的漕运制度紧密相连。这种依赖政治和制度的发展途径固然可以在一段时期内促成城市的兴盛,但政治具有多变性,制度也不会一成不变,一旦政治环境与制度发生变革,城市的发展便失去了依托,其衰落就成为势所必然。漕运总督、河道总督的驻扎,极大地提升了城市的政治地位,国家漕运制度的大力推行,保障着城市的繁荣。但当漕粮改由海运、漕运河道二总督裁撤之后,城市迅速衰败不堪。这给我们的启示是:未来苏北城市的发展固然要充分利用国家、省市的相关政策、制度,但不能过分依赖,而必须走自力更生、自我创新的发展模式。

第四,人口的流动搞活了城市经济。明清时期苏北运河城市的发展,得益于大批的漕、河、盐、榷以及军事官员驻扎于此,他们所主管的机构使苏北地区成为全国的漕粮转运中心、食盐生产销售中心,大大促进了苏北城市的发展,他们所开展的其他相关事务也促进了苏北地区城镇的发展。官员以外,商人来往频繁,为城市发展带来了大量源源不断的资金和物品,繁荣了商品经济,增加了城市人口,促进了城市人口流动和文化的传播。明清时期苏北城市是典型的消费型城市,外来人口占据绝大多数,且高官巨贾云集,商品主要依靠漕船夹带"土宜"供给和补充,本身货物品种很少。这种靠外来人口消费外来商品的城市经济模式必然有如空中楼阁,一旦商品来源受阻,流动人群消失,经济势必陷入不可自拔的泥沼。这给我们的启示是:未来苏北城市的发展必须立足当地地理条件和资源优势,将消费与生产有机结合起来,构建自己的特色工业经济体系,走生产型城市发展之路。

第五,苏北运河城市文化具有明显的商业性和兼容性的特征。以民风为例,明中期之前的苏北城市民风"劲悍剽轻",此后则好奢喜华,附庸风雅。这种转变,显而易见地受到席卷全国都市的明中后期商业风潮的影响。此外苏北地区大量移民涌入,特别是徽州、山西商人的移民,带来了商人的侈靡之风,并逐渐传播到各府县地区。明清时期苏北运河城市文化的发展主要得益于南北交通的经济串联作用,在诸多领域既表现出江南文化的精致内敛,又反映出北方生活粗犷豪放的另一面,这显然与南北交融的大运河休戚相关,如大量的外来客商构建的地缘组织——会馆,由盐商和官员共建、反映城市休闲文化的淮扬园林,融合南北风格、兼具地方特色的苏北饮食,以及传统信仰和运河水神崇拜并行的苏北民间信仰,从一个个侧面反映了苏北运河城市商业性和兼容性文化的发展。苏北运河城市的文学、艺术、学术一方面受到富甲一方的淮扬盐商的大力推动,如淮扬诗文、扬州画派、扬州学派;另一方面,苏北城市文化的发展,还孕育了反映市民文化诉求的泰州学派和明清小说。这些文艺作品是苏北运河城市文化的一张张耀眼的名片,也是中华民族优秀传统文化的杰出代表。苏北自古就是一个人文荟萃之区,文风昌盛,英才辈出。明清时期的苏北更是维系国家经济命脉的重要纽带,这里留下了大量人文古迹、楼台亭榭、风景名胜,是发展旅游业不可多得的宝贵资源。未来苏北城市的发展,必须在文化事业和旅游业方面精心策划、着力打造,以此发掘苏北城市的历史文化底蕴,提升城市的文化品位,凝练城市的文化名片,提高苏北城市在全国乃至全世界的知名度和美誉度。

第六,水是城市建设中的一个重要元素,安全的水环境是改善城市环境的重要前提。在现代化的苏北城市发展进程中,运河作为重要的自然资源和环境载体,不仅关系到城市的生存,同时也制约着城市的发展,成为影响城市风格内涵和美化城市环境所不可忽视的重要因素。优美的生态环境是提升城市品位的重要途径,良好的水环境会给人带来清新愉悦的感受。运河在城市水环境整治中发挥着重要作用,历史悠久的文化名城,因水而生,因水而盛,城中水网密布,河道纵横,给生态文明城市建设提供了有力支撑,改善了民居环境,提升了城市品位。

总之,城市发展是一个复杂系统的运动过程,以城市空间形态的运动变化为外在表现形式,以社会、经济结构的进化为内在动力和真实目标①。原来的城镇得以成长和兴旺,同时不断催生新的城镇。明清苏北运河城市多是因商业、交通发展起来的消费型城市,城市发展呈现沿运河走向、因水而兴的独特地域性特征,大都经历了一个明清时期繁荣、清末以后衰落的过程,城市发展均受到内部、外部发展动力的双重作用。优越的水环境、便捷的运河交通、国家层面的漕运政策、政府支持下的盐业以及政区治所的设置与迁移,均是推动苏北运河区域城市发展的重要动因。

---

① 许松辉、许智东:《广州城市发展动因刍议》,《山西建筑》2007 年第 15 期。

参考文献

一、古籍

1. (汉)司马迁:《史记》,中华书局 1982 年版。

2. (汉)班固:《汉书》,中华书局 1962 年版。

3. (唐)房玄龄等:《晋书》,中华书局 1974 年版。

4. (南梁)沈约:《宋书》,中华书局 1974 年版。

5. (南梁)萧子显:《南齐书》,中华书局 1972 年版。

6. (唐)魏徵等:《隋书》,中华书局 1973 年版。

7. (后晋)刘昫等:《旧唐书》,中华书局 1975 年版。

8. (宋)欧阳修、宋祁:《新唐书》,中华书局 1975 年版。

9. (元)脱脱等:《宋史》,中华书局 1977 年版。

10. (清)张廷玉等:《明史》,中华书局 1974 年版。

11. (清)赵尔巽等:《清史稿》,中华书局 1976 年版。

12. (宋)司马光:《资治通鉴》,中华书局 1956 年版。

13. (南宋)李心传:《建炎以来系年要录》,上海古籍出版社 2008 年版。

14. (宋)李昉等编:《太平广记》,中华书局 1961 年版。

15. (宋)洪迈:《容斋随笔》,上海古籍出版社 1995 年版。

16. [意]马可波罗著,[法]沙海昂注:《马可波罗行纪》,冯承钧译,中华书局 2004 年版。

17. 《明实录》,上海书店 1982 年版。

18. (明)李贤等:《明一统志》,上海古籍出版社 1987 年版。

19. (明)杨宏、谢纯:《漕运通志》,荀德麟、何振华点校,方志出版社 2006 年版。

20. (明)沈德符:《万历野获编》,中华书局 1959 年版。

21.（明）王艮:《王心斋全集》,江苏教育出版社 2001 年版。

22.（清）方文:《嵞山集》,上海古籍出版社 1979 年版。

23.（明）陈仁锡:《皇明世法录》,学生书局 1965 年版。

24.（明）郑若曾:《筹海图编》,李致忠点校,中华书局 2007 年版。

25.（明）丘浚:《大学衍义补》,《景印文渊阁四库全书》,台北商务印书馆 1986 年版。

26.（清）顾祖禹:《读史方舆纪要》,中华书局 2005 年版。

27.（清）刘锦藻:《清朝续文献通考》,浙江古籍出版社 1988 年版。

28.（北魏）郦道元注、（民国）杨守敬等疏:《水经注疏》,江苏古籍出版社 1989 年版。

29.（清）顾炎武:《天下郡国利病书》,黄坤等点校,上海古籍出版社 2012 年版。

30.（清）黄宗羲:《明儒学案》,沈芝盈点校,中华书局 1985 年版。

31.（清）陈梦雷、蒋廷锡等:《古今图书集成》,中华书局、巴蜀书社 1987 年版。

32.（清）彭定求等编:《全唐诗》,中华书局 1960 年版。

33.（清）纪昀等:《历代职官表》,上海古籍出版社 1989 年版。

34.（清）李斗:《扬州画舫录》,周培光点校,江苏广陵古籍刻印社 1984 年版。

35.（清）范以煦:《淮壖小记》,沈阳古籍,1990 年。

36.（清）黄钧宰:《金壶七墨》,《续修四库全书》第 1183 册,上海古籍出版社 2013 年版。

37.（清）张德彝:《航海述奇》,钟叔河校点,湖南人民出版社 1981 年版。

二、地方志

38.（清）阮本焱等:《光绪阜宁县志》,阜邑陆氏刻字修谱局 1886 年版。

39.（清）吴玉搢:《山阳志遗》,淮安志局 1922 年版。

40.钱祥保等:《民国续修江都县志》,成文出版社 1974 年版。

41.（清）冯煦等纂:《民国宿迁县志》,成文出版社 1983 年版。

42.梅守德等:《嘉靖徐州志》,成文出版社 1983 年版。

43.（清）吴棠等：《咸丰清河县志》，中国文史出版社 2017 年版。

44.《中国地方志集成·江苏府县志辑》（55），江苏古籍出版社 1991 年版。

45. 范冕等：《民国续纂清河县志》，江苏古籍出版社 1991 年版。

46. 姚文田等：《重修扬州府志》，载《中国地方志集成·江苏府县志辑》，江苏古籍出版社 1991 年版。

47.《中国地方志集成·江苏府县志辑》（54），江苏古籍出版社 1991 年版。

48.《中国地方志集成·江苏府县志辑》（59），江苏古籍出版社 1991 年版。

49.《民国阜宁县新志》，载《中国地方志集成·江苏府县志辑》（60），江苏古籍出版社 1991 年版。

50. 窦鸿年：《民国邳志补》，江苏古籍出版社 1991 年版。

51.（清）董用威，马轶群修、鲁一同纂：《咸丰邳州志》，江苏古籍出版社 1991 年版。

52. 泗阳县地方志编纂委员会：《民国泗阳县志》，江苏人民出版社 1995 年版。

53.（清）崔华、张万寿续修：《康熙扬州府志》，齐鲁书社 1997 年版。

54.（清）王安定等：《重修两淮盐法志》，续修四库全书本，上海古籍出版社 2005 年版。

55.（清）王觐宸：《淮安河下志》，方志出版社 2006 年版。

56.（清）张煦侯编著：《王家营志》，方志出版社 2006 年版。

57.（清）张煦侯：《淮阴风土记》，方志出版社 2008 年版。

58.（清）卫哲治等修，叶长扬等纂：《乾隆淮安府志》，方志出版社 2008 年版。

59.（明）宋祖舜修，方尚祖纂：《天启淮安府志》，方志出版社 2009 年版。

60.（明）郭大伦修，陈文烛纂：《万历淮安府志》，方志出版社 2009 年版。

61.（明）朱怀干修，盛仪纂：《嘉靖惟扬志》，广陵书社 2013 年版。

62.（清）李元庚：《山阳河下园亭记》，刘怀玉点校，方志出版社 2006 年版。

三、著作

63. 李文治:《中国近代农业史资料》,生活·读书·新知三联书店 1957 年版。

64. 张舜徽:《清代扬州学记》,上海人民出版社 1962 年版。

65. 史念海:《河山集》,生活·读书·新知三联书店 1963 年版。

66. 谭其骧主编:《中国历史地图集》,中国地图出版社 1982 年版。

67. 单树模主编:《中华人民共和国地名词典·江苏省》,商务印书馆 1987 年版。

68. 王林绪、孙茂洪主编:《徐州交通史》,中国矿业大学出版社 1988 年版。

69. 邱树森主编:《江苏航运史(古代部分)》,人民交通出版社 1989 年版。

70. 邓毓崑、李银德主编:《徐州史话》,江苏古籍出版社 1990 年版。

71. 储东涛主编:《江苏经济史稿》,南京大学出版社 1992 年版。

72. 丁家桐等:《扬州八怪传》,上海人民出版社 1993 年版。

73. 陈白尘:《对人世的告别》,生活·读书·新知三联书店 1997 年版。

74. 陈寅恪:《唐代政治史述论稿》,上海古籍出版社 1997 年版。

75. 张纪成主编:《京杭运河(江苏)史料选编》,人民交通出版社 1997 年版。

76. 潘宝明主编:《维扬文化概观》,南京师范大学出版社 1997 年版。

77. 徐从法主编:《京杭运河志(苏北段)》,上海社会科学院出版社 1998 年版。

78. 陈克天:《江苏治水回忆录》,江苏人民出版社 2000 年版。

79. 陈璧显主编:《中国大运河史》,中华书局 2001 年版。

80. 王瑜、朱正海主编:《盐商与扬州》,江苏古籍出版社 2001 年版。

81. 安作璋主编:《中国运河文化史》,山东教育出版社 2001 年版。

82. 朱福烓:《扬州史述》,苏州大学出版社 2001 年版。

83. 姚士谋、朱英明等:《中国城市群》(第二版),中国科学技术大学出版社 2001 年版。

84. 梁启超:《中国近三百年学术史》,山西古籍出版社 2001 年版。

85. 朱江:《扬州园林品赏录》,上海文化出版社 2002 年版。

86. 周时奋:《扬州八怪画传》,山东画报出版社 2003 年版。

87. 赵航:《扬州学派概论》,广陵书社 2003 年版。

88. 唐力行:《商人与中国近世社会》,商务印书馆 2003 年版。

89. 季芳桐:《泰州学派新论:儒道释博士论文丛书》,巴蜀书社 2005 年版。

90. 曹永森主编:《扬州特色文化》,苏州大学出版社 2006 年版。

91. 东南大学旅游学系等编著:《扬州市旅游发展总体规划(2002—2020)》,东南大学出版社 2006 年版。

92. 淮安市地方志办公室编:《运河之都淮安》,方志出版社 2006 年版。

93. 中国社会科学院历史研究所、北京民俗博物馆编:《漕运文化研究》,学苑出版社 2007 年版。

94. 赵昌智主编:《扬州学派人物评传》,广陵书社 2007 年版。

95. 陈从周编著:《扬州园林》,同济大学出版社 2007 年版。

96. [澳大利亚]安东篱:《说扬州:1550—1850 年的一座中国城市》,李霞译,中华书局 2007 年版。

97. 宇振荣主编:《景观生态学》,化学工业出版社 2008 年版。

98. 董文虎等:《京杭大运河的历史与未来》,社会科学文献出版社 2008 年版。

99. 倪玉平、荀德麟:《明清时期的全国漕运中枢淮安》,中国书籍出版社 2008 年版。

100. 李洪甫、刘怀玉等:《淮北食盐集散中心淮安》,中国书籍出版社 2008 年版。

101. 范金民等:《居天下之中的淮安榷关》,中国书籍出版社 2008 年版。

102. 陆振球编著:《古镇窑湾》,中国矿业大学出版社 2008 年版。

103. 全国政协文史和学习委员会编等:《运河名城扬州》,中国文史出版社 2009 年版。

104. [英]埃比尼泽·霍华德:《明日的田园城市》,金经元译,商务印书馆 2010 年版。

105. 淮安市政协文史委等编:《百里文化长廊——洪泽湖大堤》,中国文史出版社 2011 年版。

106. 徐炳顺：《扬州运河》，广陵书社 2011 年版。

107.《宿迁》，当代中国出版社 2011 年版。

108. 姚祥麟、姚欢欢：《板浦春秋》，吉林文史出版社 2012 年版。

109.《淮安》，当代中国出版社 2012 年版。

110. 沈山、林立伟、江国逊：《城乡规划评估理论与实证研究》，东南大学出版社 2012 年版。

111. 徐从法：《京杭大运河史略》，广陵书社 2013 年版。

112. 陈文海主编：《世界文化遗产导论》，长春出版社 2013 年版。

113. 张文华：《汉唐时期淮河流域历史地理研究》，上海三联书店 2013 年版。

114. 陈薇等：《走在运河线上——大运河沿线历史城市与建筑研究》（上、下卷），中国建筑工业出版社 2013 年版。

115. 许少飞：《扬州园林史话》，广陵书社 2014 年版。

116. 姜师立等：《京杭大运河历史文化及发展》，电子工业出版社 2014 年版。

117. 徐潜主编：《中国古代水路交通》，吉林文史出版社 2014 年版。

118. 王克胜主编：《扬州地名掌故》，南京师范大学出版社 2014 年版。

119. 淮安市政协文史委等编：《清江浦研究文集（1415—2015）》，中国文史出版社 2015 年版。

120. 中国文化遗产研究院等编：《京杭大运河清口水利枢纽考古报告》，文物出版社 2016 年版。

121. 王健等：《江苏大运河的前世今生》，河海大学出版社 2015 年版。

122. 张强：《江苏运河文化遗存调查与研究》，江苏人民出版社 2016 年版。

123. 李德楠：《京杭运河江北段工程与地名》，中国社会出版社 2016 年版。

124. 淮安市政协文史委等编：《世界文化遗产中国大运河淮安段概览》，中国文史出版社 2016 年版。

125. 洪泽县洪泽湖历史文化研究会等编：《洪泽湖大堤石刻遗存》，中国文史出版社 2016 年版。

126. 金德海、张林主编:《档案中的里运河》,河海大学出版社 2017 年版。

127. 吴士勇:《明代总漕研究》,科学出版社 2017 年版。

128. 邹逸麟:《舟楫往来通南北——中国大运河》,江苏凤凰科学技术出版社 2018 年版。

129. 夏锦文主编:《大运河文化研究》第一卷,江苏人民出版社 2019 年版。

130. 吴欣主编:《中国大运河发展报告(2018)》,社会科学文献出版社 2018 年版。

131. 邹逸麟总主编:《中国运河志》,江苏凤凰科学技术出版社 2019 年版。

132. 顾建国主编:《江苏地方文化史·淮安卷》,江苏人民出版社 2019 年版。

133. 吴欣主编:《中国大运河发展报告(2019)》,社会科学文献出版社 2019 年版。

134.《历史地理》第五辑,上海人民出版社 1987 年版。

135. 新沂县政协文史资料研究委员会编:《新沂文史资料》第三辑,1988 年。

136. 新沂县政协文史资料研究委员会编:《新沂文史资料》第一辑,1988 年。

137. 江苏省商业厅商业史志办公室编:《江苏名镇商业》,江苏人民出版社 1991 年版。

138. 封越建:《明代漕船考》,载王春瑜主编:《明史论丛》,中国社会科学出版社 1997 年版。

139. 淮安市政协文史委员会编:《古镇河下》,中国文史出版社 2005 年版。

140. 李巨澜:《略论明清时期的卫所借运》,载花法荣主编:《淮安运河文化研究文集》,中国文史出版社 2008 年版。

141. 郭黎安:《历运河的历史变迁》,载陈桥驿主编:《中国运河开发史》,中华书局 2008 年版。

142. 贾珺:《明清时期淮安府河下镇私家园林探析》,王贵祥主编:《中国建筑史论汇刊》第三辑,清华大学出版社 2010 年版。

四、期刊论文

143. 陈时泌:《淮扬道区盐城县实业视察报告书》,《江苏实业月刊》1919
年第 2 期。

144. 马正林:《中国运河的变迁》,《陕西师大学报(哲学社会科学版)》
1978 年 1 期。

145. 史念海:《论济水和鸿沟》(上、中、下),《陕西师大学报(哲学社会科
学版)》1982 年第 1—3 期。

146. 蒋秋华:《大陆学者对清乾嘉扬州学派的研究》,《汉学研究通讯》
2000 年第 4 期。

147. 方健:《苏轼在徐州》,《中国古都研究》第十七辑,三秦出版社 2001
年版。

148. 焦泽阳:《以运河、湖泊架构边界——高邮》,《建筑师》,中国建筑工
业出版社 2001 年版。

149. 松浦章等:《清代江南内河的水运》,《清史研究》2001 年第 1 期。

150. 吴海涛、金光:《略论明清苏北集市镇的发展》,《中国农史》2001 年
第 3 期。

151. 李晓储、裴建文、赵御龙:《扬州市古运河生态环境林观光休闲型绿
化模式营建研究》,《江苏林业科技》2001 年第 4 期。

152. 邢忠、陈诚:《河流水系与城市空间结构》,《城市发展研究》2007 年
第 1 期。

153. 江太新、苏金玉:《漕运与淮安清代经济》,《学海》2007 年第 2 期。

154. 高寿仙:《漕盐转运与明代淮安城镇经济的发展》,《学海》2007 年第
2 期。

155. 刘滨谊:《城市滨水区发展的景观化思路与实践》,《建筑学报》2007
年第 7 期。

156. 许松辉、许智东:《广州城市发展动因刍议》,《山西建筑》2007 年第
15 期。

157. 赵维平:《明清小说与运河文化》,《江海学刊》2008 年第 3 期。

158. 张强:《漕运与淮安》,《东南大学学报(哲学社会科学版)》2008 年第 4 期。

159. 孟华:《"世界遗产地"利益相关者图谱构建——以泰山为例》,《泰山学院学报》2008 年第 5 期。

160. 朱士光:《论历史时期淮安在运河水运中的地位与作用》,《淮阴师范学院学报(哲学社会科学版)》2009 年第 3 期。

161. 甄峰等:《苏北运河经济带构建的初步研究》,《人文地理》2009 年第 3 期。

162. 吴鼎新、张杭:《明清运河淮安段的社会经济效益评价研究》,《淮阴工学院学报》2009 年第 4 期。

163. 褚福楼:《明清时期金龙四大王信仰地理研究》,暨南大学硕士学位论文,2010 年。

164. 荀德麟:《河下兴衰》,《江苏地方志》2011 年第 5 期。

165. 林盼:《清代私盐贩运与地方社会——以淮安为例》,《盐业史研究》2012 年第 1 期。

166. 田军:《江苏省淮安市历史文化遗产的保护与利用》,《天津城市建设学院学报》2012 年第 2 期。

167. 荀德麟:《明清时期的淮安榷关》,《江苏地方志》2012 年第 3 期。

168. 贾珺:《明代淮安府及其所辖州县城市形态与构成要素浅析》,《建筑史》2012 年第 2 期。

169. 徐业龙:《淮安运河文化遗产历史价值解读》,《淮阴工学院学报》2012 年第 4 期。

170. 胡梦飞:《明清时期淮安地区水神信仰初探——以淮安府辖区为中心》,《淮阴师范学院学报(哲学社会科学版)》2013 年第 2 期。

171. 李彦军:《城市转型的动因、内涵与支撑》,《中州学刊》2013 年第 8 期。

172. 郑民德:《漕运与国脉:略论明代的淮安常盈仓》,《武汉理工大学学报(社会科学版)》2013 年第 2 期。

173. 荀德麟:《淮阴故城考略》,《江苏地方志》2013 年第 3 期。

174. 荀德麟:《秦淮阴故城和荀羡筑淮阴城考》,《淮阴工学院学报》2013

年第 4 期。

175. 季祥猛、范成泰:《大运河成就淮安的古风今韵》,《中国文化报》2013 年 6 月 20 日。

176. 展龙、朱绍祖:《明代宝应地区水利事业研究》,《江南大学学报(人文社会科学版)》2014 年第 1 期。

177. 李德楠:《沂沭河与运河关系的历史考察——以禹王台的兴废为视角》,《中国水利水电科学研究院学报》2014 年第 2 期。

178. 李德楠:《后申遗时代运河研究的思考》,《中原文化研究》2014 年第 5 期。

179. 杨山:《城市历史文脉的传承与复兴——以徐州故黄河历史文化景观规划为例》,中国矿业大学硕士学位论文,2014 年。

180. 王聪明、温瑞:《利害相生:明代黄淮水患与淮安府的城市变迁》,《河北师范大学学报(哲学社会科学版)》2016 年第 1 期。

181. 李想:《"运河之都"淮安与济宁比较研究》,《淮阴工学院学报》2017 年第 2 期。

182. 张文华:《运河漕运与苏北城市群的形成》,《中国名城》2019 年第 1 期。

183. 罗志:《淮安"五脉":大运河文化带的内涵梳理》,《江苏地方志》2019 年第 5 期。

184. 吕岐月、赵凯新:《高邮大运河文化遗址》,《档案与建设》2019 年第 9 期。

185. 王建革:《明代黄淮运交汇区域的水系结构与水环境变化》,《历史地理研究》2019 年第 1 期。

186. 李德楠:《明清淮扬运河城镇发展的驱动因素探析》,《中国名城》2019 年第 9 期。

187. 柳邦坤、李蕊:《大运河文化带小城镇文化产业发展策略探析——以江苏大运河文化带沿线小城镇为例》,《淮阴工学院学报》2019 年第 4 期。

188. 荀德麟:《历史文化名镇河下》,《江苏地方志》2002 年第 6 期。

后　记

　　2014 年大运河成功申请世界文化遗产,为沿运城市增加了一张亮丽的"金名片"。尤其是当前大运河文化带建设工作的开展,运河研究得到了前所未有的高度重视。大运河苏北段河湖水系众多,是历史上最早进行水运的地区,诞生了扬州、淮安等运河城市。作为一所坐落于"运河之都"淮安的地方高校,自然不能置身事外,我们首先想到的是发挥地域优势并结合自身专业特长,开展以苏北地区为中心的运河研究。

　　运河研究是一个跨学科的巨大系统工程,涉及运河工程、运河漕运本体、运河社会、运河文化、运河城市等多个方面,因此需要集合诸多研究者的智慧。用"众人拾柴火焰高"这句俗语来形容本书的团队协作再贴切不过。我院的运河研究团队,立足苏北,面向全国,从最初的李巨澜、张文华、吴士勇三人,到2012 年、2013 年朱继光、李德楠的先后加盟,逐渐成形并着手合作开展运河研究工作。本书是团队合作的第一项成果,因此在本书即将付梓之际,首先感谢团队的各位成员,他们或为本书的前期工作贡献了力量,或为后期的修改完善付出了辛劳!

　　学术大厦的构建无止境,运河研究一直在路上!本书抛砖引玉,期待今后随着张文华牵头的运河文化研究、李德楠牵头的运河环境研究、吴士勇牵头的运河漕运研究以及朱继光牵头的运河遗产保护研究等成果的相继问世,有望为苏北地区的大运河文化带建设工作增砖添瓦!

　　本书是对江苏省社科基金结项成果的修改与完善,首先感谢项目的大力支持!在修改和出版过程中还得到了淮阴师范学院科研部门的帮助,在此表示感谢!特别要感谢人民出版社的编辑老师,他们为本书的出版付出了艰辛的劳动!由于时间仓促和水平所限,难免存在缺陷与不足,敬请读者不吝赐教！引用学者成果如有疏漏,恳请谅解!

李巨澜

2019 年 12 月

责任编辑:刘松弢

图书在版编目(CIP)数据

运河与苏北城市发展研究/李巨澜,李德楠 著. —北京:人民出版社,2020.6
ISBN 978 - 7 - 01 - 021968 - 4

Ⅰ.①运…　Ⅱ.①李… ②李…　Ⅲ.①大运河-作用-城市发展战略-研究-
苏北地区　Ⅳ.①F299.275.3

中国版本图书馆 CIP 数据核字(2020)第 044388 号

运河与苏北城市发展研究

YUNHE YU SUBEI CHENGSHI FAZHAN YANJIU

李巨澜　李德楠　著

人民出版社 出版发行

(100706　北京市东城区隆福寺街 99 号)

环球东方(北京)印务有限公司印刷　新华书店经销

2020 年 6 月第 1 版　2020 年 6 月北京第 1 次印刷
开本:710 毫米×1000 毫米 1/16　印张:13.75
字数:220 千字

ISBN 978 - 7 - 01 - 021968 - 4　定价:48.00 元

邮购地址 100706　北京市东城区隆福寺街 99 号
人民东方图书销售中心　电话 (010)65250042　65289539